選択される命

子どもの誕生をめぐる民俗

鈴木由利子 著

臨川書店

はじめに

平成九年（一九九七）、私は、自宅分娩を経験した女性たちやそのようなお産を介助した産婆や助産婦たちの聞き取り調査を始めた。彼女たちは、自宅分娩から施設内分娩へさらに多産から少産へと、妊娠や出産の在り方が大きく変化する時代を体験した方々でもある。

出産を経験した者同士の気安さからか、妊娠や出産をめぐる話がさまざまに展開した。初産で男子を産んだ時の嫁として誇らしく安堵した気持ち、産む直前まで田畑で働き自分で産床をこしらえて産んだ話、産婆を頼まず自力で座産した体験など、多様な出産の経験談が語られた。

その一方で、「産まれない」こと、「産まれすぎる」ことが、妻たちにとっていかに大きな悩みであったかも知った。

確実な妊娠コントロールが出来なかった頃、妊娠は自然に任せるしかなく、まさに神のみぞ知るものであり、子どもは「授かりもの」だったのである。

子どもが産まれない場合、妊娠しないことが女性に原因があるとされることが多く、妻たちは辛い思いをする。例え夫婦仲が良くても不妊を理由とした離婚もみられ、不条理ではあるが両者が「納得」できるものでもあった。また、離婚まで至らなくとも、子を産み育て存在感を増す妻たちに対して、子のない嫁はいつまでも嫁の立場であった。

一方、子どもが次々と産まれることは、日々の労働で疲れた妻たちにとっては、身体的にも精神的にも大きな負担であった。同時に、家や家族にとっても、養育の手間や経済的負担は小さくはない。結婚後、多くの妻たちは、妊娠・出産・授乳を繰り返し、時として四十代半ばまでに十人あまりの子どもを産むことも少なくなかった。

度重なる妊娠を家族に言うこともできず、日々大きくなるお腹を袖で隠すようにして過ごしたとか、「おりてくれればいい」「おちてくれればいい」と思いながら、高所から飛び降りて堕胎を試みたとか、あえて過酷な労働をして流産を期待したとの経験談は、善悪や罪悪感を超えた日常の現実だったのである。

これらの話は、命の芽生えや子どもの誕生がいつも歓迎されるものとは限らない現実があったことを明らかにする。

女性たちへの聞き取りを続けながら、疑問に感じられるようになったことが大きく三つあった。

歓迎される「命」と歓迎されない「命」、それらに対する認識や扱いは全く異なるのだが、女性たちにとってはさほど矛盾なく語られる。このような胎児や命に対する認識の違いはどこから来るのであろうか、これが第一の疑問であった。

昭和二十三年（一九四八）に中絶が認可され、昭和二十七年（一九五二）以降は、全国で受胎調節実地指導が行われ、妊娠や出産のコントロールが現実のものとなった。

中絶急増の時期を知る助産婦たちは「軒並み中絶手術を受けに行った」と地域の状況を語った。また、助産婦たちによる受胎調節実地指導で避妊法を学んだ妻たちから「助かる」という言葉が聞かれたという。度重なる妊娠や出産が妻たちにとって大きな負担になっていたのである。しかし、子どもの数を制限したいという個々の思いがあったにせよ、なぜ、人びとは中絶や避妊を容易に受け入れたのだろうか。中絶は、胎児の命を奪うことであるという感覚がなかったのはなぜなのだろうか、これが第二の疑問だった。

ある助産婦からは、昭和五十年代半ばに、地域の寺院で始まった水子供養に関して次のような話を聞いた。中絶認可直後からの中絶増加の時代にあって、寺院の住職が中絶胎児の供養の必要性を説いたにも関わらず、人びとは全く関心を示さず供養の必要性も感じなかったという。しかし、それから二十年余の年月を経た時、人びとの支持を集めて水子供養が実現したのだという。中絶胎児に対する気持ちがなぜ変化したのだろうか、これが第三の疑問であった。

これら胎児をめぐる三つの疑問について、人びとの認識を変化させた背景を考えながら胎児を含む子ども観について考えてみたいと思う。

目次

目　次

目　次

序章

子どもの誕生は、それを待ち望む者にとって大きな喜びをもたらす。母体内で命が芽生えたことを知った時から、子どもを取り巻く人びとは、何事もなく無事に誕生することを願い、誕生した子どもは大切に養育される。しかし、いつの時代も歓迎され誕生する命ばかりではない。望まない妊娠や出産が少なくないことも事実で、そのような場合は、かつては堕胎や間引きによって、戦後、人工妊娠中絶が認可されて以降は、中絶によって子どもの出生は阻まれて来たのである。

近代化以降の妊娠・出産をめぐる歴史をみると、明治時代に医学制度や産婆制度が確立したことによって、妊娠や出産は「産む」ことを前提とするものとなった。

さらに、刑法堕胎罪が制定されたことにより、堕胎は刑罰の対象となり、間引きは嬰児殺しとして認識されるようになった。しかし、このような規制の中にあっても、民間においては、堕胎や間引きが出産を抑制するための手段であったことに変わりはなかった。

大正期から昭和期にかけては、産児制限運動が展開し子どもの「数」の抑制のみならず、「質」の問題が社会や国家の価値観のなかで表面化して行く。

一方、第二次世界大戦後は、妊娠や出産をめぐる環境が大きな変化を遂げる。なかでも出産の場の変化は、人びとの妊娠や出産に対する認識を変化させ、同時に妊娠や出産に関する従来の習俗を変化させた。

自宅で行われていた頃の出産は、「お産は始まってみなければわからない」「お産は棺桶に片足を入れておこなうようなもの」など称され、時として母子の命が危険にされられるものと考えられていた。しかし、助産所や病院などの医療施設内で行なわれるようになると、医療の管理のもとで出産の安全性は確保されるようになり、以前の感覚は徐々に忘れ去られて行く。

厚生労働省の統計によると、昭和二十五年（一九五〇）には、自宅分娩が九十五パーセントであったが、昭和四十年（一九六〇）になると、自宅分娩と施設内分娩が半々となり、昭和五十年（一九七〇）には、自宅分娩を含む施設外分娩が四パーセント弱となり、施設内分娩が九十六パーセントに及んだ。近年は、九十九パーセントが病院や診療所、一パーセントが助産所となり施設内分娩がほとんどを占めている。施設外分娩の件数は、割合に示されないほど少数である。半世紀の間に、出産は病院で行うものになったのである。

このような変化の時代は、多産から少産への変化の時期ともほぼ重なる。

人工妊娠中絶認可や受胎調節実地指導によって、確実な妊娠や出産のコントロールが可能になったことで子どもの数は減少し始め、子どもは計画的に「つくる」ものになって行く。

また、医療の進歩も著しく、妊産婦死亡率や新生児・乳幼児死亡率も減少する。一九七〇年代以降になると、分娩監視装置や超音波診断によって母体内の胎児が可視化される。胎児の存在が確かなものとなったことが契機となり、人びとの胎児に対する認識が変化して行く。

このような妊娠・出産をめぐる大きな変化は、「産む」「産まない」の選択を可能にする一方において、「胎児」に「人の命」を認識する状況を生み出した。特に、「胎児」に対する認識の変化は、従来の子ども観では捉えきれない部分であると考える。

そこで本書では、胎児を含む新たな子ども観を考える前提として、子どもを「育てる子ども」と「育てない子ども」それぞれの視点で考察するとともに、幼くして死亡した「育たない子ども」についても考察し、胎児を含む新たな子ども観を考えたい。

まず始めに、「育たない子ども」「育てない子ども」に関して、子どもの葬送に関する先行研究をみて行きたい。

「幼児葬法」研究のはじまり

民俗学において、子どもの葬り方に注目が集まったのは昭和初期であった。その発端となったのは、昭和十二年（一九三七）二月刊行の雑誌『民間伝承』に掲載された能田多代子による寄稿「七ツ前は神様」であった。[1] 内容は、青森県五戸地方で行われていた死児の葬り方についての報告で、五戸地方では、男女共に七歳前を神様と称するのだが、そのような子どもが「七ツ前に死亡した場合は、男女共紫色の衣を着せ（或は青年期の未婚者にも着せる風もある）口にホシカ鰯（ごまめ）を一つくわえさせて埋葬する風がある。」というものであった。つまり、七歳以前の死児は、紫の着物を着せて口に干した小魚をくわえさせて葬る習わしがあるとの報告で、これは大人とは異なる葬り方であると記している。

これと同年十二月には、同じく『民間伝承』で大間知篤三が「七ツ前はかみのうち」と題して、常陸多賀郡高岡村では、七歳前の子が死亡した際には、近い過去まで縁の下に埋めたという事例を報告し、前述の能田の報告を引用して「七ツ前の死者にはホシカ鰯を一つくわへさして埋葬するといふのは、驚くべき事実である。これを機会に幼児葬送の特殊習俗をもつと深く考へていきたいと思ふ[2]」と記した。

この大間知の記述によって、以後、子どもの葬送は「幼児葬送」と称され、それが「特殊習俗」であり「驚くべき事実」として認識されることになった。

このように大人とは異なる子どもの葬法は、子どもの死に対して大人の死と異なる感覚があったことを示すものである。

さらに、大間知は、同年同月同誌に「コノシロ」と題して「伊予の宇和島地方には、幼児が死ぬとコノシロをともに埋める習はしがある。（中略）秋田地方では胞衣を埋めるにコノシロを添へるのが通例であつたことが報告されている。関聯の有ることのやうだ。[3]」と記し、幼児の埋葬と胞衣納めの両方にコノシロをともに埋めるという共通の習俗がみられる点から、幼児の葬法と胞衣納めの習わしとの関連性を推測している。しかし、その後、幼児の葬法と胞衣納めの関連性に関しては検討されることはなかった。

昭和十二年（一九三七）十月、大間知は、民俗学講座において子どもの埋葬地に関する講演を行い、その内容を同年十二月に雑誌『ひだびと』に「墓制覚書」と題して、以下のように記している。

「賽ノ河原と呼ばれた土地の或るものはすでに葬地として使はれてゐたばかりではなく、その若干は小児の葬地として使はれてゐたこと、若しくは小児葬地として遺留した事実を背景に持つものではなからうか。小墓、小三昧、童墓などと呼んで、小児の葬地を別に設ける習俗は今日もあり、また遠い過去の文献資料にも之を求めることが出来る」(4)

賽の河原と呼ばれる場所に、死亡した小児の埋葬地となっている所があること、さらに小墓、小三昧、童墓と呼ぶ小児専用の葬地があることを報告した。

このように能田の報告を契機として、子どもの葬法が大人とは異なっていること、死児の埋葬地や墓が大人の埋葬地とは異なる場所に設置されていることに関心が示されるようになったのである。

その後、昭和十三年（一九三八）六月には、大間知は「幼児の生命」『国民思想』(5)と題して、子どもの葬り方に関する各地の事例を報告しており、そこには「特殊葬法」「床下埋葬」「幼児葬法」などの語が多様されている（以下、傍線は著者による）。

沖縄にはワラビバカ（童墓）と称する子ども専用の墓があり、子どもが亡くなった場合には大人のように洗骨しない習わしがあること、能田の報告については「七歳までの子に対して特殊葬法を行ふ」、北常陸山村地方の例に関しては「家屋の床下に埋めるといふ特殊葬法が近年まで行はれてゐた」とし、「幼児の床下埋葬といふことは、少なくとも其の村では略式とは考へられてゐないのであり、或は之が古くからの正式の幼児葬法の一つかも知れない、少なくともその遺風の一残存現象かもしれないといふ疑問もだんだん持ち得たのであつた。」と記している。

さらに「床下埋葬」に関しては、生後百日以内の死児（三河八名郡）や名付け祝以前に死亡した子ども（磐城・遠江・伊予・薩摩）の場合にも床下埋葬が行われ、これらは「古く全国的な幼児葬法の一種であつたとほぼ断定してよいと思つてゐる。」と、「床下埋葬」が古くからの正式の幼児葬法の一種であると論じた。

以上にみられるように、大間知は、大人とは異なる子どもの葬送に関心を示し、「幼児葬送」「幼児葬法」「特殊習俗」「特殊葬法」「床下埋葬」の語を示しながら論じたのである。同時に、子どもの埋葬地を示す「小児葬地」「小墓」「小三昧」「子三昧」「童墓」の各地の呼称を紹介し、それらを総称して「幼児墓地」と称した。

このように、子どもの死と葬送に関する研究は、能田の報告に端を発し大間知が主導的立場で短期間の内に展開したのである。そして、子どもの葬法や墓に関する呼称や語彙が提示され、その後、現在に至るまで用いられることになる。

また、大間知は、「幼児埋葬」と胞衣納めとの関係性についても指摘したのだが、その後、それについては検討されることなく今に至っている。

大間知は、前述した「幼児の生命」において、子どもの遺体を床下に埋める習俗と間引きとの関係性について次のように論じている。

「間引いた子を床下に埋める習慣も亦近年までは、特に東北地方の諸地などで行はれて来た。（中略）所謂間引きといふものも、其の家にもう子が要らないといふ理由からなされたものがあると共に、一方では子の出産を今少時延期したいという動機、即ち今生れて来られては育てにくい、幾年か後に生まれて来て欲しいといふ動機からなされたもののあることを認めなければならない。」「即ち再生を望まざるものと、それを予期し期待するものとの差がある。そして後者の場合に関しては、それを床下へ埋めることは、二三歳以下の幼児を床下へ埋めることや、或は特別の幼児墓地を設けることに対して私の加へている解釈が摘要され得るのであらう。そして前者の場合には此の解釈はあてはまらず、自ら別の解釈が必要になる。そして私は之に対して、第一には隠匿行為として、第二には従来行はれて来た正式の幼児葬法の惰性的踏襲として、理解され得るのではないかと思ふのである。」と説明した。大間知は、「再生を望まざるもの」と「(再生を)予期し期待するもの」の差があるとして、間引きの子と養育した子の魂に対する認識に差があることを指摘している。

「再生を望まざるもの」すなわち間引いた子どもに対しても、「再生を予期し期待するもの」すなわち養育した子どもに対しても、同様に床下に埋めることについては、両者ともに魂の再生を望む方法であるとの解釈は、当てはまらないとしているのである。そのような矛盾に関しては、間引いた子の遺胎については「隠匿行為」として、あるいは、幼子に対する従来からの葬法の「惰性的踏襲」であると説明した。

つまり、養育した子どもは「魂の再生を望む」意識から床下に埋められる。間引きの子も同じように床下に埋められるが、それは魂の再生を望むためではないと解釈したのである。

大間知が子どもの葬法に注目し、独自の論理を展開するようになると、子どもの葬法に関する研究が活発に行われるようになる。

昭和十九年(一九四四)の『民間伝承』一〇—三では、生死観特輯号が組まれ[6]、各地の事例が報告され検討されるようになる。

しかし、子どもの葬法に関する研究の関心は、あくまでも養育された子どもが亡くなった場合の葬り方にのみ置かれ、堕胎や間引きの対象となった「子どもの死」に対しては関心が示されることはなかった。そのなかで、丸山久子は、昭和二十三年(一九四八)「胞衣を埋める所」と題して、胞衣と幼児の床下埋葬の共通性を指摘し、さらに、家とそこで生まれた生児には何らかの関係性があるのではないかとの指摘を行った。[7] しかし、丸山による胞衣と死児の床下埋葬の共通性の指摘に関しても、その後、子どもの葬法研究のなかで注目されることはなかった。

幼児葬法と魂の再生

昭和三十四年（一九五九）、柳田國男は講演「子墓の問題」において、「子墓の問題を調べる主な理由は、仏教渡来以前から子墓の制度があったことと、農村の素朴な人びとの間には、うぶですこしの欠点もなしにいきたものには、死んでからもう一度生まれ変わる方法があると考えたのではないかということである。[8]」と、子墓研究の意義が、仏教伝来以前から子どもを葬るための子墓が存在してきたこと、さらにそれは、子どもは生まれ変わると人びとが考えていたことを明らかにするためであるとした。

この後、昭和三十五年（一九六〇）には、『民俗』四〇において子墓特集が組まれ、各地の事例が報告されるとともに研究が行われるようになる。それらの報告や研究では、子どもに対する特殊な葬法は、柳田が示唆したように、子どもの生まれ変りを願う方法とみなされて展開してゆく。

その中で、昭和四十年（一九六五）に田中久夫は、「子墓―その葬制に占める位置について―」において、幼児葬法を特殊とすることへの疑問を提示し、幼児の葬制こそが前代の我々の葬制だったのではないかと論じた。[9]

一方、同年の『西郊民俗』一三の無縁仏に関する研究では、名付け後に亡くなった子は無縁仏となる事例や、出生直後に亡くなった子は台所の踏みつぎの下に埋め無縁仏ともしないとの事例が報告されている。[10] 亡くなった子どもと無縁仏の関係については、藤井正雄が、一九七一年（昭和四十六）の『日本民俗学』において「無縁仏考」と題する論考を発表し、死産児や出生直後の死児は「無縁仏ともならない子ども」であるが、名付けが行われた後の子どもは「無縁仏として供養の対象となる子ども」であると論じた[11]。

つまり、藤井は「無縁仏となる子ども」と「無縁仏ともならない子ども」がいることを指摘し、名前が付いた子どもであるならば、「無縁仏」としてではあるが供養の対象とみなされる。しかし、死産児や誕生したものの命名以前に亡くなった嬰児は、線香を上げるという弔いの行為や供養が行われない存在であると指摘した。死産児や命名以前の嬰児は、人にたいして行われる葬送儀礼の対象にはならない存在であると指摘したのである。

その後、昭和五十六年（一九八一）には、木下忠は『埋甕』において考古学的知見に基づいて次のように論じている。

死産児や乳幼児の住居内埋葬に関して「子どもがかわいそうだから」という意識がみられるが、そのような意識は住居内に埋める理由が不明になって以降のものではないかと記し[12]、死児を床下に埋める「床下埋葬」の解釈に対する疑問を呈し、死産胎児や乳幼児を床下に埋めることの本来の意味は、別にあるのではないかとの指摘を行った。

このように、「床下埋葬」に関していくつかの見解がみられたものの、最終的には、「子どもの葬法」は、死児が再び生まれることを期待するものであると認識されてきた。

以上が、「育たない子ども」「育てない子ども」の葬り方に関する先行研究である。大間知は、「育てない子ども」である間引かれた子どもに対して「床下埋葬」が行われるのは、隠匿行為、子どもの葬法の惰性的踏襲、あるいは、すぐにではなく育てられるようになるまでしばらく年をおいてからの再生を願うものであると解釈している。しかし、いずれの解釈も納得できるものとは言い難い。現在、堕胎や間引きを行う意識の背景に関して、「子どもの魂は早く再生する」との認識が罪悪感を弱めたと説明されるが[13]、誕生を望まない胎児や嬰児に対する魂の再生に関する認識は、誕生を望む胎児や嬰児に対する認識と同じであるとはとうてい考えられず、両者を分けて再考する必要があると考える。

一方で、大間知が指摘した幼児葬法と胞衣納めとの関連、丸山による胞衣・生児・生まれた家との関係性、あるいは、死産児や嬰児が「無縁仏ともならない」との藤井の指摘は、胎児観を考える上で重要であると考える。

本書の構成と概要

第一章から第三章までは、堕胎・間引きの時代から人工妊娠中絶と避妊の時代に至る出産コントロールの変遷を追いながら、胎児観の変遷を明らかにした。

第一章「近代化以前の子どもの命の選択」では、近代化以前の物語や日記等にみられる堕胎や間引きの記述を取り上げる。また、寺院に奉納された堕胎・間引きを描いた絵馬から、堕胎・間引きに対する人びとの意識と胎児についての認識を考える。

近代以前の記述や絵馬に描かれた事象のなかには、民俗学が蓄積してきた堕胎・間引きについての伝承資料や、筆者が行った聞き取り調査によって得られた資料との共通性もみられることから、それら事例を紹介しながら検討したい。

第二章「産児制限をめぐる制度と社会」では、明治時代以降昭和初期までの妊娠・出産の制度と出産コントロールの歴史を概観する。ここでは、妊娠・出産に関する制度や社会の動向に関する事象について年表として示し、それを参考にしながら時代による変化を見る。

妊娠・出産をめぐる制度が確立し、堕胎罪（明治十三年制定）制定により、「産む」ことに主眼がおかれるようになった明治期、産児制限・産児制限運動において「子どもの価値」に対する考え方や堕胎の可否などが論じられた大正期から昭和初期、戦後は中絶と避妊により確実な出産コントロールが実現した昭和以降の時代と大別し、産婆学雑誌や新聞記事、産婆・助産婦からの聞き書き資料等によって、一般の人びとの対応や意識を明らかにするとともに、そこにみられる胎児・嬰児に対する認識を考える。

第三章「民俗学における堕胎・間引きと子ども観」では、従来の民俗学における子ども観を再考し、堕胎・間引きの対象となった胎児・嬰児も含めた胎児観を考察する。

子どもを「育てる子ども」「育たない子ども」「育てない子ども」に分け、それぞれについて『日本産育習俗資料集成』『日本民俗地図』など、これまで民俗学が蓄積してきた伝承資料に加え、筆者が行った聞き取り調査、寺院の過去帳による子どもの戒名の調査、明治時代から昭和中期に至る嬰児殺し事件の新聞記事、明治以降の統計を用いて、堕胎・間引きの実態とそこにみられる胎児観・子ども観を考える。

また、間引きを「殺すことではない」と認識していた意識の背景について、分娩時の胎児から出生児への移行期・肺呼吸への転換など生理的側面との関係で考える。

第四章から第六章までは、水子供養を通じて胎児観を考察する。供養されなかった中絶胎児が供養の対象となる過程を追い、胎児の供養が定着した背景について制度や社会の動向とともに考察する。実地調査と関係資料により具体的な経緯を明らかにする。

第四章「水子供養にみる胎児観の変遷」では、中絶胎児の供養の始まりから、「水子供養」として確立するまでの経緯を追う。

中絶胎児への供養が、一九五〇年代以降、医師や助産婦などの医療者や中絶胎児の遺胎を処理する役割を担った胎盤処理業者によって始まったことを調査事例や資料に基づいて指摘する。

また、一般の人びとを対象とした中絶胎児の供養について、一九六〇年代半ばに「子育ていのちの地蔵尊」が建立されたことにより始まったことを明らかにした。この経緯については、寺院や関係団体に保管された資料によって考察し、地蔵建立が、当時の中絶反対の動きを背景としたものであったこと、一九七〇年代以降に始まる「水子供養」の萌芽としての側面があることを指摘する。

この後、一九七〇年以降に水子供養専門寺院が開山したことにより、中絶胎児は「水子」、中絶胎児に対する供養は「水子供養」と称され、水子供養が成立する。そこでは、供養されてこなかった中絶胎児の祟りと供養の必要性が説かれ、水子供養が全国的に展開する。すなわち、中絶体験者による水子供養は、中絶体験から十数年から二十年近い歳月を経て始まったのである。

ここでは、地域の寺院で開始された水子供養の事例を紹介する。供養の発願から開始までについて、寺院に保管された資料と地域住民からの聞き取り調査によって、その詳細を明らかにするとともに、寺の過去帳に記載された子どもの戒名による調査を合わせて行うことで、胎児を含む子どもの供養が開始された時代、および、「水子」の位号が記載される時期について明らかにする。

さらに、水子地蔵像、水子観音像の鋳造所からの聞き取り調査によって、水子地蔵像の様式が鋳造され始めた経緯を示す。

第五章「水子供養流行と社会」では、供養されない存在であった胎児が供養を必要とする存在へと変化した背景と水子供養が流行する背景について、産科医療の進歩、メディアの影響など当時の社会の動向から検討する。

水子供養は、中絶胎児に対して行う供養として始まり大きな広がりをみせたが、そこには人びとが「胎児」に「人の命」を認識していることが不可欠となる。この点については、医療の進歩により胎児が可視化されたことをはじめとして、中絶可能時期の変遷、生殖医療の進展など、胎児観の変化と関わる要因について考えたい。

また、水子供養において強調された、供養されない中絶胎児が不幸を及ぼすと説かれた「水子の祟り」については、戦後の高度経済成長期が人びとの生活に及ぼした社会的な影響から読み解いた。さらに、中絶胎児の「祟り」と「供養」についての具体的な情報の提供に関しては、テレビのワイドショーの話題からメディアの影響との関係で考察する。

以上のように、水子供養が短期間の内に人びとに受容された背景について、多様な要因があったことを指摘し、胎児観の変化と水子供養の関係性を明らかにする。

第六章「水子供養の現在」は、仏教寺院における水子供養の現状を実地調査に基づいて報告する。

水子供養流行期以降、さまざまな寺院が水子供養を行うようになったが、どの程度行われているかについての研究は、新田光子による寺院を対象としたアンケート調査以外にはみられず[14]、それはあくまでも寺院に対して行われた調査であった。そこで、寺院を訪れた参詣者の視線で水子供養の現状を把握したいと考えた。

本書では、『平成二十三年度版　文部科学大臣所轄包括宗教法人一覧』[15]に掲載されている仏教系寺院の総本山・大本山を対象として、水子供養の場の設置や供養方法についての実地調査を行い、水子供養の現状を明らかにした。

以上が本書の構成と内容の概略であるが、実在しない子どもである「育てない子ども」に注目することで、胎児に対する認識の変遷を明らかにしたいと考えた。

なお、聞き書きの事例に関しては、一九九八年以降の産婆・助産婦経験者からの聞き取り調査である。聞き取り調査の対象は、産婆・助産婦を中心とする女性であるが、水子供養に関しては宗教者や医師も含まれる。

また、「堕胎」「間引き」の語は、近世期には、堕胎と間引きが明確に区別されない例もみられたことが報告されているが、ここでは、近代以降を主な対象としたため、堕胎は人為的に妊娠を中断させること、間引きは出生直後の嬰児を生かさないための人為的行為とする。「産婆」「助産婦」の語については、昭和二十二年（一九四七）

年、「産婆」は「助産婦」と改称され、翌二十三年（一九四八）に「保健婦助産婦看護婦法」が定められた。従って、「産婆」の表記は昭和二十一年以前とする。「助産婦」については、平成十三年（二〇〇一）に「保健師看護師助産師法」が制定（翌十四年施行）されて「助産師」と改称されたため、これ以前を「助産婦」と表記した。ただし、調査対象者は、主として戦前は産婆として、戦後は助産婦として自宅分娩を扱った方々であるため、戦前の事象については「産婆」、戦後の事象については「助産婦」とした。

（1）能田多代子　一九三七「七ツ前は神様」『民間伝承』三―三、民間伝承の会、七頁。
（2）大間知篤三　一九三七「七ツ前は神のうち」『民間伝承』三―四、民間伝承の会、三頁。
（3）同　一九三七「コノシロ」『民間伝承』三―四、民間伝承の会、三頁。
（4）同　一九三七「墓制覚書」『ひだびと』、飛騨考古土俗学会、二七二―二七三頁。
（5）同　一九三八「幼児の生命」『国民思想』、国民思想研究所、二二七頁。
（6）民間伝承の会編　一九四四『民間伝承』一〇―三。
（7）丸山久子　一九四八「胞衣を埋める所」『高志路』新第七号（通巻一二三）（戦後版『高志路』第一巻として復刻、一九八一）、新潟県民俗学会監修、国書刊行会、三―四頁。
（8）柳田國男　一九六五（一九五八）「子墓の問題」『民俗』六一（一九六五・九所収）、相模民俗学会、一―三頁。
（9）田中久夫　一九七九（一九六五）「子墓―その葬制に占める位置について―」『葬送墓制研究集成』一、土井卓治・佐藤米司、名著出版、三一四―三三〇頁、（『民俗』一一九、昭和四十年）。
（10）大森義憲　一九六五「甲斐の無縁仏」『西郊民俗』一三、西郊民俗談話会、三九頁。
（11）藤井正雄　一九七一「無縁仏考」『日本民俗学』七四、日本民俗学会、五六頁。
（12）木下忠　一九八一『埋甕』、雄山閣、一三二頁。
（13）千葉徳爾・大津忠男　一九八三『間引きと水子――子育てのフォークロア』、農山漁村文化協会。松崎憲三　二〇〇四「間引き絵についての一考察―『家族葛藤図』をめぐって―」『現代供養論考――ヒト・モノ・動植物の慰霊』、慶友社、三三六―三九六頁。
（14）新田光子　一九九一「『水子供養』に関する統計調査資料」『社会学部紀要』二一、龍谷大学社会学部紀要編集委員会、龍谷大学社会学部学会、四六―六頁。同　一九九三「『水子供養』と宗教教団」『社会学部紀要』四、龍谷大学社会学具紀要編集委員会編、龍谷大学社会学部学会、九七―一〇七頁。同　一九九九「日本の宗教と水子供養」『水子供養――現代社会の不安と癒し』高橋三郎編、行路社、一七三―二〇六頁。同新田「水子供養に関する統計調査資料」、二四三―二九九頁。

(15)　文化庁　二〇一二「文部科学大臣所轄包括宗教法人一覧」『宗教年鑑平成二十三年度』。

第一章　近代化以前の子どもの命の選択

第一節　記録された堕胎と間引き

子どもの誕生は、いつも歓迎されるとは限らない。望まない妊娠の場合には、子どもの出生を阻む手段として、かつては堕胎や間引きが、戦後は人工妊娠中絶（以下、中絶）が行われて来た。子どもは「授かりもの」と称された一方では、その出生をコントロールしたいとの欲求が、時代を超えて存在し続けて来たのである。

ここでは、近代以降の胎児観を考える前提として、近代化以前の堕胎や間引きに関する資料を参考にしながら、「胎児」に対する人びとの認識を考えてみたい。

以下は、従来の堕胎や間引き研究において引用される例も含むが、当時の「胎児」に対する意識に注目したい。

1. 記紀神話にみるヒルコ

出生児に関する命の選択についての最も古い記述として引用されることが多いのが、『古事記』『日本書紀』に記されたヒルコの誕生譚である。

イザナギとイザナミ二柱の神の国生み神話において、イザナギとイザナミとの間に生まれた第一子がヒルコであった。

『古事記』では、「水蛭子」と表記し「葦船に入れて流し去《う》てき」とある。『古事記』の解説によると、「手足もない水蛭（ヒル）のような形をした不具の子の意か、または手足はあるが骨無しの子の意かの何れかであろうが、多分後者であろう」とある。[1]『日本書紀』においては「蛭児」と表記し、「三歳になっても足の立たない子であった」「蛭児を葦の舟に乗せて流しやった」とある。[2]

ヒルコがヒルのような骨のない子、あるいは足の立たない子であったため葦船に乗せて流してしまい、子の数には入れなかったのである。

ヒルコがこのような姿で生れた原因として記されているのは、イザナギとイザナミが出逢った際に、本来ならば夫となるイザナギが妻となるイザナミに最初に声を掛けるべきだったのだが、イザナミから声を掛けたためにヒルコが生まれたと記している。二柱の神が、結婚に際して正当な手続きをふまなかったが故に「不具の子」としてヒルコが誕生したと記しているのである。その結果として、子として認めず流してしまったとある。ヒルコは、「育てない子ども」とみなされ、「育てる子ども」と承認されることがなかったのである。ヒルコが流産児であったのか、障害を持った子であったのかは判断できないが、出生児の身体的形状と命の選択の関係性をうかがわせる話である。また、間引いた子を藁苞に入れて流したとの伝承を連想させる話でもある。[3]

後に記された『太平記』には、流されたヒルコが西宮の大明神となったとあり、戎神社（兵庫県西宮市）を本宮とするエビス神として再生したとする由来譚や、海に流されたヒルコがエビスとなり、豊漁をもたらす神として信仰されるようになったとする伝承がみられる。[4]

現在でも、エビスは豊漁をもたらす神として、特に漁業者にとって身近な信仰対象である。

2.『今昔物語』に記された堕胎

平安時代後期にあたる十二世紀初めの仏教説話集『今昔物語』（作者未詳）の「書寫山性空聖人語」（第三十四）には、性空聖人の誕生にまつわる次のような話がみられる。

聖人の母は子を産む度に難産であったため、聖人を妊娠した折に「流産ノ術ヲ求テ毒ヲ服スト云ヘドモ其ノ験无シ遂ニ平カニ生メリ[5]」と、母が堕胎薬を飲んで堕胎を試みたにもかかわらず、性空聖人が無事に誕生したとの誕生譚である。ここには、堕胎を戒めたり罪悪とする感覚はみられず、むしろ堕胎は、聖人がこの世に生まれるべくして生まれてきたことを意味付ける逸話として描かれている。ここでは堕胎が、聖人に課せられた試練として描かれ、堕胎行為に対する罪悪感はもちろん、母体内の胎児へのまなざしも記されてはいない。この話が記された当時、堕胎はそれほど特別なことではなく、また、罪悪と結びつくものではなかったことを示す例といえよう。

3．宣教師ルイス・フロイスが記述した堕胎・間引き

イエズス会の宣教師ルイス・フロイス（一五三二～九七）は、永禄五年（一五六二）から三十五年間日本に滞在し、天正十三年（一五八五）年に、『日欧文化比較』をまとめた。そこには堕胎と間引きに関する記述がみられ、当時の堕胎・間引きの実態を示す例として引用されることも多い。

記述には、「ヨーロッパでは、生まれる児を堕胎することはあるにはあるが、滅多にない。日本ではきわめて普通のことで、二十回も下した女性があるほどである[6]。」「ヨーロッパでは嬰児が生まれてから殺されるということは滅多にというよりほとんど全くない。日本の女性は、育てていくことができないと思うと、みな喉の上に足をのせて殺してしまう[7]。」とある。

一人の女性が二十回も堕胎したとの回数については、そのまま信じることはできないが、一人が複数回の堕胎を試みていたことは事実であったろう。また、出生児の「喉に足をのせて殺してしまう」との記述は、典型的な

間引きの方法の一つでもあり、これまで民俗学が収集してきた伝承とも共通している。出生児の喉元や胸元に足や膝をのせて圧殺する方法は、昭和期に至るまでみられることから、古くから伝承されてきたものといえよう。

一方では、中世ヨーロッパにおいても、堕胎や嬰児殺しが行われていたことは、次のような記述によっても明らかである。例えば、「ギリシャ・ローマ時代からの言い伝えを信じて、堕胎をあたりまえのこととして安易に行っていた」、「堕胎薬として効果があるという薬草は庭で常時栽培されていた」、「腹痛を引き起こす飲み薬は堕胎に効果があるとされた」などがある。(8)さらに、フランスの例として、十五世紀に子殺しや未洗礼死産児の放置防止を目的とする妊娠届令が発せられたり、(9)十八世紀には、「捨て子」を運ぶための専用の背負い籠があり、望まない妊娠で生まれた子を引き取ってもらう際に使用されたことや、母親が顔を見られることなく赤ん坊を預けることができる回転箱が施療院に設置されていたこと、捨て子の収容口が孤児院に設置されていたことなど(10)も明らかになっている。

このように、ヨーロッパ社会においても堕胎や嬰児殺しあるいは子捨てがみられたことは事実ではあるが、宣教師の立場ではキリスト教世界のそのような事実は、認めがたい部分であったのかもしれない。

平成十九年（二〇〇七）、熊本市のキリスト教系の慈恵病院において、産んでも育てられない赤ん坊を、親が身元を知られることなく預けることのできる施設「こうのとりのゆりかご」が設置された。ドイツの施設での取り組みを手本にしたものだが、中世ヨーロッパの施療院や孤児院の回収箱と同じ様式である。時代を超えて養育しがたい子の命を保護する場所として機能していることがわかる。

4．伊達政宗の消息に記された堕胎 ―宮城県村田町の文書―

宮城県柴田郡村田町で発見された伊達政宗直筆の「馬場出雲守親成宛消息」(11)は、寛永二年（一六二五）年から寛永八年（一六三一）までに書かれたものとされている。そこには、堕胎に関する以下の記述がみられる。


彼の奉公人の事、懐人の由、左様に候わば、流し薬、紹高知られ候。竹庵に申し候て、貰い、飲ませ然るべく候。ただし、四月五月にもなり候て、流れかね候わんまま、その分にて差し置き、隙明けさせ候てから、奉公も出だし候べく候。先々、切米の事、極め候べく候。かしく。

なおなお、切米の様子申上げ候て、あい極め、障り、また隙を明け候てからに然るべく候。とかく、懐人のうちは、召し出し候事ならず候。かしく。

政宗より

出雲どのへ

政宗は非常に「筆まめ」な武将として知られ、直筆書状が多い。この消息も、親しい家臣に宛てたものとされるが、どのように村田町に伝来したかについては不明だという。

内容は、奉公に出ることになっていた者が「懐人」、つまり妊娠したことを知った政宗が、医師竹庵に申し出て、「流し薬」つまり堕胎薬を貰って飲ませよと指示したものである。さらに、もし既に妊娠四カ月か五カ月になっていて、堕胎薬を飲ませても流れなければ、出産した後のしかるべき時に奉公に出すようにと記している。

ここには、堕胎に対する罪悪感などは微塵もみられず、ごく当たり前の対処であるかのようである。母体内の胎児への視点や配慮なども全く見られず、堕胎が不都合な妊娠に対する日常的な処置であったことを窺わせる例として興味深い。

5.『好色一代女』に記された堕胎児

井原西鶴（一六四二～一六九三）が、貞享三年（一六八六）に記した『好色一代女』の「夜発の付け声」には、堕胎された胎児に関する記述があるが、これも堕胎や間引きあるいは水子供養などの論考に引用されることが少なくない。

写真 1-1　『好色一代女』孕女と堕胎児の挿絵、阪本龍門文庫蔵・奈良女子大学学術情報センター画像提供

『好色一代女』は、春を鬻いで生涯を過ごした老女が、自身の人生を語る物語であるが、そのなかで「夜発の付け声」には、堕胎児と孕女に関する記述がみられ、挿絵も添えられている。

一生の間、さまざまの戯れせしを、思ひ出して、観念の窓より覗けば、蓮の葉笠を着たるやうなる子供の面影、腰より下は血に染みて、九十五六程も立ち並び、声のあやぎれもなく「負はりよ、負はりよ」と泣きぬ。「これかや。聞き伝へし孕女」と気を留めて見しうちに「酷い母様」と、銘々に恨み申すにぞ、「さては、昔、血下ろしをせし親なし子か」と悲し[12]。

蓮の葉笠を頭に被り、腰から下は血に染まった姿の子どもたちが九十五、六人が立ち並び「負ぶって欲しい」と泣くのを見た老女は、それを「孕女《うぶめ》」つまり難産で死亡した産婦の霊かと思う。よく見ると「酷い母様」などと泣きながら恨み事を言うのを見て「血下しをした親なし子」つまりかつて堕胎した堕胎児かと思ったというのである。

蓮の葉を頭上にのせる姿は胎児を象徴し、蓮の葉は胞衣（胎盤と臍帯）を表している。胎児は、「胎内十月図」などでも蓮の葉を頭上にのせる姿で描かれているが[13]、ここではそのような胎児の腰から下が、血に染まっているというのである。腰から下が血に染まる姿は、孕女（産女・姑獲鳥）の典型的な姿であり、難産で亡くなった産婦の姿の象徴で、成仏できずに彷徨うとされる。

昭和初期に自宅分娩を扱った産婆や助産婦たちは、お産で怖いのは分娩時の突然の出血だという。その多くは弛緩出血で、大出血を起こすと、ゴボッ、ゴボッと音を立てて大量に出血するのだが、そうなると手の施しようがなく、産婦は助からないことが多いのだという。腰から下を血に染めた孕女の描写は、出産によって死亡した妊産婦の象徴的な姿なのである。

興味深いのは、ここでは一人の中に「胎児」と「孕女」両方の姿が合わせて描かれている点である。胎児と孕女の特徴がひとつの姿として、文章の中でも、挿絵においても描かれている。母と胎児が一体化した姿で描かれることへの矛盾が意識されていないかのようである。それは、胎児と妊産婦が分かち難いものとして認識されていた当時の人びとの認識を窺わせる。胎児が、母親の身体の一部であるとの認識があったことを示す例と考えられるのではないだろうか。妊婦と胎児は一体でありながらも別の人間として認識する、現在の感覚との相違を感じさせる。

堕胎した胎児に関する話については、自宅分娩を扱ったある産婆（明治四十四年生まれ）のご家族から次のような話を聞いた（事例M）。

彼女が年老いて臥せるようになった時に、「子どもがそこにいるんだー」と自分の足元に何人かの赤ん坊が来ていると何回か言ったことがあった。夢を見たのではなく、本人には確かに赤ん坊の姿が見えていたようだったという。自宅分娩時代には、出生児が「ミックチ（口蓋裂や口唇口蓋裂）」などの障害があった場合、出生児の口を濡れた布で塞ぎ、産声を上げさせずに死産として扱った経験があったと聞いていたため、きっと死産にした赤ん坊が来たのであろうとの話であった。

年老いた時、過去に出生を阻んだ胎児のまぼろしを見るのは、決して物語のなかだけのことではないようである。

口蓋裂や口唇口蓋裂の赤ん坊は、乳房に上手く吸いつくことができず母乳が飲めずに育たない場合が多かった。そのため、この産婆さんのような対処が行われたが、それは決して特別なことではなく、「死産とする」ことも産婆としての役割でもあったのである。このような対処は、身近な病院で口唇口蓋裂の手術ができるようになって以降はみられなくなった。

6.『萬事覚書帳（全）―角田藤左衛門―』に記された堕胎・間引き

『萬事覚書帳（全）』は、福島県南郷村の農家の次男として生まれ、麻の取り引きにより一代で財をなした在郷商人角田藤左衛門によって書かれた四冊からなる日記である。[14] 天和三年（一六八三）に書き始められて以降、享保二十年（一七三五）六十七歳に至るまでの記述がなされている。江戸中期の日常生活を知る上で貴重な史料でもある。

太田素子は、この覚書帳の詳細な分析を行い、近世農村の妊娠・出産・子育ての詳細を明らかにした[15]。太田の分析には、堕胎や間引きに関するものも含まれており、藤左衛門の子のうち、第六、九、一〇子が「子返し」「押返し」の対象となっている[16]。

ここでは、『萬事覚書帳（全）―角田藤左衛門―』に記された堕胎・間引きの記述と同書に記された安藤紫香の解説を参考にしながらみてゆく。

宝永六年（一七〇九）、藤左衛門が四十二歳時の記述に「十二月二十三日夕　女共平産　子押返ス[17]」と記され、安産で出産した第六子を「押返ス」、すなわち間引いたことが記されている。また、正徳五年（一七一六）、四十七歳の時には「同月（正月）二十二日、女共平産　貳年子　女の筈男ニ候間子返ス　四十四歳ニテ[18]」と第九子を「子返し」ている。この「子返し」の理由は、父親である藤左衛門の年齢ならば、女児が出生する筈なのに実際に産まれた子は男児であったために性別を取り違えて生まれてきた「たがい子」であったためであると記されている。

親の年齢と誕生する子には、本来あるべき「性」があり、それと一致しなければ「たがい子」として、出生児を「元に戻す」つまり間引く習わしがあったとの解説が添えられている[19]。また、「貳年子」とは、妊娠した年の翌年に産まれる子どものことで、子の出生年も年齢の占いの際に関係する条件でもあった。

「子返し」は間引きの方言で、子どもをその子が生まれる前にいた世界に「戻す」という意味とされる。このようにカエス、モドスの表現は、この例のみならず他地域でも用いられた間引きの用語でもある。

享保十年（一七二五）には、「四月七日昼　後妻平産　去ル八月ヨリ之くわい人　九月ニテ生年四十二ノ女　男

子之筈女子ニ生　たがい子押返ス」[20]とあり第一〇子を「たがい子」として「押返し」ている。

さらに、藤左衛門の子のみならず下女の「押返し」に関する以下の記録もみられる。

享保六年（一七二一）五月十六日朝に「子をうむ　年廿一　貮年子　女ノ筈ニ見候　断なしにころす間　平助方へ不届之由（後略）」、また、享保十一年（一七二六）正月十一日朝「死て生しといつわり申候うらない見候ニ当二十七の女　昨年五月よりはらミ当月へ十ケ月　貮年子男子ノ筈ニ候　隠し押ころし候（後略）」[21]と、下女が「たがい子」を理由として「押しころし」たことが記されている。

下女が行った「たがい子」を理由とする「押返し」については、「押しころす」と記している。この点に関して太田は、下女が産んだ子どもは「将来譜代下人となるはずの赤子」であり「藤左衛門は所有権を意識している」のに対して、下女は「自分が産んだ子」と考えたとして、両者の子どもに対する認識の相違を指摘した。[22]

下女にとっては、望まない子どもであったために「押返し」なのだが、藤左衛門にとっては、下女の子どもは、自分の財産であり養育すべき子どもであったのである。そのため、間引きを「返す」との認識よりも子どもを「殺した」と認識したのである。藤左衛門にとって、どのような価値をもつ子どもであるかによって、同じ行為であっても異なる認識があったことが明らかになる例である。

しかし、以上の例からは、「押返し」や「子返し」に対する罪悪感や、それらの子どもへの愛情や憐憫の情は読み取れない。「育てない子」に対しては、「育てる子」に対する心情とは全く異なる意識があったことを明らかにするものである。

一方、例え「たがい子」であっても、養育への強い意思がある場合は、間引きの対象とはせずに育てている例もみられる。これは、藤左衛門の孫の誕生の例である。

享保十三年（一七二八）七月九日に「お上初テ平産仕男子持申候（中略）十九ノ貮年子　貮年子男うらかたニあ

い吉しくわいたい之内ニ若松北方竹屋子安観音様へ立願仕候（後略）[23]」の記述である。

この例は、出生児が父母の年齢と性別の関係では「たがい子」であったが、初子の男子であったためか「押返し」せずに育てることにした例である。この子に対しては、健やかな成長を願って子安観音に願を掛けたとある。この記述は、たとえ「たがい子」であっても、「育てる子ども」として認知した場合には、押返しの対象にならなかった事実を示すとともに、「育てる」「育てない」の決定権が、生まれ来る子どもを取り巻く父母などの近親者にあった点も明らかになる。

この覚書帳の解読と解説を担当した安藤紫香は、長年にわたる民俗調査によって「たがい子」の意味を明らかにし、次のように記している。「たがい子」は、妊娠した年と同年に生まれる予定なら、（父親の年齢＋1）÷3、妊娠した年の翌年に生まれる「貳年子」の場合は、（父親の年齢＋母親の年齢＋2）÷3として、求めた答えが割り切れれば女子、割り切れず余りが出た時は男子が生まれるという占いで、これが「男の筈」「女の筈」の意味である。占いとは異なる性別の子が生まれた場合は、「たがい子」として「押返し」の対象となる[24]。

さらに、マビキ（間引き）は、「途中に女児が生まれたり、一人おきに育てる為に中の子をころす事」であり、オッカイシ（押返し）は「最初から二人とか三人育てることにしてその後に出来た子はおっかいし元にもどすといって殺した」との伝承があったことを明らかにしている[25]。

太田素子は、藤左衛門の第八子が「留之丞」と名付けられ、「留」の字を付けた後にできた子を「押返し」の対象としていることから、「意図的な出産制限を強く疑わせる」とし、当時の出生コントロールには家族計画的な意味があったことを指摘した[26]。

以上が、『萬事覚書帳』にみられる「押返し」「子返し」の記述である。この覚書帳には、養育しているわが子に対して産育儀礼が丁寧に行われたり、疱瘡に罹患した際などには、心を尽くし手を尽くして看病する様子なども記されている。それらは、「押返し」の子どもに対する意識とは全く異なるもので、「育てる子ども」と「育てない子ども」の間には、大きな認識の相違があったことを示す。

このように、堕胎や間引きは、貧困ゆえに行う場合だけではなく、裕福な家の場合には、より良い子育ての実現のために行っていたことも明らかになる。

このように『萬事覚書帳』からは、「育てる命」と「育てない命」があったことが明らかになるとともに、両者に対する意識には大きな隔たりがあったことを知ることができる例として貴重である。

7.「日本九峰修行日記」に記された堕胎

「日本九峰修行日記」[27]は、日向佐土原の修験野田泉光院（宝暦六年〜天保六年）が、文化九年（一八一二）秋から文政十一年（一八二八）晩秋にかけて、六年二カ月に及ぶ諸国の名山霊蹟を巡拝した折に記した日記である。泉光院は行く先々で依頼されて加持祈祷を行った。「文化十四年（一八一七）正月十五日」には、下総国長沼村権右衛門宅に滞在し、正月を過ごしていた。その折に、ある家から難産のための加持祈祷を依頼された際の記述には、堕胎の処置が行なわれたことについての詳細な記述がみられる。

十五日　同天。―中略―　今晩田美妻難産にて夜中祈禱加持にも兩度行く、子の刻頃産す。孕子腹中に横たはり左の手を淫（陰）門より出し居る故に、仕方なく、産ませ姥其手を引切り、又子の腹を破り腹綿を引出し、骨を砕き出し首を引出したり。子は微塵に成りたれ共母親は恙なく気色合もよかりしとて皆々喜べり。

この日、泉光院は難産の家に二度祈祷加持に訪れている。逆子のための難産であり、胎児の左手が母体の外に先に出てしまい、なかなか生まれない。そこで出産介助をしていた産婆が、外に出た胎児の腕を引きちぎり、胎児の腹部を破って腹綿を出し、さらには骨を砕いて胎児を母体から出したと記している。胎児の身体は、バラバラになってしまったのだが、産婦は命に別状なく術後の様子にも問題がなかったので、皆々が喜んだとある。

壮絶で悲惨な分娩の記述である。元気に生まれて来るはずだった胎児の体は形を留めない状態になってしまったのだが、そこには「哀しみ」の情景は記されていない。難産がもとで母子ともに命を落とすことが珍しくなかった時代には、胎児より母の命が優先されたのである。そのような時代には、胎児に対する感覚が現代とは大きく異なっていたことを示す例である。

この記述内容は、次節の「堕胎戒めの図」、産婆・助産婦の聞き書き資料にある難産の場合の処置（聞き書きJ・K）と共通することから、難産の際の最終的な対処であったといえよう。

第二節　絵馬に描かれた堕胎と間引き

1．徳満寺地蔵堂の間引き絵馬　―民俗学者柳田國男が見た絵馬―

民俗学者柳田國男は、茨城県北相馬郡布川町で暮らした明治二十年（一八八七）当時の体験を回想し、「故郷七十年」（昭和三十三年）に次のように記している。

私は十三歳で茨城県布川の長兄の許に身を寄せた。兄は忙しい人であり、親たちはまだ播州の田舎にゐるといふ淋しい生活であつたため、しきりに近所の人々とつき合つて、土地の観察をしたのであつた。―中略―布川の町に行つてもう一つ驚いたことはどの家もツワイ・キンダー・システム（二児制）で一軒の家には男児と女児、もしくは女児と男児の二人づつしかないといふことであつた。私が「兄弟八人だ」といふと「どうするつもりだ」と町の人々が目を丸くするほどで、このシステムを採らざるをえなかつた事情は子供心ながら私にも理解ができたのである。あの地方はひどい飢饉に襲はれた所である。―中略―　これはいま行はれてゐるやうな人工妊娠中絶の方式ではなく、もつと露骨な方式が採られて来たわけである。―中略―

長兄の所にもよく死亡診断書の作製を依頼に町民が訪れたといふ事例をよく聞かされたものであつたが、兄は多くの場合拒絶してゐたやうである。

約二年間を過ごした利根川べりの生活を想起する時、私の印象に最も強く残つてゐるのは、あの河畔に地蔵堂があり、誰が奉納したものか堂の正面右手に一枚の彩色された絵馬が掛けてあつたことである。

その図柄が、産褥の女が鉢巻を締めて生まれたばかりの嬰児を抑へつけてゐるといふ悲惨なものであつた。障子にその女の影絵が映り、それには角が生えてゐる。その傍に地蔵様が立つて泣いてゐるといふその意味を、私は子供心に理解し、寒いやうな心になつたことを今も憶えてゐる。(28)

当時の布川では、一家に子どもが男女一人ずつの二人きょうだいであったこと、その背景には、この土地が頻繁に飢饉にみまわれ、多くの子どもを養えない事情があり、「露骨な方法」つまり堕胎や間引きによって子どもの数を制限する必要があったためであろうとしている。

堕胎や間引きによる子どもの命の選択は、人びとの暮らしの歴史の中で創出された土地の常識でもあったことを示す記述である。

さらに、柳田は、そのような土地の地蔵堂において、奉納された間引き絵馬を見るが、それによって、幼いながらも柳田は地域の実情をより具体性をもって理解することになったのである。

開業医であった兄のもとには、出生児が死亡したとのことで、死亡診断書を書いてもらいに訪れる町民がいたとある。柳田が暮らした当時も、周辺では、出生児に対する人為的な命の選択が行われており、そのような事情を承知しつつ、それを正当化するために死産証明書を書くこともまた、そこに暮らす医師の役割でもあったのだ。しかし、開業して間もない医師であり、土地の事情を知らない柳田の兄は、それらの依頼を断わっていたのである。土地の人ではない医師と地域の人びととの価値観の乖離が浮かび上がる例であると同時に、堕胎や間引きが明治中期になっても、地域においては、表面的には制度との整合性を取りながら、なお公然と行われていた事実を明らかにする。

なお、柳田が「故郷七十年」を記した昭和三十三年（一九五八）は、日本において中絶が盛んに行われていた時代である。柳田が「ツワイ・キンダー・システム」と記したように、当時は、一夫婦に子ども二人の家庭が理想とされ「一姫二太郎」、すなわち一人目が女児、二人目が男児が理想であるとの価値観が公に宣伝されていた時代であった。

2．関泉寺の「堕胎戒めの図」

宮城県刈田郡七ヶ宿町にある曹洞宗阿嘯山関泉寺は、寛永三年（一六二六）に開山した寺院である。本堂に保存されている「堕胎戒めの図」は、描いた人や制作年代についての記録はないが、近世中期に描かれたと伝わる。寺によると、堕胎や間引きが多い状況をみかねた当時の住職が、堕胎や間引きの罪悪について説法する際に使ったとされる(29)。

「堕胎戒めの図」に描かれているのは、堕胎の処置を施したばかりの医者と産婆、堕胎されバラバラになった胎児、血だらけで苦しむ産婦と産婦を背後から抱きかかえる夫、さらに、彼らの後方には祖父母と思われる二人が描かれている。また、絵の余白には、地獄の火車が迎えに来る様子が描かれ、堕胎が罪深い行為であることを強調している。

絵のリアルな描写は、堕胎行為の恐ろしさや堕胎がわが子の命を絶つ行為であることを、見る者に鮮明に訴えかける。このような悲惨な描写は、目にするだけでも堕胎の罪悪を人びとに自覚させる効果があったであろう。

写真 1-2　間引き（堕胎）戒めの図、関泉寺所蔵、2004 年 5 月撮影

当時、この地域に医者がいたか否かは分からないが、傍らに置いてある道具は産科道具でもある。

寺によると、この他にも数枚同様の絵が保存されていたというが、劣化が激しかったため処分したという。また、一九七〇年代には、この図を見せながら青年たちに説法したこともあるとのことだった。

一九七〇年代は、若者の性行動や若い世代の中絶が社会問題化した時代でもある。性教育や命の大切さを教えるために、時を超えて用いられていた絵でもある。

この絵が存在する七ヶ宿を対象として研究を行った菊池義昭は、一八〇〇年代初頭に成立した仙台藩の赤子養育制度を対象とした研究のなかで、七ヶ宿の養育手当支給に関する史料を分析し、極貧農民家族とその家の経済状況の関係を明らかにした。そこにおいて、極貧農民が養育手当の支給を願い出るか否かは、子を産むか否かに関わっているのではないかと論じている。つまり、子どもの出生を抑制するか否かによって、自力で生活できるか、あるいは、養育手当がなければ生活できないかという差が出るというのである。

菊池は、「家計への計画性から子産みの計画性を認識し、マビキ、堕胎薬などを含めた産児制限を実施し、困窮化を防止しようとする意識が存在していた」ことを指摘し、「家計や子産みの計画性への認識や能力が近世の農民等の困窮を左右する一つの要因」となっていたのではないかと論じている(30)。

また、沢山美果子は、同じく仙台藩の赤子養育仕法（赤子養育制度）にみられる「死胎披露書」すなわち流産や死産、出産後三七夜（二十一日目の産屋明け）までの嬰児死亡の報告書の分析を行った(31)。そのなかに、転倒による流産や死産、早産による死産が多くみられること、五月・六月の繁忙期の出産を避けるように、妊娠七、八カ月の早産が多いことに着目し、堕胎が行われた可能性が高いことを指摘した。

さらに、そこでは胎児が「人の形」「胎をなす」か否かによる意識の差があったことを指摘し、妊娠五カ月を境として「物」から「人」への線引きがあったと論じた(32)。

後述するが、「人の形」をなすか否かにより、胎児の遺胎の扱い方にも差異がみられた点については、明治以降の事例によっても明らかである。また、近年まで、五月、六月の田植え時の出産は、最も避けたいものであった。地域全体が相互扶助のもとで田植えを行う時期、労働力となれないことは、妻たちにとって精神的に大きな負担だったのである。農作業の繁忙期と出産が重なることを見越して堕胎が行われたことは確かなことでもあったろう。

3. 大雄寺の間引き絵馬

宮城県本吉郡南三陸町にある曹洞宗松林山大雄寺は、平安末期に開山したと伝わる寺院である。現在、この寺の本堂内には観音堂があり、その入口に間引き絵馬が掲げられている。

この絵馬には、元治元年（一八六四）に住職が奉納したことが墨書され、生まれたばかりの赤子を膝で圧殺する産婦（母親）の姿が描かれている。その母の頭には角が、口元には牙が描かれ鬼のような印象を与え、間引きが、非道な行為であることを象徴的に表現している。絵の上部には涙を拭う観音の姿が描かれ、余白には文字が書かれているが、現在は判読しがたい。わずかに判読できる部分から、以下の文言であったとされる(33)。

写真 1-3　間引き絵馬、大雄寺所蔵、2012 年 11 月撮影

それ人は万物の霊といふや貴き者也、神も仏も人体に移りいりて有、いか成悪業のなき者にや生ゝる子を、かへす□□□まゝ聞ゆ、何故に殺すぞと尋るに、困窮して育て難しそだつれば親子供に死に及、故に水の泡と申す由、去らば哀しき事あらずや、とりけだもの子を持て、喰物のあてなけれ共のたれ死した例もなし、焼野に死する雉子は火いともえかゝり遁れんとすれど、うみたる子を捨がたく、兎やせん角やせんと我身を忘れ子を助けんと思ふ内、終に野火の為に親子共焼ると成ぬ、たまたまあひ難き人に生

まれ、仏法の移つりいりたる子を殺す者は邪けんにやいはん、悪鬼とやいはん、子を害すとて鬼の心を面にあらはして、直に其身は畜生道におち、仏性はなくなく天に帰り給ふ事ぞいとあはれなり。地獄餓鬼畜生道に落ちなをもしらぬ人してかなしかりけれおのれおのれが不料簡、こゝろへ違ひをもつて大たんなる哉ひしぎ殺しなん、ころす其天の罰をいかにして遁れんや、其天ばつをおもひて、恐れ慎み生るゝ子を殺す事なくそだつべしと屹度こゝろ得可申事ぞかし

元治元年子七月　当山十四世　曹宗叟誌

以上の内容からは、人びとが生活の困窮や子育ての負担を軽減するために間引きを行っていたことが明らかになるが、絵馬の奉納者である住職は、間引きが人道に反する罪悪であることを『発心集』の「焼野の雉子」の話を引用しながら、鳥や獣でさえ親ともなれば一命を賭して我が子を守ろうとするのに、我が子の命を親が故意に絶つというのは心得違いであると説諭している。この絵や文言は、近世期に広く流布した堕胎・間引きの教諭書とも酷似するものであり、自分の子であること、子の命への視点を意識して教諭している。宗教者と一般の人びとの胎児や嬰児に対する視点との乖離を示す文言といえる。

4. 恩徳寺の間引きの図

山形県西置賜郡飯豊町の真言宗豊山派廻向山恩徳寺は、天安元年（八五七）に開山したと伝わる寺院である。この寺には、明治二十七年（一八九四）に奉納された「間引きの図」があり、現在は町指定文化財となっている。この絵馬は、境内にある「知恵の文殊」として信仰を集める石現文殊堂から発見された。

絵は、山形県南陽市出身の僧侶であり絵師でもあった英不白により描かれたもので、今も鮮明な色彩をとどめている。

絵馬には、産まれたばかりの赤子の胸を圧する産婦とそれを止めようと産婦の肩に手を掛ける祖父と思われる老爺、その祖父に対して煙管を振りかざす祖母と思われる老婆、祖父の後方には、間引いた子を埋めるために鍬を持って待っている夫が描かれている。祖母の頭には角が描かれ、産婦・夫・祖母の目と耳は猫のようで、口は大きく裂けて描かれて、彼らの悪行を強く印象付ける。命を絶たれる寸前の赤子の口から出る赤い火の玉は、産婦、祖母、夫の首に巻きつきながら長く尾を引いて、間引かれる赤子の魂の行方を描いている。後方の余白には、手を合わせる子と泣く子の二人が描かれているが、彼らは既に養育されている子どもたちであろうか。一家に二人の子どもがいれば十分で、後に生まれる子は堕胎や間引きの対象になったという前述した布川の記述を思わせる。

写真 1-4　絵馬「間引きの図」、恩徳寺所蔵、2008 年 3 月撮影

絵の上部には、獅子に乗った文殊菩薩が描かれ、菩薩から発せられた光は、間引きを制止する祖父に差しており、仏の功徳があることを暗示している。

絵馬の左下には、奉納者の名前が記されているが、寺のご住職によると、近隣の家の戸主たちの名前があるという。つまり、絵馬に描かれた老爺たちは戸主たちと思われる。当時、子どもを育てるか否かに関して、戸主である祖父の意思が反映されないことは考え難く、むしろ、戸主の意思は大きな影響力があったであろう。

間引きを制止する戸主が描かれたこの絵馬は、明治時代半ば頃には、戸主たち自身が、間引きに対して罪悪感を抱き始めたことを示す証ともいえる例である。

これと同様に、間引き行為の一瞬を描いた構図は、北関東以北の絵馬にもみられ、英不白の記名がある絵馬も何点か確認されている[34]。

英不白は、山形県南陽市出身の曹洞宗の僧であり絵師であったといい、置賜地方ではよく知られた存在であったという[35]。

また、堕胎や間引きの絵馬に描かれた仏は、地蔵や観音と記されることが多い。地蔵は、子どもの守護や賽の河原の地蔵との関連でそのように認識されるのだが、地蔵堂に奉納された絵馬には地蔵菩薩、観音堂には観音菩薩、文殊堂には文殊菩薩と奉納された場所による相違があることも指摘しておきたい。

いずれにしても、これら寺院に掲げられた堕胎や間引きの絵馬は、堕胎や間引きの様子をリアルに描いて掲げることで、堕胎行為や間引き行為を可視化し、それを見る人びとにそのような行為が赤子を殺すことであり、罪悪であることを認識させ教諭する役割があったといえる。そして、これらの絵馬が存在すること自体が、堕胎や間引きが少なからず行われていたこと、そこには罪悪感が希薄であったという事実を明確に示すものでもある。しかし一方で、これらの行為は、罪悪感が希薄であったからこそ行えたのであろうし、殺児と認識しなかったからこそ実行できたともいえよう。そして、それは子どもの数をコントロールしたいという欲求がいかに強かったかを示すものでもある。

これら堕胎や間引き行為が容認された背景に関して、千葉・大津は、出生直後の子どもに対する生殺与奪権が家族にあった点、周囲の人びともまたその判断を暗黙の内に承認していた点を指摘している[36]。

このように、確実な避妊が不可能だった時代には、子どもの数を抑制する手段として、これら人為的な方法を取るしかなかったのであろうし、それらを抵抗なく行える感覚がなければ実行できなかったであろう。

そして、近世研究の菊池、太田、沢山らが論じたように、堕胎や間引きによって子どもの数を制限することにより、家や家族さらには共同体を維持することができたともいえる。

堕胎・間引きに関する論考には、堕胎や間引きは貧困の中で「止むに止まれず」「いとしいはずのわが子」を手にかけるという貧しさ故の悲惨な習俗として捉える視点が目立つ。しかし、それらの視点は、あくまでも現代人の感覚といえるのではないだろうか。確実な妊娠コントロールが不可能であった時代には、人びとは自身の生活を維持するためにも積極的に命を選び取っていたといえよう。

現在、このような絵馬の存在は、千葉県を含む北関東から南東北で発見されているため、これらの地方にとりわけ堕胎や間引きが多かったとの指摘もみられる。さらに、堕胎や間引きは凶作や飢饉が多かった北日本で多く行われた習わしであるとされる。しかし、近世期には、絵馬ばかりでなく堕胎や間引きの習慣を教戒するための教諭書が版を重ねながら全国に広く流布しており[37]、教諭を必要とする地域が多かったことを示す。さらに、明治初年に、全国各地で堕胎・間引き・棄児の禁令が発布されたことによっても、それらが禁令を必要とするほど実行されていたことは明らかである。各自治体史にも、堕胎や間引きの伝承がみられることなどからも、広く全国で行われていたことは明らかである[38]。

以上が、近代化以前に記された史資料と寺院に奉納された絵馬から堕胎・間引きの考察である。

紹介した数少ない例からは確かなことは言い難いが、少なくとも堕胎に関しては、近世中期まではさほど罪悪とは考えていなかったと考えられる。それ以降になると、僧侶や知識人などごく一部の人びとが、堕胎や間引きを罪悪あるいは殺児として認識するようになったのであろうが、一般の人びとのなかでは、堕胎や間引きが人を

「殺す」ことあるいは罪悪であるとの認識は非常に希薄であったと考えられる。それらが「罪悪」と結びついて意識されるようになったことで、堕胎・間引きは密かに伝承される習俗となったといえよう。

後述するが、間引きには「殺す」ことは一線を画すルールがあったことも指摘しておきたい。

また、胎児観に関して指摘できることは以下である。

堕胎や間引きの記述には、対象となった胎児への愛着や憐憫の情が示されていないことから、「育てない子ども」と「育てる子ども」とでは、異なる意識が存在したこと、『好色一代女』の記述に象徴されるように、胎児は母体の一部、あるいは母体と一体であるとの感覚があったこと、胎児や生まれた直後の嬰児は、未だ「人」「人の命」として認識されていなかったことなどが指摘でき、だからこそ、堕胎や間引は罪悪と結びつき難かったともいえよう。

（1）　倉野憲司・武田祐吉校注　一九五八『日本古典文学大系1古事記　祝詞』、岩波書店、五頁。黒板勝美・国史大系編修会　一九七一『日本国史大系　日本書紀　前編』、吉川弘文館、六―一〇頁。

（2）　同書、六―一〇頁。

（3）　武田正　一九九〇『苞もれ』、置賜民俗学会、一五頁・三八頁。筆者による一九七六―一九七七年の福島県南会津郡八塩田での聞き書きでは、昭和初期までの話として「間引いた子を藁苞に入れて川に流したが、その遺体に魚が喰いついていたのを見た。同じ川で魚を獲って食べていたがなんとも思わなかった」との話が聞かれた。

（4）　戸谷学　二〇一四『ヒルコ　捨てられた謎の神（増補新版）』、河出書房新書、三三―四七頁。

（5）　芳賀矢一纂訂　一九一四・一九七〇復刻『巧證今昔物語　本朝部上』、富山房、三六八―三七三頁。

（6）　ルイス・フロイス、岡田章雄訳　一九九九（一九九一）『ヨーロッパ文化と日本文化』、岩波文庫、五〇―五一頁。

（7）　同書、五一頁。

（8）　イヴォンヌ・クニビレール、カトリーヌ・フーケ、中嶋公子・松本由美ほか訳　一九九四『母親の社会史――中世から現代まで』、筑摩書房、一六〇―一六一頁。

(9) 同書、一六四頁。長谷川まゆ帆　二〇〇七『世界史リブレット89　女と男と子どもの近代』、山川出版社、二九頁。
(10) 長谷川まゆ帆　二〇〇七『世界史リブレット89　女と男と子どもの近代』、山川出版社、二八―三三頁。イヴォンヌ・クニビレール、カトリーヌ・フーケ、中嶋公子・松本由美ほか訳　一九九四『母親の社会史――中世から現代まで』、筑摩書房、三〇二頁。
(11) 仙台市博物館　二〇一七『市史せんだい』二七、八五頁。村田町歴史みらい館、二〇一七年企画展「伊達政宗生誕四五〇年記念『村田の伊達政宗書状』」。
(12) 井原西鶴　一九七六『好色一代女』新潮日本古典集成第三回、新潮社、一八二―一八三頁。
(13) 山住正己・中江和恵編註　一九七六『子育ての書』一、草田寸木子「女重宝記大成」第三巻「懐妊の巻　子そだてよう」胎内十月の図、元禄五年（一六九二）、東洋文庫、二四二―二五〇頁。
(14) 福島県南会津郡南郷村教育委員会　一九九二『南郷村史資料（二三）萬事覚書帳（全）―角田藤左衛門―』、二一頁、安藤紫香による解読・注釈。
(15) 太田素子　二〇〇七『子宝と子返し』、藤原書店、四九―九九頁。
(16) 同書、六七―七〇頁。
(17) 福島県南会津郡南郷村教育委員会　一九九二『南郷村史資料（二三）萬事覚書帳（全）―角田藤左衛門―』、二一頁。
(18) 同書、二五頁。
(19) 同書、三八頁。
(20) 同書、三七頁。
(21) 同書、四頁。
(22) 太田素子　二〇〇七『子宝と子返し』、藤原書店、八八―八九頁。
(23) 同書、四四頁。
(24) 安藤紫香　一九九四『奥会津の民俗』、歴史春秋社、二〇二―二〇五頁。同　一九九六「『押返す』の方程式が確認」『会津の民俗』二六、六八頁。鈴木由利子　二〇〇九「『出産にともなう民俗』――安藤紫香氏による奥会津の記録」『福島の民俗』三七、福島県民俗学会、四五頁。
(25) 安藤紫香　一九九七『奥会津の民俗』、歴史春秋社、二〇一―二〇六頁。鈴木由利子　二〇〇九「『出産にともなう民俗』――安藤紫香氏による奥会津の記録」『福島の民俗』三七、福島県民俗学会、四五頁。
(26) 太田素子　二〇〇七『子宝と子返し』、藤原書店、四二二―四二三頁。

(27) 青木虹二・池田晧 他編　一九六九「日本九峰修行日記　第五巻」『日本庶民生活史料集成』第二巻、三一書房、一九一頁。
(28) 柳田國男　一九七一「故郷七十年」（一九五八）『定本柳田國男集』別巻三、二〇―二一頁。
(29) 菊池義昭　一九九七「七ヶ宿赤子養育制度関係文書」『近世日本マビキ慣行史料集成』、太田素子編、刀水書房、一三〇―一二二頁。
(30) 同書、一四五頁。
(31) 沢山美果子　一九九八『出産と身体の近世』、勁草書房、九五―一一一頁。
(32) 同書、一一二頁。
(33) 岩手県立博物館　二〇〇五『生と死と』、岩手県文化振興事業団、五六頁。志津川町誌編さん委員会　一九九一『歴史の標志津川町誌』Ⅲ、志津川町、四二一頁。
(34) 福島県立博物館編集・発行　一九九九『生の中の死』、一二一―三七頁。松崎憲三　二〇〇四『現代供養論考――ヒト・モノ・動植物の慰霊』、慶友社において、松崎は、「間引き絵」の資料を掲載しているが、所在地に関して、大雄寺は「本郡」ではなく本吉郡（現本吉郡南三陸町志津川）、関泉寺は「牡鹿郡」ではなく刈田郡である。また、恩徳寺の間引き絵馬に「観音」が描かれていると記述されているが、描かれている仏は文殊菩薩である。
(35) 武田正　一九九〇『苞もれ　民俗社会の「闇」の部分』、二六―二七頁。
(36) 千葉徳爾・大津忠男　一九八三『間引きと水子―子育てのフォークロア―』、農山漁村文化協会、二四六頁。
(37) 高橋梵仙　一九五六『日本人口史之研究』第三巻、日本学術振興会『日本〈子どもの歴史〉叢書二三　徳川児童保護資料／日本堕胎史』一九九八、社会事業研究社（高橋梵仙校訂）・徳田彦安編、久山社。
(38) 鈴木由利子　二〇〇二「間引きと生命」『日本民俗学』二三二、日本民俗学会、三―一八頁。

第二章　産児制限をめぐる制度と社会

第一節　明治時代――出産をめぐる制度の確立

1．産婆をめぐる制度

明治時代以降、妊娠や出産に関する制度が整い、人びとの暮らしにも影響を与えて行く。そのような変化を年表にまとめたのが表2-1「産児制限関係年表（明治時代～昭和時代）」である。ここでは、それらの変化を追いながら、堕胎や嬰児殺しあるいは産児制限など「産む」「産まない」「育てる」「育てない」をめぐる問題について考えてみたい。

明治元年（一八六八）、「産婆ノ売薬世話及堕胎等ノ取締方」[1]が行政官布達として、東京・京都・大阪の三府に出された。これによって、それまで産婆が関わっていた堕胎薬などを含む「売薬之世話」と「堕胎之取扱」つまり堕胎を行うことが禁止されたのである。さらに、堕胎に関しては、人の生命を預かる産婆として行うべきではないと厳禁した。

明治初年に、このような布達が出されたことは、産婆が出産介助のみならず、堕胎も行っていたことを明らかにするものである。

藤目ゆきは、この布達が出された前提には、既に幕末にみられた富国強兵のための出産・育児奨励という近代国家の発想の芽生えがあり、それを明治政府が継承して政策化したものであると論じた[2]。すなわち、富国強兵に伴い人的資源確保を目的とする出産・育児の奨励が重要であると認識されたことにより、当時、堕胎を含む妊娠・出産全てに関わっていた産婆の役割が分娩介助に限定され、堕胎薬を含む売薬の世話や堕胎技術を用いるこ

第一節　明治時代

表2-1　産児制限関係年表（明治時代～昭和時代）

（　　付）は新聞記事

年　　代	法　律　・　政　策	全　国　の　動　き	宮城県内の制度と社会
1868 (明治元年)	産婆ノ売薬ノ世話及堕胎等ノ取締方（行政官布達）(12・24)		
1870 (明3)		『産科集成』浅田宗伯：帝王切開術を論じる	
1871 (明4)	棄児養育米給与方（太政官達第300号）(6・20)		登米県：育子法布告、堕胎捨子の禁止（2月）
1872 (明5)	文部省に医務課設置 戸籍法に基づき死亡調査開始		共立社病院（共同病院）開設（中目斉、石田真）：仙台の病院の始まり（9月）
1873 (明6)	三子出生貧困ノ者へ養育料給与方（太政官布告79号）(3・3) 棄児養育米被下ハ自今満十三年ヲ限リトシ及年齢定方（太政官布告第138号）(4・25)	『産科宝函』ミッド著・杉田玄端訳 『日講紅閒産科論』高橋正純 『産科摘要』ハルツホーン著・小林義道訳	
1874 (明7)	医制公布（文部省より東京・京都・大阪へ布達）(8・18)：産婆の免許制度制定される		
1875 (明8)	医制改正（5・14） 衛生行政事務を文部省より内務省に移管（6・28）		宮城県布達「産婆渡世之義ニ付達」：従来営業、新規営業の産婆は県に届出、行状審査の上免状公布（4・30） 登米郡佐沼：戸長役場に育児取締役を置き堕胎殺児を防止（7・7）
1876 (明9)	衛生局雑誌発行：我国初の衛生行政雑誌（4・27）　内務省衛生事務として死亡統計開始	東京府病院内に産婆教授所設置（9月）：試験の上免許状授与 大阪医学校病院で産婆教育開始：産婆営業鑑札授与	
1877 (明10)	衛生局年報発行（12月）	『産婆学』シュルツェ著・山崎元修訳：産婆教科書の始め 『産科器械用法書』賀川満載	
1878 (明11)	産婆の器機の使用禁止（7・10） 産婆鑑札下渡規則布達		
1879 (明12)	町村衛生事務条項（内務省達乙第56号）：出産死亡流産ノ員数ヲ取調毎月之ヲ郡区長ニ申出ル事（12・27）	東京府病院養成の産婆30人卒業：内務省から本免状（2・3）	宮城県共立病院（共同病院）を公立宮城病院と改称、東一番町に移転（5月）
1880 (明13)	刑法堕胎罪制定	粉ミルク、バター販売開始	『宮城県病院雑誌』発行（第1号7・28～）
1881 (明14)	死産統計開始	桜井郁次郎：産婆養成開始（紅杏社） 『婦人科講義録』 『産婆学』吉田顕三	貧民の育児救済のため普及会育児院を登米郡止め村に創設、事務所を仙台荒町に設置（5月） 『宮城県衛生会日誌　第8回』：医療関係の規則及び会議録（6月） 山崎富子、国の産婆開業免許状を受ける
1882 (明15)	堕胎罪実施 5歳未満に限り各年齢別の死亡統計開始		宮城病院、宮城医学校と改称（7月） 山崎富子、石巻住吉町に医院開業（産婆手術、眼科外科の広告）
1883 (明16)	衛生局に保健、医事の2課設置（1月）	清水郁太郎：東京大学で産婦人科講義開始（1月）	

年　代	法律・政策	全国の動き	宮城県内の制度と社会
1884 (明 17)	墓地及埋葬取締規則（10 月）死産届・死亡届提出し埋葬許可証発行の上埋火葬許可	東京大学病院に婦人科分室、産室設置（1 月） 『日本産科沿革孝』緒方正清、『昆氏産科学』長谷川泰・石川清忠、『全国医師産婆一覧』横井寛	貝沼きせ、内務省から産婆免許状を受け仙台市肴町に開業 県内の産婆営業鑑札下附は 291 人
1885 (明 18)		福岡病院で「ポロー氏帝王切開術」施す（4・28） 荻野吟子、初の女医として婦人科医院開業（8 月） ロンドン発明品博覧会に子宮鏡・ペッサリウム出品（東京大医学部：清水郁太郎）	石巻：眼科産科専門医山崎富子、内務省免許を得て開業（愛育舎）（2・24） 山崎富子の産婆講習所、産院を新設許可（5・22） 産婆講習会開催：旧産婆と開業産婆の改善を目的に開業医により企画される（8 月）
1886 (明 19)		東京産婆学校幹事尾池ヨネ、産婆学研究のため渡米（10・1）	
1887 (明 20)		『産科要論』山崎元修	県立宮城病院創立（3 月） 山崎富子の愛育舎第 1 回卒業証書授与式（6・19） 古川病院附属古川産婆講習所開設 栗原郡岩ヶ崎町産婆講習所第 1 回生卒業
1888 (明 21)		東京に産婆研究会興す（桜井郁次郎・楠田謙蔵）（1 月） 浜田玄達：医科大学で産婦人科を担当（9 月） 大阪産婆組合設立、以後各地に設立	県立医学校廃止（3 月）
1889 (明 22)		京都府立医学校：初の産婆教習所開設（4 月） 『産婦人科病論』吉田顕三 産婦人科研究会『月報』創刊	山崎富子「婦人心得草」新聞紙上に掲載：妊娠中の心得（2・10 付） 組合設立規則制定（県令第 47 号）（5・19）：各地に産婆組合結成 産婆免許規則（県令第 46 号）（5・19） 県立宮城病院附属産婆講習所開講（後、東北大附属産婆養成所）（5 月） 仙台産婆組合設立：貝沼きせ・渡辺たま子（8・14 付） 仙台市産婆組合申合規約：「仙台組合産婆」の門札を掲示すること（8・16 付） 山崎富子：牡鹿郡産婆組合組織、貧困者のため私立産院経営
1890 (明 23)		医科大学第一医院産科病室に産婆養成所設立：授業期間 10ヶ月、入学資格は 25 才以上の女子（5 月） 『ハーケ産科撮要』下平用彩・我妻慶治	
1891 (明 24)	東京府胞衣産褥汚物取締法設置（床下・庭隅等への埋葬禁止）（6 月）	『日本産科学史』緒方正清	牡鹿産院設立：愛育舎の山崎富子（2・7 付） 宮城病院附属産婆養成所を宮城県産婆講習所と改称（2 月） 登米郡産婆組合産婆養成所（10・23 付） 県内の産婆総数 508 人（1 市 12 郡に産婆組合組織）（12 月）
1892		大阪緒方助産婦教育所開設（6	『仙台市産婆研究会講義録』中目

年　代	法　律　・　政　策	全　国　の　動　き	宮城県内の制度と社会
(明25)		月)：初めて産婆を助産婦と別称 産婆学校が各地に開設される 『ウインケル産科全書』遠藤外三郎・高阪駒三郎 『産科治法』阿保任太郎	齊・五十嵐江水・山本有成の口述による（6月） 大日本私立衛生会総会（仙台市）（7月） 『宮城県衛生一班』鈴木省三・鈴木亦人（7月） 東北医学会『会報』創刊 仙台市の胞衣会社2ヵ所（『宮城衛生一班』） この年より、奥羽日日新聞に毎月の出生死亡数掲載
1893 (明26)	衛生局衛生課を保健課と改称(11・9)	『産科図解』緒方正清	
1894 (明27)		『不妊症論』楠田謙蔵	
1895 (明28)		『産科学』緒方正清・高橋辰五郎 『日本産科叢書』呉修三・増田知正	仙台市衛生委員設置（9月、明34・7廃止）
1896 (明29)		月刊誌『助産之栞』発行（大阪緒方病院）	
1897 (明30)			大森まつ、仙台市東四番丁に産婆開業（明29年帝国医科大産婆講習所卒）（2月） 産婆による嬰児圧殺事件（登米郡）：重懲刑10年決定（3・17付）
1899 (明32)	産婆規則公布（勅令第345号）(7・19) 産婆試験規則及産婆名簿登録規則制定（内務省令第47号）：試験は学説・実地からなる（9・6）	関西産婦人科学会設立（5月） 『産科手術学』楠田謙蔵、『産科手術学』新井古芳 『産科学』水原漸・千葉稔次郎 『産婦人科学雑誌創刊	子育会社乱立：東国育児合資会社、宮城愛育合資会社、皇国子育合資会社等（9月付～） 各地で子育会社：詐欺容疑で捕縛(11・7付)
1900 (明33)	死産證書・死胎検案書の様式、記載事項制定（内務省令）(9・3)	『産婆学雑誌』創刊（日本産婆学協会）	産婆試験規則施行細則（県令第28号）(5・8) 産婆試験受験人心得（告示第84号）(5・11付) 子育会社に関する詐欺事件：出産日を偽り保険金詐欺（5・30付）、子育会社による保険金詐欺（2月付）
1901 (明34)		日本婦人科学会創立（2月） 『胎生学』大沢岳太郎	宮城医学校、仙台医学専門学校となる 登米郡で医師による堕胎事件（10・10付） 産婆による嬰児遺棄、嬰児殺事件(10・15付)
1902 (明35)	国勢調査に関する法律施行（12・2)	緒方婦人科病院設立（11月） 婦人科学会設立（緒方正清）	東北産婆看護婦学校創設（仙台市立町）（3月） 宮城病院に小児科新設（4・1） 仙台私立産婆看護婦学校（愛生園産婆学校）設立：伊藤彪・いわみ夫妻(6・5)
1903 (明36)		『社会改良実論』小栗貞雄・賀来寛一郎：妊娠制限の必要と実行法	産婆による堕胎事件：堕胎薬処方（桃生郡）(8・30付)
1904 (明37)			宮城県産婆講習所規則改正（2・4付）
1905 (明38)		『日本婦人科学会誌』創刊	

年　代	法　律　・　政　策	全　国　の　動　き	宮城県内の制度と社会
1906 （明39）	全国棄児調査：全国316人（男163人、女153人）（明41・8・30付）	丙午のため女子の出生届減少 刑法学者勝本勘三郎、堕胎自体は禁ずべきでないと主張	
1907 （明40）	刑法堕胎罪改正：より厳格になる		
1909 （明42）		初の国産コンドーム「ハート美人」発売 『妊婦診断法』宮田権之丞	「嬰児の窒死に就いて」：添い寝中に乳房での窒死が多く、故意のものもある（2・1付） 明39～42年の月別窒死嬰児数記載（4・25付） 貰い子殺し事件：養育費付き私生児を致死（仙台市）（7・1付）
1910 （明43）	産婆規則改正：産婆の養成・普及がはかられ、内務大臣による指定校・講習所卒業者は無試験で産婆登録可能となる（5・5） 衛生思想の普及がはかられる	『産婦人科纂録』木下正中	帝王切開手術成功：宮城病院婦人科で栗原医師執刀（2・25）、これまでに全国で10例程度
1911 （明44）	恩賜財団済生会設立（5・30）	緒方正清、初めて膣式帝王截開術を行う	
1912 （明45・大正元）	私立産婆学校産婆講習所指定規則（内務省令第9号）（6・18）		仙台医学専門学校廃止、東北帝国大学医学専門部として発足（3月）
1913 （大2）			東北帝国大学医学専門部に附属病院を開設（3月）
1914 （大3）	売薬法制定（法律第14号）（3・31）：避妊・堕胎を暗示する記載の禁止	ルーデサックを衛生サックに改称	
1915 （大4）	看護婦規則制定（内務省令第9号）（6・30） 私立看護婦学校看護婦講習所指定標準ノ件（内務省訓令第462号）（8・28）	平塚らいてう：「個人としての生活と性としての生活の間の闘争」『青鞜』において避妊を支持	東北帝国大学に医科大学設置（7・14）
1917 （大6）	産婆規則改正：外国の学校・講習所卒業者、外国で産婆免許得た者は無試験で免許授与（7・26）		久家産婆養成所創設（仙台市東三番丁）（3月）
1918 （大7）	農村衛生状態の実地調査着手（7月）		河北新報紙上に「安産いわた帯」の広告（9・30付）
1919 （大8）	貧児保護法案議会提案（10・19） 産婦保護法案採決：婦人労働者の出産による休業中の賃金を保証（12・6）	日本医学大会開催（3・28～29）	日本医学大会：仙台で婦人科大会開催（3・28～29） 東北帝国大学附属医院産婆養成所設置認可（5・3）
1920 （大9）	初の国勢調査実施（10・1）：人口5,598万34人	『母の友』創刊（6・7付） 『改造』に新マルサス主義特集（避妊論）	
1921 （大10）	内務省による児童保護事業：全国に委員設置し棄児、遺児、迷児等の保護（8・24付）	山川菊栄：「女性の反逆」『解放』に自主的母性説き根本的・永久的産児制限是認を主張 『社会問題概論』安部磯雄	育児展覧会：藤崎呉服店にて育児用品紹介、育児講話、無料診察所開設（我国初の試み）（4・17～23） 妊産婦取扱規程：妊産婦取扱いを主に大学病院婦人科で実施（4・9付） 仙台市、無料産婆を市産婆組合と協定し開設（5月） 仙台市で社会救済事業として貧困妊産婦の救護実施（6・5付）
1922	人口動態調査令（勅令第478号）	サンガー夫人来日（3・19～4・	堕胎医、不良産婆による堕胎事件：

年　代	法律・政策	全国の動き	宮城県内の制度と社会
(大11)	(11・2)	4)：産児制限の一般公開講座禁止 山本宣治「山娥女子家族制限法批判」発表 産児調節研究会設立（東京）：石本恵吉・石本静枝・加治時次郎・馬島僩・安部磯雄等（5月） 『小家族』発行（産児調節研究会）：産児調節運動初の機関紙（12月） 『産児制限論』安部磯雄	母体に危険なく針1本で胎児を致死し死体分娩させることが流行（5・18付） 河北新報紙上に産児制限賛成反対の投書論考記載される（8月） 出産率・死産率世界一の新聞記事：出産の3分の1が死産（9・9） 仙台鉄道病院でお産取り扱い開始（2・14付）
1923 (大12)	産婆資格認定を内務省から府県へ委譲（5・11付） 恩賜財団済生会（明44・5・30設立）訪問看護婦事業開始：保健婦の始まり	産児制限宣伝示威運動：関西の産制研究会西日本各地を行脚（3・3付） 胎児の男女鑑別法：妊婦の尿で診断可能（3・6付） お産映画公開：ドイツの難産手術フィルム、医師・医学生のみという条件付公開（東京神田）（5・7〜11） 産児制限研究会設立（大阪・神戸・京都）：山本宣治・安田徳太郎等による（12月）	
1924 (大13)	衛生局改組：保健、予防、防疫、医務の4課となる（12・20）	荻野久作：黄体と子宮粘膜の周期変化の関係により受胎日が推定できると発表（6・1） 『妊娠調節の実知識』小池隆四郎（8月） マルサスの人口論全訳される（大正13〜14年）	愛国婦人会宮城県支部児童保健相談所開設（仙台市北一番丁）（3・9） 永井潜談「産児制限の批判」掲載（12・11付）
1925 (大14)		月刊『産児調節評論』創刊（山本宣治・安部磯雄・馬島僩等）、後に『性と社会』と改題（2月） 内務省大正14年度人口動態発表：出生率が人口1千に対し34.92（前年度33.79）で世界一と発表（大正15・9・2付）	山本宣治談「産児制限は自然に対する冒とくではない」（2・22付） 「恐るべき死亡率と子供の栄養増進」：5才になるまでの死亡率が43％、理想的栄養研究の必要（4・8付） 鉄道病院で医師・看護婦による堕胎事件：医師が産児制限論者（8・11付）
1926 (大15・昭和元)	内務省より妊娠4ヵ月以上の出産は生産・死産を問わず費用支給との各地方長官に通達（婦人労働者保護）（10・30付）	小池隆四郎宅より日本妊娠調節相談所の妊娠調節講義録押収（2・22） 日本産児調節調査会設立（安部磯雄・加治時次郎・山本宣治・馬島僩等） 岡本寛雄：『婦人世界』紙上でオギノ説が避妊への応用可能とする（9月号・11月号）	育児標語「保健十ヶ条」（3・24付） 新聞広告「国の宝　健全の子を生め安全いわた帯」（3・21付） 貰い子殺し：添え金目的で（仙台市長町）（5・7付） 「同情すべき捨子と堕胎」：捨子、堕胎を許可する刑法改正を行うべきとする論（7・9付） 無痛分娩講習（仙台市元寺小路）（10・21〜23） 東北大病院産科での出産増加：1〜10月に正常分娩で400人（10・28付）
1927 (昭和2)	人口食糧問題調査会設置（政府諮問機関）：「産児制限」を「優生運動に関する事項」と改称（7・7） 東京府：病院産院取締規則・診療所取締規則制定（9・10） 社会局、食糧問題解決の一案である産児制限を優生問題として特殊事情の場合のみと限定する方針示す（10・9付）	第1回全国乳幼児愛護デー：妊婦・乳幼児保護のための知識向上と社会施設の普及徹底（5・5〜） 大日本産婆会設立（5・12） 生活難緩和と人口問題解決の道としての産児制限運動開始 産児制限普及会設立（東京）：会長　安部磯雄 『人口問題と産児制限』安部磯雄	ドイボールド博士の説「男女産み分け法」紹介：食物により可能（2・18付） 仙南看護婦産婆学校設立（仙台市連坊小路）：斎藤とくい（3月） 「恐るべき遺伝」：配偶者の選択が重要（4・1付） 広告「誰にも自由に出来る妊娠調節」：ペッサリウムの販売（4・1

年　代	法　律　・　政　策	全　国　の　動　き	宮城県内の制度と社会
		『主婦の友』に「妊娠する日と妊娠せぬ日の判別法」として「オギノ式」避妊法掲載（12月） 堕胎手術で医師ら18人に1年以下の懲役の判決（12・17） 「排卵期測定による避妊法」（荻野説）『妊娠調節と性の科学』野尻与顕他 『人口と食糧問題——マルサス主義における一研究』岡村精一 『人口法則と生存権論』南亮三郎	付） 山田わか談「母性愛の尊さ」：母性愛と社会主義を結びつけた論理を展開（4・14付） 乳幼児愛護デーに伴う優良児童奨励会（仙台市教育会館）：生後1ヵ月～24ヶ月の乳幼児（5・5） 広告「妊娠調節相談　多産で困る方の為に」（5・13付） 広告『婦人界』：妊娠調節問題批判会（奥むめお・菊池寛等）避妊器具・薬品の危険性指摘（5・18付） 広告『主婦之友』：人工妊娠で子宝を得た実験（5・19付） 法学博士花井卓蔵「女の犯す罪　堕胎の場合」（7・9付） 三宅博士優生研究「産制無用論」：中産階級の産制は優生学上必要ない（10・22付） 広告『主婦之友』：妊娠する日と妊娠せぬ日の判別法（11・16付）
1928 （昭3）	人口食糧問題調査会人口部特別委員会：「人口統制ニ関スル諸方案」の審議で産児調節について論議される	雑誌『産児制限』創刊（産児制限運動聯盟発行）（6月） 福島県二本松町の丙午生まれの娘達が迷信打破の演説会開催（9・2） 医師会総会で、常習犯罪者等の断種・産児制限を内務省に答申（12・11）	石巻：貧困者のため私設の無料所産院開設（3・27付） 産児制限調査実施（人口食糧問題調査会）：県社会課で県下の産制の社会的運動及び妊娠調節相談所は表面下で活動、器具・薬品を避妊目的で摘発困難、一般婦人の避妊目的は容色の衰えを防止（5・28付）
1929 （昭4）	人口食糧問題調査会人口部特別委員会答申案「人口統制諸方案」を決定：民族衛生の立場から母性と児童の保護 東京市、多産制限指導を行う（10・22） 警視庁、東京市の多産制限指導に堕胎法違反の警告（11・5） 内務省、産制取締のため省議開催予定（11・25付）	愛児女性協会設立：馬島僴、奥むめお、尾崎豊子 出生率低下、上半期で昨年より1543人減少（12・6付）	吉岡房子談「安産の秘訣」（9・21付） 投書「産制是非実施したい」：東京市の実施を知り石巻町での実施要請に対し、町が貧民救済に実施検討（11・18付）
1930 （昭5）	有害避妊具取締規則（内務省令第40号）公布（12・27）：避妊ピン・子宮内注入器禁止	愛児女性協会：産児制限相談所開設（2・1）・雑誌『愛児と女性』発行 岩の坂貰い子殺し事件（東京都板橋区）（4・13）：養育費目当てに貰い子41人殺害 本多操：「臨床上より見たる産児調節論」「現今民間に行はるる産児調節（妊娠調節）の方法の批判」『日本の医界』（5月） 浅田一等「産児制限に対する私案」：医師として法的規制要請（5月） 山形県西五百川村（現朝日村）で会員組織の産児制限実施（11月） 日本産児制限協会発足（大阪：柴原浦子・馬島僴等）：相談所、産児調節の調査研究、図書の発行 社会民衆婦人同盟（赤松明子等）：第3回中央大会で産調運動開始を決議、産児制限相談所設置（冊子発行、器具販売）	仙台市立病院開設（仙台市東二番丁）（2・1） 愛児女性協会仙台支部、清水小路に産児調節法相談所開所（多田ミトリ）（8・28） 産児制限取締：元鉄道病院野尻医師の運動開始にともなう犯罪防止目的（9・15付） 安倍社会党首産制講演のため来仙：上川名女史の産制相談所開設を前に（12・16付） 宮城県の開業産婆連合設立

年　代	法律・政策	全国の動き	宮城県内の制度と社会
		婦人セツルメント妊娠調節部開設：奥むめお等 日本民族衛生協会設立 開業産婆連合全国に設立し、日本産婆会に入会 野添敦義「母性犯罪―堕胎、嬰児殺害、棄子―」『女性と犯罪』・荒木治義「堕胎」『殺人と性犯罪』・本庄栄一郎『人口及人口問題』 馬島僩、ダッチペッサリー国産化 [ローマ法王日本の荻野式避妊推奨]	
1931 （昭６）	東京市、極貧家庭に妊娠調節実施を計画（1・4） 有害避妊具取締規則施行（1・10）：産児調節目的の避妊ピン、リング、子宮洗浄器の販売・宣伝・授与の規制強化（理由は不衛生・発癌性） 産児制限相談所の取締規則強化	日本産児調節連盟設立（東京：安部磯雄・石本静枝・馬島僩等）（1・17、活動開始５月）：ペッサリー、ゼリー、コンドーム、太田リングの通信販売と産児調節相談所設置 日本産児制限協会（大阪）・愛児女性協会（東京）が日本産児調節連盟に加盟 産児調節婦人連盟設立：中野あき乃 無産者産児制限同盟（プロ BC）設立（東京）（6・6）：雑誌『産児制限運動』発刊（９月） 大日本仏教慈善会財団経営（東京）：慈善館で産児調節相談行う 小池隆四郎（日本妊娠調節相談所）：堕胎罪、有害避妊具販売で逮捕起訴 巣鴨の堕胎事件：産児調節相談所開設の産婆夫婦による不法手術により死亡者	中村産婆学校開設（仙台市外記丁）（4・16）
1932 （昭７）	内務省統計局、10～12 月の出産240 名、死亡率激減と発表：保健衛生思想の普及発達が要因とする（昭8・7・11 付）	日本産児調節連盟解散 日本産児調節婦人連盟設立：石本静枝・平塚らいてう 堕胎法改正期成連盟結成：産児調節普及会の提唱により、各婦人団体が堕胎を合法的に行う権利要求（7・20） 日本母性協会発足（馬島僩）：産児制限・児童健康相談行う（12・1） 荻野久作「周期的禁欲による避妊法」発表	仙台私立病院に産婦人科設置（1・6付） 田谷誠博士「母の顔で胎児の性別判定」（1・16 付小倉博士「男女産み分け法」（4・5付） 仙台市内に２産児調節相談所（清水小路・金剛院）：妊娠中断の相談のみで妊娠予防相談は皆無（8・10付） 秋元東馬「堕胎と治療的流産術」（8・29 付）
1933 （昭８）	保健衛生調査会設立（１月） 児童虐待防止法公布（法律第 40号）（4・1、施行 10・1） 内閣府統計局発表、出生増加（1・28 付） 診療所取締規則公布（内務省令）（10・4） 人口問題研究会設立（10 月）	名古屋で血統浄化目的の不妊運動開始（3・11） 優生結婚相談所設置（日本民族衛生学会附属機関）：永井潜（6・10） 日本優生結婚普及会設立：永井潜 柴原浦子、堕胎事件で検挙 無産者産児制限同盟（プロ BC）解散	山田わか談「母性養護の立法を望む惨虐な嬰児殺しに就いて」（4・8付） 広告『婦人公論』：不義の子と堕胎座談会（4・16 付）広告『婦人界』：安全確実な避妊法と不妊症の話（4・18 付） 愛国婦人会宮城県支部の８年度新規事業：貧困妊産婦農村扶助救済（4・27 付） 塩釜の貰い子殺し事件：死亡した子を大学病院に売却（5・20 付） 佐藤看護婦産婆学校設立：佐藤はる 東北産婆看護婦学校：早坂はる（昭和８年から 13 年までの間に設立）

年　代	法律・政策	全国の動き	宮城県内の制度と社会
			隣保共同事業開始：児童健康相談・巡回保護等
1934 （昭 9）	医師法改正：優生相談所の閉鎖 恩賜財団愛育会設立（現恩賜財団母子愛育会）（3・13）	産児調節婦人同盟が産児調節相談所開設（東京品川区：石本静枝）：『産児調節ニュース』発行 第5回全日本婦選大会：「産児調節相談所公営併に堕胎法改正を政府に建議する件」決議（産児調節公認・堕胎法改正・母子扶助法制定）（2・18） 馬島僩、堕胎罪で検挙 大阪優生相談所閉鎖（日本産児制限協会） 母性保護法制定促進婦人連盟結成：山田わか（9・29） 『堕胎罪の研究』小泉英一：優生保護法の基礎となる ラテックス製のコンドームの製造開始（オカモト）	東北地方の統計（昭8・1〜9）、出生が減少し死亡増加（3・31付） 広告『主婦之友』：お金いらずに手軽に出来て絶対に安全な新しい妊娠調節法の実験（4・18付） 「妊娠時の摂生」：妊娠から出産までの注意（10・24〜30付）
1935 （昭 10）	産婆法案、衆議院で可決：産婆の地位向上のため受験資格が高女卒となる（3・2）	和光堂がベビー用粉ミルク、脱脂粉乳発売（2月） 安田徳太郎「断種法への批判」『中央公論』 柴原浦子再逮捕 ［世界初、アイスランドで妊娠中絶合法化（1・28）］	内務省衛生局、県が凶作の影響と乳幼児死亡の調査：1月の5歳以下死亡数801名（4・17付） 性教育の権威オールッ夫人来仙し講演会開催（7・2付） 県が大和町に無料産婆派遣（9・25） 東北更新会を県社会課に置き保健婦設置：母性乳幼児保健指導・栄養改善指導等
1936 （昭 11）		長野県：産婆の公営化（堕胎のしきたり一掃が目的）（4・1） 大阪母子保護連盟発足（4月） 三重県伊具郡：堕胎の摘発多数（産婆・主婦の検挙）（5月） 京都母子保護連盟発足（6月） 母性保護連盟が母性保護法制定促進婦人連盟と改称（9月） 東京衛生課：妊婦・乳幼児の健康相談開始	県下5ヵ所で「母の講座」開講（1・19付） 第1回赤ん坊審査会（5・30付） 塩釜町に社会事業団体出産相扶組合誕生：助産費用を相互扶助（7・8付） 東北更新会、乳幼児妊産婦保健施設の拡張（9・3付）
1937 （昭 12）	母子保護法公布（法律第19号）（3・31） 保健所法公布（法律第42号）（4・5、施行7・15） 母子保護法施行令（抄）（政令第707号）母子愛育会愛育指定村を設け保健婦活動開始 全国49ヵ所に保健所設立	石本静枝逮捕	母子愛育会宮城県支部設立
1938 （昭 13）	母子保護法施行（1月） 内務省社会局、衛生局を廃し厚生省設置（1月） 国立衛生院設置	日本産児調節婦人同盟の産児調節相談所閉鎖	母子保護法施行、仙台市での対象者母100人・子供200人、一人当たりの扶助料25銭（1・8付） 古川保健所開設（4・8） 仙台市医師会附属産婆学校設立 中村産婆学校設立（同仁病院：中村四郎） この頃より仙台市において産婆が行う胎盤処理、産褥汚物処理が知事の認可の下、焼却炉設置し処理
1939 （昭 14）	国立人口問題研究所官制公布（8・25） 厚生省予防局民族衛生研究会：結		「妊婦の健康法」：妊婦は強い国民を育てるため丈夫な子を安全に産むために責任重大である（2・15付）

年　代	法律・政策	全国の動き	宮城県内の制度と社会
	婚十訓発表（人的資源確保目的）（9・30） 厚生省「産めよ殖やせよ国のため」のスローガン提唱 厚生省：多子家庭表彰を決定（11・3）		子宝夫婦表彰：子供9人以上の夫婦33組（11・4付） 厚生部に保健課設置（11月）
1940 （昭15）	国民体力法公布（4・8、施行9・26） 国民優生法公布（法律第107号）（5・1、施行昭16・7・1）：人口減少防止の規定 厚生省体力審議会「母性・乳幼児の体力向上について」答申（9・30） 厚生省：優良多子家庭を表彰（11・3） 大阪市：全国初の妊婦登録制実施（11月） 出産妊婦に綿・ガーゼを配給（1回につき綿500g、ガーゼ3m）（12月）	東京日本橋三越百貨店に国立優生結婚相談所開設（5・1） 財界産業人による人口問題懇談会開催：「生めよ殖やせよ若者は結婚せよ」（12・15付）	愛国婦人会宮城県支部、保健婦・保育婦・保育指導員養成講習会開講（8月） 保健所と産婆による乳幼児妊婦の巡回指導開始
1941 （昭16）	厚生省：全国へ双生児、三つ児の保護を指令（1・16） 人口政策確立要綱閣議決定（1・22）：結婚の早期化・出産奨励（一家庭五児を） 医療保護法（法律第36号）（3・6）：貧困者の医療・助産の保護規定 厚生省：優生結婚相談所開設（7月） 保健婦規則（厚生省令第36号）（7・10） 日本保健婦協会設立（11・29） 保健所を中心とする保険指導要綱確立に関する通達（11・29）	『日本人口史』本庄栄一郎 大政翼賛会：翼賛型美人提唱（多産型のがっちりした身体が条件）（1・20） 日本保健婦協会設立（11・29）	大河原保健所開設（6月） 仙台市、隣組で早婚の奨励（8・24付） 人口政策確立要綱制定に伴い瀬木三雄を中心に斉マサ以下県内4名の保健婦が実情を元に妊産婦手帳の草案作成 産婆会会員に講習による保健婦資格取得を促す（約70%取得）：栄養指導、母乳・人工栄養の指導行う
1942 （昭17）	健民運動児童愛護週間：出生増加・結婚奨励・母子保護徹底等の実施）（5・1） 国民優生連盟：優生結婚貸付資金制度に出産祝い金供与決定（7・19） 厚生省：妊産婦手帳規程（省令第35号）（公布、施行7・13）：妊婦用品、栄養食優先的に配給 「妊産婦手帳」（瀬木三雄考案）発行決定（7・13） 厚生省：農産漁村の幼児保護と母性健康増進推進（7・23）	埼玉県川口市：妊産婦・乳幼児登録制度実施（4・1） 大日本婦人会：健民運動結婚報国大会開催（5・4） 熊本県：母子保護会発足（全国初の医師、産婆一体の機関）（6・17）	古川保健所管内で乳幼児死亡率34・50で減少（昭9～13の平均40・94）（4・18付） 大日本産婆会全国大会：宮城学院にて開催（5・15付） 母子保健報国会発会式（8・2）：県内産婦人科医・小児科医・産婆（8・4付） 遠田郡北浦村で愛育班組織（12・22付）
1943 （昭18）	厚生省、人口局を廃し健民局創設（勅令第815号）（11・1、昭21・2・8廃止）：母子課設置（昭19・8廃止）		仙鉄奉公会、職場結婚奨励（2・27付） 妊産婦への特別配給開始：妊娠5ヵ月以上（3・6付）大日本婦人会が結婚奨励の運動展開（3・20付） 仙台市、結婚促進運動展開、結婚相談所設置（5・1付） 妊産婦用品に回数券公布（5・1付） 仙台市健民運動の一環として不妊夫婦の無料診察指導実施（5・1～6・30）

年　代	法律・政策	全国の動き	宮城県内の制度と社会
			登米保健所開設・石巻保健所開設 宮城県保健婦協会設立
1944 （昭 19）			県内 6 ヵ所に保健所開設：仙台第一・第二保健所等
1945 （昭 20）	保健婦規則（厚生省令第 21 号）（5・31） 連合軍総司令部（GHQ）設置（9・2） 厚生省人口政策委員会「産むな殖やすな」運動提唱（8 月） GHQ、経済科学局、民間情報教育局、公衆保健福祉局、民政局、法務局など 10 局の活動開始（10・2）	産児制限同盟設立（太田典礼）：産児制限相談所を病院に併設、人工流産の自由主張、太田リング作成普及（11 月）	岩出山保健所開設（2・9）
1946 （昭 21）	人口問題研究所官制公布（5・1） 連合軍総司令部覚書：「保健及厚生行政機構改正ニ関スル件」指令（5・11） 産児制限に関するアンケート実施（人口問題研究所）（11 月） 母子総合相談所開設（東京日本橋三越百貨店）（12・20） 日本産婆看護婦保健婦協会設立（11・23）：GHQ の指導による GHQ 公衆衛生局長サムス、産児制限の必要性示唆 死産の届け出に関する規定（厚生省令第 42 号）：死産証書に添えて死産届提出（子の命名は届出必要なし）	自由新聞：加藤静枝（前石原静枝）の公開状「産児制限の運動を起こせ」掲載（1・15） 福岡：産児制限研究会設立（コンドーム、ペッサリー、太田典礼リングの普及）（2 月） 馬島式ダッチペッサリー販売再開（3 月） 日本医師会「産児制限を語る座談会」主催（4 月） 日本妊娠調節研究所が母性相談所設立：ペッサリーの普及（天野景康・文子） 京都：産児制限連盟（太田典礼） 総選挙で産児調節の必要性説く 『産児制限と婦人』加藤静枝（5 月）・『妊娠予防の実際知識』馬島僩（9 月）・『産児調節の新知識』太田典礼 日本助産婦会設立（旧日本産婆会）	3 月から乳幼児への豆乳配給（2・12 付） 1 才未満の人工栄養児に活療剤配給（7・23 付） 角田保健所開設・若柳保健所開設
1947 （昭 22）	厚生省に児童局新設（勅令第 87 号）：母子衛生課設置（3・19） 保健所機能の拡充強化に関する件（GHQ 公衆衛生福祉部）（4・7） 産婆規則が助産婦規則と改正（5・1） 社団法人日本助産婦看護婦保健婦協会設立（6・5） 厚生省人口問題研究所：初の産児制限実態調査結果発表（実行者は教員に多いこと判明（6・6） 保健婦助産婦看護婦令公布（政令第 124 号）（7・3） 保健所法公布（法律第 101 号）（9・5） 児童福祉法公布（12・12） 厚生省公衆衛生院：受胎調節講習会開講（医師にペッサリーの指導行う）	出生調節研究会結成：公衆衛生院、馬島僩等（3 月） 日本産児調節連盟設立：診療所、相談所設置（馬島僩・安部磯雄等）（4 月） 産児制限普及会設立：新聞、雑誌、ラジオ等で産児制限の宣伝（加藤静枝等）（6 月） 日本産児制限連盟発足（7・22） 第 1 次ベビーブーム：出生数 271 万人余で昭和最高 乳幼児死亡率 1 千人当たり 76.7 人、妊婦死亡率 1 万人当たり 16.8 人（厚生省発表） 東京都内で毎日平均 1 ずつの捨子 日本助産婦会機関紙『保健と助産』発刊	ベビー仙台決定（7・4 付） 仙台市、浮浪児一斉収容・実態調査開始（8 月） （社）日本助産婦看護婦保健婦協会宮城県支部結成（支部長：五十嵐とまを）（11・9） 歌津村で「赤ちゃん税」検討：産児制限目的に出生児に百円課税、タイム・ライフ社が米に紹介（12・25 付）
1948 （昭 23）	保健所法施行（1・1） 全国孤児一斉調査実施（2・1） 厚生省母子手帳配布開始（5・12） 優生保護法公布（7・13、施行 9・11） こどもの日制定（7・20）	厚生省と母子愛育会、明治神宮と共同で明治記念館結婚相談所開設（7・10） 東京都板橋区立結婚相談所開設 新生活運動が読売新聞の提唱で開始：結婚の簡素化・栄養研究・農	歌津村の赤ちゃん税予算計上（2・28 付） 「お産映画」上映めぐり在仙婦人団体中止要求、賛否両論が新聞紙上に掲載（3・6、3・10 付） 乳幼児食糧構成案作成：厚生省・愛

年　　代	法　律　・　政　策	全　国　の　動　き	宮城県内の制度と社会
	新薬事法公布（7・29） 保健婦助産婦看護婦法公布（7・30） 妊産婦・乳幼児保健指導要領実施（8・10） 母子衛生対策要綱実施（9・15） 墓地、埋葬等に関する法律	村の簡易水道設置等 寿産院事件（東京牛込）：養育費目当ての貰い子103人殺す	育会等（3・24付） 県知事、産児制限公認を議会に提案準備：衛生ゴム無償配給関係の条例（7・6付） 仙台市保健所設置規則公布：仙台市第一保健所（北五番丁）、仙台市第二保健所（本荒町）設置（7・1） 母子衛生指導模範地区設置：丸森町 第1回宮城県ベビーコンクール開催
1949 （昭24）	厚生省設置法公布（5・31） 優生保護法第一次改正：受胎調節の普及盛り込まれるが、人口抑制のためではないとされる（6月） 人口問題審議会設置（8・1） 厚生省：避妊薬第4次製造許可（計44品目に製造許可）（8・22） 厚生省公衆衛生局編「受胎調節便覧」配布（12月） 新生活運動に産児制限加える（政府方針） 人口問題審議会：保健所及び関係機関による受胎調節指導開始	産児調節世論調査：全国の新聞社20社による（4・11～14） 日本母性保護医協会設立：仙台市で設立総会（4・26） 避妊薬サンプーン発売（エーザイ）：戦後の新薬第1号（4・29） 第1回赤ちゃんコンクール（以後毎年実施）（5・5） 朝日新聞「産児制限にたいする世論調査」（5・14付）：避妊経験者9％ 『夫婦雑誌』創刊（6月）：夫婦雑誌の創刊ラッシュ 日本計画出産協会設立：高田重義（昭33閉鎖） 太田典礼監修16ミリ映画「産児制限の話」製作上映：以後、家族計画連盟で複製し活用 『産児制限の正しい知識』帆足計・太田典礼 『現代避妊法早わかり』防貧協会：器具販売開始	築館町で児童福祉向上のため胎児から中学生を対象に社会調査：町・県民生衛生両部・中央児童相談所（1・17付） 優生保護法に関する論議（2・13付） 児童福祉法により妊産婦・乳児一斉検診（仙台市告示乙第27号） 優生保護法施行により死産届出激増（3・23付） 仙台市中央保健所開設（仙台市立第一保健所改称）（4・22） 妊娠中絶審査手数料として300円（4・24付） 全国産児調節世論調査結果発表：河北新報社による宮城県内の結果（5・8付） 宮黒保健所開設 県内在住の優生保護法指定医127名により「宮城県指定医会」発足、後に日本母性協会医宮城県支部となる 生活改善クラブ各地に誕生
1950 （昭25）	医療機関整備計画：産科のない地域に助産所設置厚生省管轄公衆衛生院：農村漁村23地区に「家族計画モデル村」設置	母性診療所開設（田中一男）：避妊リングの使用開始	仙台市中央保健所内に優生相談所開設：優生手術・受胎調節指導（1・10付） 母子保健特別指導地区設置：妊産婦・乳幼児の死亡率・罹病率低下目的（2・5付） 東北子供博覧会開催（仙台市榴ヶ岡公園等）（3月） 母親学級開催：仙台市中央保健所（10・5付）
1951 （昭26）	保健婦助産婦看護婦学校養成所指定規則制定（8・10） 第1回保健婦・助産婦国家試験（11・12） 受胎調節が閣議決定：受胎調節奨励	産児調節諸団体の共同活動開始：「産児制限の促進と人口問題解決に関する新機関設置に関する請願」に連署（2月）（社）日本助産婦看護婦保健婦協会が日本看護協会となり、各支部廃止	仙台市保健所設置規則（仙台市規則第1号）（2・15）：昭和23・7の仙台市保健所処務規程廃止 仙台市南保健所開設（仙台市立第二保健所を改称）（3・1） 助産婦による受胎調節指導開始
1952 （昭27）	優生保護法第二次改正：優生結婚相談所が優生保護相談所となる 優生保護相談所の地方自治体設置義務 受胎調節実地指導員（医師、助産婦、保健婦、看護婦）の養成行い活動開始 厚生省公衆衛生局通知：各都道府県に「受胎調節普及要綱」「同細目」提示（6・27）	常磐炭鉱従業員に産児調節指導（企業の自主的指導）：コンドーム中心にオギノ式、スポンジ、ペッサリー、断種手術を指導 [国際家族計画連盟（IPPF）誕生：会長　マーガレット・サンガー]	涌谷保健所開設（2・8） 中絶の増加：出生児の2割、高校生の中絶も数例（県衛生部調査）（2・8付） 母性保護育児展開催（仙台市東殖デパート）：受胎調節指導上のアンケート調査実施（3・20付） 東北大医学部産婆養成所閉鎖し助産婦学校認可（3月） 育児展開催：生出村・登米町・古川市・大河原町・丸森町（6月～12月）
1953	厚生省、国民健康調査実施（11・	日本母性保護医協会：第1回水子	育児展開催：石巻市（2月）

年　代	法律・政策	全国の動き	宮城県内の制度と社会
(昭 28)	1)	供養を東京都芝の増上寺で行う(3・15)：以後、毎年 3 月に昭和 35 年まで記録 日本家族計画連盟結成：諸団体を統合（9 月） 日赤産院（東京都麻布）が全国初の精神予防性無痛分娩 日本鋼管工場労働者にモデルケースとして受胎調節指導を行う：人口問題研究所技官が個人の仕事という形式で指導	仙台市中央優生保護相談所設置（11 月） 「昭和 27 年度仙台市に於ける死産の傾向について」庄子由紀：中絶による人工死産増加で受胎調節指導普及の必要性指摘 4 月から東北大式無痛分娩法（ソ連・中共・アメリカ・ドイツ式を取り入れた精神予防性無痛分娩法）実施、半年で百数十名出産（9・27 付）
1954 (昭 29)	妊産婦の保健指導強化（3 月）母子衛生地域組織育成要領実施(4・2) サンガー女史参議院厚生委員会で意見陳述：中絶より避妊による受胎調節が必要・政府主導による受胎調節指導が必要（4・15） 厚生省統計調査部：受胎調節調査開始（実施率 33.2%）	日本家族計画連盟創立総会開催(4・18)：国際会議の準備開始 新聞「家族計画」創刊（4 月） 日本家族計画協会設立（4 月） 『人口論』南亮三郎	宮城県保健婦学校設置告示（3・3） 仙台市南優生保護相談所設置（3 月） 出生率激少（仙台市中央保健所調査)：産児制限徹底、中絶増加が原因（8・25 付） 塩釜保健所、町毎の訪問受胎調節指導懇談会開催（中絶による母体傷害防止に成果）(10・12 付） 妊娠調節指導開始：保健所、婦人団体、婦人会、社会学級（出生より中絶の死産多数）(11・25 付） 優生保護強調週間（12・10～19）(12・8 付）
1955 (昭 30)		第 1 回日本母親大会開催：スローガン「生命をうみだす母親は、生命を育て、生命を守ることを望みます」(6・20） 日本助産婦会創立（5・27） 森永粉ミルク中毒事件（8・24） 第 5 回国際家族計画会議開催（東京）(10・24～29） 婦人体温計発売（森下仁丹）(10 月） 優生手術、中絶手術共に最高件数	塩釜市、年毎に出生者減少：死産率 昭 24―78 人・昭 28―155.2 人、出生率　昭 24―35.9 人・昭 28―24.8 人（2・16 付） 医学評論家石垣純二談「家族計画の難題」：総合的指導必要（6・11 付） 受胎調節は 3 割・安易な中絶多数（6・30 付） 妊娠の早期発見を体温で判定：ニューヨーク州立大学（6・30 付） 築館保健所開設（10・12）石原純二「家族計画の正しい理解」：35 才までに 3 人の子を 3 年おきに生むのが合理的（10・29 付） 家族計画特別対策実施
1956 (昭 31)	国際児童福祉連合加盟（1・1） 厚生行政年次報告発表：初の『厚生白書』(10・5)	家族計画普及会「家族計画の実情をきく会」開催：助産婦が家族計画指導の困難を陳述（1・12）	日本助産婦会宮城県支部結成 保健所中心とした受胎調節指導開始（1 年間）：開業助産婦、保健婦による地区毎の巡回・集団指導、県予算での生活保護者への指導（2・2 付） 仙台市生活保護者への受胎調節指導予算計上せず世論から批判（3・20） 細倉鉱業所、昭 27 から従業員・家族に家族計画、成果大（4・16 付） 仙台鉄道局、職員・家族に受胎調節指導：家族計画推進委員会設置(9・9 付） ベビーコンクール：母子愛育会主催
1957 (昭 32)		第 1 回母子衛生大会開催	河北育児相談巡回車活動開始（9・2 付） 受胎調節指導が個人指導となる、低所得者には巡回指導行う
1958 (昭 33)	未熟児に対する養育医療給付開始(3・1） 母子健康センター設置要領実施：	「犬印妊婦帯」発売（日本油脂工業）：ゴム入り晒し木綿製の腹巻型で胎児の転位防止、腹部保温の	家族計画普及運動（県衛生部）：受胎調節の普及と中絶の害から母体を保護（4・20～30）(3・13、20 付）

年　　代	法　律　・　政　策	全　国　の　動　き	宮城県内の制度と社会
	母子保健指導・助産施設設置（正常分娩対象）（8・12）	効用	第7回東北公衆衛生学会開催：世界に例のない出生激減、将来危機的人口減少（出生率　昭22—34.3、昭32—17.2）（7・15付） 母子センター設置（岩出山・豊郷・牡鹿町）：分娩室・産室・指導室（12・7付）
1959 （昭34）		国産第一号の缶詰ベビーフード発売（和光堂）	衛生局設置：衛生・保健課、保健所等を所管（11月）
1960 （昭35）	厚生省母体の健康管理を来年度の重要政策とする：妊産婦死亡率（昭20〜27：出生1万につき15で昭35年まで変化なし、米：2.7）（9・4付）	皇太子妃御出産であやかりベビーブーム：産院満員・ベビー用品売上急増（3・5付）	仙台市中央保健所廃止、仙台市北保健所となる（3月） 仙台市東保健所開設（3月）
1961 （昭36）	三歳児健康診断制度制定（8・16） 児童扶養手当法公布（11・29）	『性生活の知恵』謝国権（6月） アンネナプキン発売（11月） 『わたしは赤ちゃん』松田道雄	第1回県母親大会開催（8・13）：「こどもを健やかに」（8・14付） 母子衛生特別対策地区に七ヶ宿町が指定（乳幼児死亡率55.8、県平均38.7）（昭37・1・27付） 秋山ちえ子「母親教室」掲載（河北新報、〜昭37まで76回）
1962 （昭37）	人口問題審議会：労働人口不足に備え人口資質の向上対策建議（7・13）		胎盤から成長ホルモン抽出（東北大産科）：未熟児に投与し発達促進（3・6付） 石巻保健所管内で中絶減少（3・28付） 村田町、母子センター新設（5・29付） 県乳幼児死亡率全国平均下回る（出生1千人に28.2、国際水準30.0）（7・3付） 宮城第二病院に最新設備の分娩室（昭40・3落成式）（12・15付） 第3回宮城県看護研修大会：研究発表「受胎調節特別普及事業」について（12月）
1963 （昭38）	医療制度調査会答申：助産婦業務に家族計画（医療制度全般についての改善の基本方針） 初の『児童白書』発表（5・5）	人口動態統計：昭38年出生率やや上昇（人口1千人あたり17.2）、乳幼児死亡率最低（昭39・6・8付） 第1回助産婦研究会開催 紙おむつ発売（ピジョン）：本格的普及は昭和50年代以降	中新田町、母子健康センター開所（1・10付） 仙鉄局の家族計画成果、中絶減少し子供1人が47％（5・1付） 母子健康センターの助産施設利用されず（6・27付） 日本家族計画協会「出生に関する全国調査」報告 ：中絶児の生命に対する道徳心の希薄化・受胎調節普及率44.1％で減少傾向・医師による受胎調節指導不十分（8・8付） 東北北海道母子衛生技術者研究会開催（仙台市）（8・22〜24） 宮城県支部において第1回現任助産婦講習会開催（昭56まで） 新婚世帯に家族計画指導開始
1964 （昭39）	中央児童福祉審議会、妊産婦死亡高率のため母子保健対策（昭35—出生10万人につき129、米—37.4、英—21.4）（4・13付） 母子福祉法公布（7・1） 厚生省、母子保健対策強化：妊産	森永ドライミルク発売：「頭の良い子に育てよう」	河北新聞に「新しい父親」掲載：父親の役割（10月）

年　　代	法　律　・　政　策	全　国　の　動　き	宮城県内の制度と社会
	婦と乳幼児登録の徹底（8・10付）		
1965 （昭 40）	厚生省、母子保健一般指導・家族計画特別対策等の母子保健事業を市町村に移管（4月以降）（1・26付） 厚生省：低所得層妊産婦・乳幼児に1日1本の牛乳を無償支給通知（7・26） 母子保健法公布（法律第141号）（8・18、施行昭41・1・1） 第10回国勢調査（10月）	第2回国連世界人口会議：家族計画推進提唱（8～9月） 厚生省人口動態発表（昭40）：乳児死亡率減少1千人当たり18.9（12・26付）	新生児訪問指導実施：受胎調節指導員により産後の受胎調節指導を合わせて行う（4月） 仙台市東優生保護相談所設置（4月） 秋保町母子健康センター、母子健康相談好評（4・28付） 妊産婦乳児にミルク支給開始 丙午（昭41）関係の新聞記事掲載）：丙午の迷信、由来、丙午追放等 『県政のあゆみ』：妊産婦死亡率出産1万人当たり5.9（全国7.9）・乳児死亡率出生1千当たり20.0（全国18.5）と減少傾向
1966 （昭 41）		産婦人科に超音波診断：順天堂大学等（5・24付） 月1回の注射で100％避妊：順天堂大学産婦人科（10・30付） 母子保健家族計画全国大会開催（11・8～10）：以後毎年開催 育児ノイローゼによる乳児殺害、自殺の増加：背景は核家族化 丙午で出生数136万974人で前年比25％減少 日本の総人口1億人突破（3・31）：法務省住民登録集計	角田市母子センター開設（昭42・5・8付） 丙午関係の新聞記事掲載（10・4付） 昭41、丙午のため出産が前年より3割減少（出生率人口千対12.9）で明治以後最低を記録、昭42は産院出産予約で満員（1・7付）
1967 （昭 42）			角田母子健康センターに助産部門開設（5・8付） 『県政のあゆみ』：昭42年度までに県内18ヵ所に母子健康センター設置完了・家族計画の普及指導
1968 （昭 43）			本吉町で県下発の妊婦手当て支給（月額500円）（3月） 第6回現任助産婦講習会（9月）：無痛分娩について母子健康センター設置：志津川町・高清水町 『県政の成果』：「よい子を生み育てるための運動」推進、婚前教育～育児への保健指導・健康診査実施（～昭51年度）、家族計画普及事業：低所得者に器具・薬品の公布、受胎調節指導、新婚学級開催（～昭52年度）
1969 （昭 44）			宮城県助産婦会総会：講演「経口避妊薬と最近の不妊症の治療について」（5・11） 日本母性保護医協会創立20周年記念「日母週間」：母性保護、中絶、家族計画等のTV放送、講演会開催（11月） 母子健康センター設置：三本木町
1970 （昭 45）	文部省、性教育に関する第1回懇談会開催（2・10） 優生保護実態調査結果発表（4・20） 児童手当法公布（法律第73号）	NHK「母と子の性教育を考える」シリーズ放映（2・16～18） 女性解放運動（ウーマンリブ）広がる：男女差別撤廃、雇用の機会均等、優生保護反対（6月頃～）	母子健康センター設置：雄勝町・一迫町

年　代	法律・政策	全国の動き	宮城県内の制度と社会
	(5・27、施行昭47・1・1)		
1971 (昭46)			母子健康センター設置：宮崎町・松山町
1972 (昭47)	優生保護法改正案国会提出：経済的理由削除の法案廃案となる（5月）	中ピ連結成：中絶禁止反対、ピル解禁要求（6・14） 第2次ベビーブーム 胎児の性別判定が可能となる：母親の血液判定で確立85% 東京で捨子増加（昭47—90人、昭46—67人、昭45—77人）	麻酔による無痛分娩、計画分娩見学実習：東北大附属病院分娩部助産婦（8～9月） 第9回日本看護協会助産婦研究学会：「母子保健に関連する家族計画における今日的問題」 母子健康センター設置：七ヶ浜町・古川市 『県政の成果』：母子愛育号「たらちね」を整備巡回開始：僻地の妊産婦指導に重点
1973 (昭48)	優生保護法改正案再度国会に提出（5・11）	赤ちゃんあっせん事件（石巻市菊田登医師）：10年間で百人を実子として無報酬で斡旋していたことが表面化（4月） コインロッカーへ嬰児置き捨て問題化	コインロッカーベビー続出：仙台、福島等（6・22、24付） 第11回現任助産婦講習会（仙台市）：「ピル使用の現況について」 母子健康センター設置：小牛田町・大郷町 『県政の成果』：思春期から更年期までの母子保健教育の徹底・母子愛育指導車「たらちね」で僻地の妊産婦指導
1974 (昭49)	人口問題審議会『人口白書』で出生抑制、人口問題を提言（4・15） 初の日本人口会議開催（東京）：子供は2人までとの国民的合意形成等の宣言採択（7・2～4） 第3回国連世界人口会議：「世界人口年」として人口静止の方針（8・19）	優生保護法改悪を阻止する集会開催（東京）：衆議院社労委での審議再開に反対（3・24） 審議中の優生保護法改正案に反対：ウーマン・リブの女性等百人余衆議院面会所で集会（5・22） 出生率6年ぶりに減少	第11回現任助産婦講習会：「優生保護の展望」（10・5） 『県政の成果』：婚前・新婚・母親・育児学級教育と講演会開催し受胎調節指導・家族計画の普及、母子愛育指導車「たらちね」で僻地の保健指導、健康診査（～昭51年度）
1975 (昭50)		母乳運動の広がり：粉ミルクの減産（4月） 毎日新聞による家族計画世論調査：子供は理想、現実ともに2人が定着、避妊実行率82%（5月）	東北ブロック母子保健技術者研修会（仙台）：「人口教育と母子保健」村松念医師（5・29）
1976 (昭51)	中絶可能時期が妊娠八月未満から、妊娠七月未満に改正	鹿児島県で国内発の五つ子誕生（1・31）：排卵誘発剤論議盛ん	市町村に「赤ちゃん窓口」開設：育児ノイローゼ対策（1・19付） 涌谷に母子健康センター完成（9月）
1977 (昭52)		日本家族計画協会による遺伝相談開始（8・16） 愛知県産婦人科医師会、「赤ちゃんあっせん事件」の菊田医師を告発（昭52・8、昭57・3・30付）	不況のため東北各地で子殺し事件続発（4・15付） 国立仙台病院看護助産学校開校（4月） 全国母性看護学会（宮城県）：「夫の分娩参加」に関する報告」 『県政の成果』：家族計画・受胎調節について記載なくなる、「たらちね」号による僻地の保健指導・保健教育
1978 (昭53)		大分県看護協会：妻の出産のための「お父さん教室」開催 ［英国で体外受精児（試験管ベビー）誕生（7・25）］	『県政のあゆみ』：「母子衛生」が「生涯健康」の項目に記載される 桶谷式母乳育児法研修参加：東北公済病院助産婦
1979 (昭54)	国際児童年 中絶可能時期の表記を妊娠第七月未満から満二十三週以前と改正		東北大学医療技術短期大学部専攻科助産学特別専攻開校（4月） 第1回宮城母性衛生学会開催：「受

年　代	法　律　・　政　策	全　国　の　動　き	宮城県内の制度と社会
			胎調節法の研究と未来の避妊法」（4・21） 第２回周産期医学セミナー（仙台）:「受胎調節指導」（6・30〜7・1） 国際児童年記念宮城県大会開催（７月） 保健所の統合：14保健所、５支所 『県政の成果』：この年以後、「母子衛生」についての詳細な記述なくなる
1980（昭55）		出産の高齢化進む：初産年齢26.4才（昭和25年—24.4才）	第17回現任助産婦講習会：「ラマーズ法」について講演と実技（4・20） 宮城県母子福祉センター開館
1982（昭57）	中央優生保護審査会が優生保護法改正検討開始（3・19）	「赤ちゃんあっせん事件」違法の判決、菊田医師は控訴（3・30付） 優生保護法案検討開始に伴い各地で反対集会活発化（３月）	東北大医学部産婦人科で国内初の体外受精児誕生を目指し本格的臨床応用に入る（12・16）
1983（昭58）	厚生省、優生保護法改正案国会提出断念（３月）	「赤ちゃんあっせん事件」違法の判決（6・29付） 東北大附属病院で日本初の体外受精児誕生（10・14）	仙台市内で優生保護法を考える討論集会開催：中絶の条件の経済的理由削除、出産の国家管理批判（３月）
1984（昭59）	厚生省：世界で初めて人工流産剤の製造認可（5・50）		衛生課、保健課廃止保健管理課設置（４月）
1986（昭61）	厚生省の経口避妊薬（ピル）研究班、ピル製造を認める報告書（12・8）	慶大医師グループ、人工授精で女児産み分け６例成功と発表（5・31） 医学部倫理委員会：体外受精の臨床実験は男性不妊症に限定と決定（6・9） 長野県の産婦人科医院、排卵誘発剤で四つ子妊娠の女性の２胎中絶、２児は無事出産：多胎児減数手術の是非の論議（8・10） 女子中高生の性非行増加：10代の妊娠中絶史上最高	
1987（昭62）		厚生省、昭和62年度人口動態統計発表：出生率統計開始の統計開始の明治32年以来最低（出生率千人に付昭62—11.1、明32—32.0）	岩沼市、スズキ病院で体外受精児誕生（民間病院で東北初）（8・14）
1988（昭63）		日本産婦人科学会、冷凍受精卵の使用を承認（2・20）	

とが取締りの対象となったのである。

この布達が出された直後から十年足らずの間に、各県ごとに売薬と堕胎の禁止のみならず堕胎・売薬・間引き・棄児までを含む禁令が出されたことが、『日本庶民生活史料集成』二十一巻「府県資料」によって明らかになる。そこに掲載されている十九府県の禁令について、府県別に発布された年、対象者、内容をまとめたのが表2-2「明治の禁令」である。

このような禁令が出された背景には、禁令を出さなければならないほど堕胎・売薬・間引き・捨子が行われていた状況があったことを示す。

禁令の内容に記された「捨子」「棄児」「棄子」は山野や川などへの投棄であり、誰かに拾って育ててもらうことを期待するものではなく、遺棄に等しいものといえる。

これら禁令は、地域によっては一度のみならず二度、三度と年を置かずに出されている。青森・山形・山梨・和歌山・岡山・宮崎は二回、京都・島根は三回、高知は四回出されている。

その禁令の具体的な対象者として記されているのは、父母・産婆・医師であり、出産時に近くにいる者たちであり、彼らが堕胎や間引きに関わっていたことがわかる。禁令の内容をみると、堕胎・売薬・間引き・棄児の全てが記されている県、堕胎・捨子などの一項目のみの県など地域によってさまざまである。しかし、堕胎のみ記されている地域であっても、現実には間引きや棄児があったであろうことは想像に難くない。自治体史などにも同様の禁令が掲載されていることから、これ以外の府県でも出されていたことは確かであろう。例えば、宮城県については記載されていないが、明治四年（一八七二）には、登米郡において「育児法」が布告され堕胎と捨子が禁止され、明治八年（一八七五）になると、その取締役も設置されている。(3)

これら禁令の効果についての詳細は不明であるが、堕胎や間引きなどが取締りの対象となったことで、人びと

表 2-2　明治の禁令

地域	年	対象	堕胎	間引き	捨子
青森	7	父母	堕胎	拉殺	
	8	父母・穏婆・医師	堕胎	洗児	河・原野への投棄
岩手	4	父母・媼婆	堕胎	圧殺	
山形	4	一般・父母	堕胎	児子を殺す	
	5	一般			川への投げ棄て
福島	6	父母・医師	堕胎・売薬	拉殺・洗子	
栃木	7	父母・医師・産婆・穏婆	堕胎・売薬		
埼玉	8	産婆	売薬・医術		
東京	元	産婆	堕胎・売薬		
山梨	元	産婆	堕胎・売薬		
	2	父母			棄児（捨子）
長野	6	一般			棄子
和歌山	3	産婆	堕胎・売薬		
	7	産婆	堕胎・売薬		
滋賀	3	一般			捨子
京都	元	産婆	堕胎・売薬		
	2	一般			棄児
	3	一般	堕胎		捨子（棄児）
大阪	元	産婆	堕胎・売薬		
岡山	8	一般	堕胎		
	9	一般	堕胎		
鳥取	6	穏婆・医師	堕胎（手術・薬物）	絞殺	棄子
島根	4	父母	堕胎		捨子
	5	父母	堕胎		捨子
	8	父母	堕胎（薬・技術）	洗除	棄児
高知	3	父母		圧殺	
	6	一般	堕胎	圧殺	
	7	一般	堕胎	圧殺	
	8	穏婆		圧殺	
佐賀	6	父母			棄子
宮崎	6	父母	堕胎	洗児・掩殺	棄児
	9	父母・産婆・穏婆	堕胎（手術・薬剤）	洗子	棄子

＊ここでの捨子とは、出産直後の嬰児を遺棄することをいう。

『日本庶民生活史料集成』第 21 巻所収『府県資料』内閣文庫所蔵 より鈴木由利子作成

の認識が変化する契機にはなったかもしれない。

その後、明治七年（一八七四）の医制公布（東京・京都・大阪を対象に布達）では、産婆資格が具体的な条件を伴って規定され、免許を必要とするものになった[4]。これにより産婆の仕事は、医学制度の下に組み込まれ職務範囲もより具体的に規定されるようになった。これを契機として産婆学校が各地に設立し、医師の指導による産婆の養成が開始される。例えば、明治九年（一八七六）には、東京府病院内に産婆教授所が設置され、大阪医学校病院では産婆養育が開始されるなど、各地で産婆教育の場が設けられた。このような医学の制度のもとで、医学教育を受けた産婆たちが免状を取得し、妊娠・出産の専門職として活躍して行く。

一方では、産科関係の医学雑誌の刊行も始まる。明治十年（一八七七）刊行の『産婆学』（シュルツェ著、山崎元修訳）を始めとして、産婆教育のための教科書や専門雑誌が創刊されたり、産婆たちによる産婆組合の設立などにより、職業としての性格が確立してゆく。

しかし、このような制度が定められたことについて、「産婆の取扱いに関する基本方針を始めて示したものとして画期的なものであったが、医制の規定はそのまま実施に移されるに至らず、実際は各地方の取締規則に委ねられていた[5]」とあるように、実際は、多くの無資格の産婆による従来通りの出産が行われていたのである。そのような大多数を占める無資格の産婆たちに対して、その後、各地で産科医による産婆講習会が開催され、医学教育が行われ産婆と認定されるようになって行く。

明治三十二年（一八九九）になると、さらに産婆規則、産婆試験規則が公布され、医師による産婆の養成と試験による産婆資格取得の制度が確立する[6]。

この間の宮城県の動向をみると、明治八年（一八七五）に「産婆渡世之義ニ付達」が布達され、産婆が届出を行うことで免状が公布されることになった。明治二十二年（一八八九）には、産婆組合設置規則が制定められたことにより、産婆は「仙台組合産婆」の門札を提示することが求められるようになる。同時に、定期的な研究会や講習会が開催され、産婆たちに医学指導が行なわれるようになって行く[7]。

このように、東京・京都・大阪を対象とした医制公布は、県のレベルでも実行されて行ったのである。これらの制度の確立のなかで、医学知識を学び職業としての自覚を持つ産婆が登場するようになる。

明治三十八年（一九〇五）発行の『産婆学雑誌』第六八号には、正常分娩の取り扱いは産婆の仕事であり、医師が扱うことは業務侵害であるとの記述がみられる。つまり、正常分娩は産婆のみが手掛けることのできるもので、医師が手出しをできないものだったのである。

この点については、筆者が行った宮城県内での病院勤務の経験のある産婆からの聞き取り調査において、戦前の病院出産では「正常分娩は産婆が担当し、何かあった場合は医師が処置した。正常分娩の際は、医師は手を後ろに組んで分娩には関わっていないことを態度で示した」という話を聞いた。正常分娩の際は、医師は手を出していないことを明確にするために後ろ手に組んで見守っていたのである。そして、医療的処置が必要になった時に初めて手を出したのだという。産婆が自身の持つ会陰保護の技術を駆使しながら分娩を主導することのできた、産婆として誇りを持てた時代だったという。

さらに『産婆学雑誌』には、産婆は「生命を支配するもの」としての責任と「仁慈の至情」を以って職務に当たるよう記されている。

このように、人口増大を目指す国の方針を背景として、産婆の社会的地位が高まり、「産」の専門家としての自覚と誇りが芽生えた時代であったこと、誕生する生命に対する責任と「仁慈」を持つべき職務として産婆への期待が大きくなった時代であったことがうかがえる。

この後、産婆規則改正により、内務大臣の指定した学校・講習所の卒業生については、無試験での産婆登録も可能になった。

以上の経過からは、国力増強のための出産奨励と医学制度の整備により、「出産」が国家と医学の下に組み込まれ、そのなかで産婆は出産介助者として資格を必要とする専門的な職業となったことがわかる。このような産婆の地位と職務内容の確立は、それまでそれぞれが暮らす地域において、個々の家族やその土地の事情に合わせて、「産む」「産まない」「育てる」「育てない」の決定に関わっていた産婆の役割が、「産ませる」「育てる」のみに限定されたことを示す。芽生えた命は「誕生すべき命」「育てるべき子」となったのである。

2. 堕胎罪制定と産児制限運動の芽生え

産婆に関わる制度が確立するなか、明治十三年（一八八〇）には刑法堕胎罪が制定され同十五年（一八八二）に施行された。これにより、堕胎した本人とそれに関わった医師、産婆、薬商、薬剤師等は処罰の対象になった。

藤目ゆきによれば、当時、堕胎罪制定の趣旨そのものに対する異論はみられなかったが、日本では古代法時代以来明治初期に至るまで、堕胎を犯罪視し処罰するという思想はほとんど存在しなかったことから、実情にそぐわないのではないかとの論議がなされた。そのような状況下での堕胎罪法案策定の主たる目的は、堕胎の慣習を改めさせること自体であったとしている(8)。また、刑法学者小泉英一によると、刑法堕胎罪は、明治の近代化政策の中でフランス法を習って制定されたもので、日本における最初の近代的立法でもあったと位置付ける。そして、「我国に於ては江戸時代に至るまで道徳上不倫とはしたが堕胎を処罰する思想又は法規はなかった、ただ必要上之が取締法規を発したという程度であった」として、後に、堕胎行為は非であるが無用として排斥すべきでないと主張した(9)。

このように当時の日本では、堕胎を罪悪と結びつける考え方は広く一般には見られなかったことは事実であろうし、確実な出産コントロールが不可能な時代にあっては、堕胎罪が現実の人びとの暮らしの状況とそぐわないものであったことも確かであろう。事実、堕胎罪制定後も昭和初期に至るまで、民間では伝承された方法での堕胎が行われていたのだが、それについては順次紹介したい。

この堕胎罪制定を契機として、堕胎の是非についての論議が盛んになって行く。明治三十六年（一九〇三）に出された小栗貞雄・賀来寛一郎『社会改良実論』では、新マルサス主義[10]に基づき、妊娠制限の必要性と実行法が論じられている。さらに明治三十九年（一九〇六）には、刑法学者勝本勘三郎が、堕胎自体は禁ずべきでないという見解を示し、堕胎罪という法のために望まない子を産むことは、生まれた子や父母そして社会のためにもならないと論じた[11]。しかし、これらの主張は社会的な影響力を持つまでには至らず、明治四十年（一九〇七）になると刑法堕胎罪は、刑期の延長や刑罰を重くするという、より厳しい改正が行われることになる。

3．医学雑誌と新聞記事にみる産児の制限

明治末期から大正初期までの『産婆学雑誌』には、堕胎罪による産婆の摘発の記事[12]や、堕胎が増加傾向にありそれと連動するように棄児が減少しているとの報告がみられる[13]。さらに、民間で行われている次のような堕胎の症例報告も掲載されている。

堕胎を試みた妊婦を治療した医師による「太さ線香大、長さ十仙迷許の竹杆を抜去したる例」と題した報告で、子宮内に竹杆を挿入した妊婦を治療したとの例、さらに「子宮口内より長さ十仙迷許の竹箸状の木杆の一端に糸を付したるが二つに折れて出たる例[14]」では、子宮内に糸のついた木杆が挿入されていたとの報告がみられる。こ

のように、伝承された方法で堕胎を試みたものの支障をきたして治療を受ける妊婦がいたのである。民間での堕胎が危険を伴うものであったことを示す例といえる。

ほかにも明治期に民間で行われた堕胎の例として、牛膝を用いた堕胎事件が新聞に数多く記載されていることが報告されている。[15]これらの堕胎の方法は、昭和初期にもみられるもので「堕胎術後に来れる腹腔異物の二例に就いて」[16]と題し、割り箸や山蕗の茎を用いて堕胎を行い腹膜炎を併発した症例が報告されている。これらは、子宮内に異物を挿入することによって堕胎する習わしがあったことを示すものであるが、命を落とすような危険性をはらむものであったことがわかる。

このような堕胎の方法と酷似した例について、安藤紫香は、福島県奥会津において民間で行われていた堕胎の方法を聞き取り調査によって明らかにしている。それによると、一〇センチメートルほど長さの桑の根や小枝に、一〇センチメートルほどの長さの紐を付け子宮内に入れて堕胎する方法があったと報告している。[17]このように身近な植物などを使用して堕胎する方法が、明治時代以降昭和期に至るまで伝承され続けていたことを明らかにする。

さらに、明治三十三年（一九〇〇）の『産婆学雑誌』第五号には、「初生児の窒死」[18]のタイトルで、東京での同年一ヵ月の生児の窒死に関する状況が報告されている。それによると、表向きは過失による窒死と判断されてはいるが、その数が不自然に多いことから「今に堕胎の罪を少なからぬ世の中には、此過失に托して怖しき罪犯すものの甚だ稀には現はるることはあらずやと思はるるなり。」と、過失を装った殺児であろうとの指摘が行われている。

また、明治四十四年（一九一一）の『産婆学雑誌』[19]第三三号に記載された内務省の統計では、生児の一割が私生児であり私生児の死産率は生産率の二倍半であるとの報告がみられる。明治三十年代から大正始めまでの生児の死産数については、私生児は嫡出子の三倍であることから、私生児に対して堕胎が行われているとの記述もみられる。これらは、堕胎罪の摘発を逃れるために、過失や自然死産を装った殺児が行われていたことを示す報告である。[20]

堕胎に関する資料としては、明治四十三年（一九一〇）には前年と比較すると堕胎犯の検挙件数が急増し、堕胎による妊婦の死亡も急増した。この反面、棄児の数の減少が見られたと報告され、堕胎の増加により棄児が減少するという傾向が、明治時代末期の社会現象であるとの解説が加えられている。[21]また、産婆に対して堕罪が適用された具体例として、妊娠四か月の妊婦に対して堕胎の処置を施したため、六か月間の業務停止の処分を受けたという記事もみられる。[22]

以上の記述は、堕胎罪という法的規制がありながらも明治末期まで、民間での堕胎が行われていたことを端的に示すものである。

一方、人口増強と産児制限をめぐる問題に関して大正二年（一九一三）の『産婆学雑誌』に以下の記述がある。日清・日露両戦争後は婚姻を推進したため出産が増加した。これは、国家にとって喜ぶべきことであるのに「世の臆病論者は、我が邦の出産力の強盛なるを見て、之を人工的抑制法を行ひて、一夫婦間に三児制若くは二児制を実現せんとせり。而して世には此の説に雷同附加する短識浅慮の輩なしとせず、真に嘆すべきなり」[23]との記述である。この記述からは、人口増加の国策の中で、「人工的抑制」によって夫婦に二人か三人の子どもを持つことを理想とする産児制限論者が存在していたことを明らかにするものである。

このように「人工的抑制」を実現可能とする背景には、明治四十二年（一九〇九）には宮田権之丞『妊娠診断法』が出版され、『産婆学雑誌』一四〇号には「受胎の時期」[24]が掲載されるなど、妊娠のメカニズムの解明やそのコントロールが医学的に可能であることが認識され始めたことも影響していると考えられる。

明治四十二年（一九〇九）には、国産初のコンドーム「ハート美人」が発売され、その後、大正期にかけて、コンドームの製造会社が次々と誕生する。(25) このような動向を背景としながら、産児制限が社会的に注目され始める時期でもあった。

宮城県においては、河北新報紙上に「サック」等の名称で性病防止や妊娠防止を目的とするコンドームの広告が登場するのもこの時期である。同時に、「月やく」「毎日丸」と称する通経剤、つまり生理不順を治す薬についての紙上広告も頻繁に掲載されている。これらの通経剤は、月経を促す堕胎薬として用いられることも多かった。

このように、明治末期には、刑法堕胎罪が機能する一方で、医学的に受胎のメカニズムが解明され始めたことや、通経剤やサックなどが販売され始めたことで、妊娠を予防することが不可能ではないことが意識され始めた時代であったといえよう。しかし、これらを購入できるのはごく一部の人であり、一般には堕胎や間引きが密かに行われていたとみてよいであろう。その一方では、避妊の実現への萌芽もみられる時期であるといえる。

明治時代は、堕胎罪が社会の中で機能し始めたことで、それまで個人の内にあった「産む」「産まない」という命の選択の問題が、法の下で直接刑罰と結びつくものとなる。その一方では、子どもの数を制限したいという人びとの現実の暮らしの状況があり、国策としての出産奨励との間に微妙な齟齬が生じ始める時代であったといえる。このような状況は、大正期以降に展開して行く産児制限運動への素地を成すものであったと考えることができる。

さらに付け加えると、新聞紙上には、連日のように里親募集の広告が掲載されている。育てられない子どもを養子に出したい親たちも多かったのである。明治末期以降は、養育できない場合に、赤ん坊に「添え金」を付けて業者に引き取ってもらうことがあり、そのような赤ん坊が十分な世話をされずに殺されてしまうという、金銭目的の貰い子殺しも発生した。それらの業者は「子育会社」と称されて全国的にみられ、当時の社会問題ともなった。「育てない子ども」が少なくなかったことを示す例である。

第二節　大正時代――産児制限運動の展開

1. 産児制限運動の展開と世論

大正三年（一九一四）には、売薬法が制定された。これによって売薬の薬効に、避妊や堕胎を暗示する表示が禁止されることになった。大正時代に盛んになる産児制限に対する取り締まりは、以後、売薬法と刑法堕胎罪が適用されることになる。また、大正時代は、民間で産児制限の必要性が強調される時代でもある。明治時代に紹介されたマルサス、新マルサス主義における人口増加と経済の関係や出産抑制の論理が、国策である人口増強に相反する形で展開されて行く。さらに、人口増加と出産抑制の関係で論じられていた産児制限が、婦人の自立とも関わりながら展開して行くようになる時代でもあった。

婦人の自立の問題との関わりで産児制限を論じた平塚らいてうは、「個人としての生活と性としての生活の間の闘争」（大正四年）において、避妊支持の立場をとった。平塚は、避妊や堕胎を肯定し、子どもは数を少なく産んで十分に養育する必要があると主張した。[26] さらに「避妊の可否を論ず」（大正六年）では、「子供は授かりものでどうすることもできないという多くの人々の認識を改め、産児調節を学び子どもを尊重し、子どもの数より質の良さを願い、普通人としての生活をするだけの能力のない子どもを産むことは、人類、社会に対し大きな罪悪であることを知るべきである」と、より具体的に論理を展開させた。[27]

このような平塚の論理に対して、宮坂靖子は、「子どもを『授かりもの』から『つくるもの』とする心性への変化を凝縮して象徴している[28]」と記している。妊娠は人がどうすることもできないものではなく、産児調節により「つくる」ことが可能な状況が生まれたのである。宮坂は、この時点で「授かりものからつくるもの」への意識変化があったとする。このような認識が一般に浸透するまでには、まだ長い時間を必要とするが、産児制限に関わった当時の女性たちにとっては、妊娠コントロールが実現可能なものとして認識され始めたことは明らかである。

そのうえで、平塚は、生まれ来る子の「数」のみならず「質」についても考慮に入れる必要性を主張したのである。このような論理は、現代人からみると差別的な論理を含む。しかし、当時の社会では、産児制限反対論者にとっても、子どもの「質」の問題は正当性のある論理として認識されたともいえる。

堕胎や間引きの際に、出生児に明らかな身体的障害があった場合は間引きの対象となった例は多く、「質」による子どもの命の選択が行われていた事実がみられる。従って、このような平塚らの子どもに対する認識は、違和感なく受け止められたであろう。

一方、山川菊栄は「多産主義の呪い」（大正九年）において、産児制限の反対論に対して異議を唱えた。当時、産児制限反対の根拠として、婦人病を誘発するとの医学的な説、天の摂理に背く・離婚数を殖やす・男女の風紀を乱すなどの道義的な説が存在した。それに対して、山川は「今後の婦人はできるだけ少なく生むことと同時に、生んだだけの子供を完全に健康に育てることを理想とすべきであると考える。濫産濫死は恥ずべく恐るべき国民的罪過である[29]」と主張した。さらに、大正十年（一九二一）には、産児制限を道義上の問題があるとする反対論者に対する反論として、「人間にとって不都合なる事情を除去しようという人間の感情や知識もまた、神ないし自然の摂理である」「道徳や宗教も絶対不変のものでなく、その時々の都合により生じたものであり、堕胎に対してもキリスト教の国々でも様々な対応がみられる」「社会の風紀が女子の妊娠においてのみ論じられるべきでない」と主張し、「産児制限によって、性的奴隷制度に対する女性の反逆は成就せられ自由母性の崇高なる理想は実現せられうるのである。[30]」と、婦人解放と産児制限を結びつけた論理を展開した。その後の「産児制限問題」（大正十一年）においては、産児制限の是非は、女子の自由意思を認めることが先決問題であり、社会や国などの要求に応える形での妊娠出産は罪であり不道徳であると強調した。

産児制限をするか否かは、女性自身の自由な意志によってのみ決定できるもので、社会や国の恣意的な要求により決定されることこそが罪であり不道徳であると主張したのである。

さらに、「産児制限論と社会主義」（大正十年）では、産児調節は「自主的母性」の条件としてのみ意義あるものであり、社会主義に伴われてはじめてその意義を完了すると主張し、社会主義的立場からの産児制限論を展開した。

また、山川は、当時の世論に関して以下のように記述している。「保守的な人が、案外捌けたことを言っているかと思えば、平素おそろしく個人の自由を説いてやまない人が、是が非でも生み放題うまなければならぬように言ったりしている。[31]」この記述は、当時、産児制限についてさまざまな立場の人たちが、割合自由に個人的な見解を発していたことを示すものである。さらに、当時の一般的な妊娠・出産についての次のような記述もみられ興味深い。「今なお辺鄙な地方では堕胎や嬰児殺しが秘密に、しかしほとんど一般的に行われているといってもよい処決して少なくはありません。[32]」との記述である。これは、堕胎罪が機能している社会においても、民間ではなお近代化以前からみられた堕胎や間引きが密かに行われていたことを明らかにする。また、子供に『おとめ』とか『留吉』と命名して、あとのできることを防ぐ迷信も広く行われております。さらに、次子の妊娠を防止するために「（産み）止まる」ことを意味する名前や末子であることを表す「すえ」「まつ」などの名前が付けられていたというのである。これは、民俗学の子どもの名付けに関して収集された資料とも共通する習わしであり、確実な避妊が不可能だった時代には、呪術的な方法により妊娠回避を願うしかなかった状況を明らかにする。このような命名法は、前述した近世の角田藤左衛門が記した『萬事覚書帳』にもみられることから、確実な避妊が可能となる昭和期に至るまでの一般的な伝承であったことがわかる。

2. サンガー夫人の来日と産児制限運動

大正十一年（一九二二）、アメリカの産児制限運動家マーガレット・サンガー（通称サンガー夫人）が来日する。政府は、産児制限に関する公開講演を行わないことを条件に入国を許可したが、その動向について、来日前後からマスコミが大きく取り扱ったため、「産児制限」が広く一般に知られるようになった。宮城の地方紙である河北新報では、来日前後から夫人の記事が掲載されているが、政府が産児制限に神経を尖らせていることに対して、新聞の解説は傍観者的な印象が強い（河北新報　大正十一年二月～三月）。

夫人の来日を契機として、東京・大阪などの都市部では産児制限団体が結成され、組織的な産児制限運動が展開されて行く。東京では、石本恵吉・静江夫妻により産児調節研究会が設立され、同じ年に産児調節運動初の機関紙『小家族』も発行された。また、大阪・神戸・京都では、山本宣治らによる産児制限研究会が設立する。

大正末期になると、雑誌が産児制限に関する特集を組むなど、産児制限の是非についての議論が活発に展開されて行く。その一例として、大正十五年（一九二六）の『太陽』には、議員・企業家・学者の見解が掲載された[33]。それをみると、人為的に制限するのはいかなる場合でも罪悪であるとする見解よりも、国の人口増加や個人の経済的条件を考慮した場合、人為的制限も可であるとする見解が大部分を占めている。このように個人的な見解が自由に発信されている点をみても、堕胎罪が機能する社会であるとはいえ、人びとの意識を制約するまでには至っていないことが窺える。

また、新聞には『妊娠及避妊の研究』『婦人界』『主婦之友』『婦人公論』などの雑誌の広告が掲載され、一般の人びとにも産児制限や避妊に関する情報が豊富に提供されるようになった時代であったことがわかる。

一方で、当時の河北新報をみると、全国の嬰児殺し事件や産婆や医師による堕胎事件の記事が多数掲載されている。なかでも大正十四年（一九二五）に摘発された産児制限論者の医師が関わった堕胎事件についての記事は、摘発から罪の確定までの経過について詳細に掲載されており世論の注目を集めていたことが窺える。

また、産児制限に関する相談所が設立された頃から、産児制限や妊娠に関する著書や論文が盛んに発表されるようになる。安部磯雄の『産児制限論』（大正十一年）、小池隆四郎の『妊娠調節の実知識』（大正十三年）などが刊行される。大正十三年（一九二四）には、荻野久作が受胎日の推定が可能であるとする論文を発表し、大正末までにオギノ説として避妊への応用が可能であるとされるようになる。

以上のように、堕胎や産児制限など子どもの出生を抑制することに関心が持たれる一方で、大正時代は、出産や育児に関心が向き始める時代でもあった。

大正十年（一九二一）、日本において初めての「育児衛生展覧会」が仙台市において開催され、乳幼児の無料診断や育児用品の紹介などが行なわれた。昭和二年（一九二七）になると、第一回全国乳幼児愛護デーが開催され、妊婦や乳幼児保護の知識やそのための施設の普及が図られた。

これらは、誕生した子どもに対しては、医学的知識や新しい育児用品を用いて、手厚い庇護の下で健康に育てることに注意が払われ始めたことを示す。

大正期に徐々に存在感を増した産児制限運動は、この後、昭和初期にかけて隆盛を極めて行く。それは、堕胎の容認を求めると同時に、妊娠そのものを抑制する「避妊」の自由を求める運動でもあった。このようななかで、避妊法は徐々に人びとの間に知識として知られて行くが、一般の人びとがすぐに実行できるものではなく、また、確実な避妊法であったとは言い難い。民間では、伝承された方法での堕胎や間引きが密かに実行されていたと考えられる。

大正期から昭和初期は、産児制限運動が活発化するなかで、子どもの「数」のみならず「質」の問題が産児制限の考え方と結びつき、産児制限の対象となる「育てない子ども」と、誕生を承認され大切に養育される「育てる子ども」の存在が、社会の価値観の中で鮮明になった時代であったといえる。

第三節　昭和時代——出産制限から妊娠抑制へ

1. 産児制限運動の全盛と消滅

昭和期に入ると産児制限は、国策としての人口増強と食糧問題との関わりや「優秀な民族」を求める優生思想との関わりで議論されるようになる。

昭和二年（一九二七）には、人口食糧問題調査会が設立され、「産児制限」を「優生運動に関する事項」と改称して、優生思想を基本に据えた産児制限を実施しようとする。国家・社会・民族にとって、有益な人間を産み育てることを目的として産児制限が提唱され始めるのである。それに伴い、地方の行政機関が独自に多産制限の指導に乗り出すようになる。

その例として、東京市は、昭和四年（一九二九）に多産指導のための産児制限相談所を設置するが、これに対して国の機関である警視庁は堕胎法違反の疑いで警告を発している。産児制限が、出生制限と多産推奨指導の両方の意味をもちながら展開していたことを示す例である。宮城県においては、石巻町民が相談所設置を要望したことが新聞紙上に掲載されたことにより、町として設置を検討され始めたことが記事になっている（河北新報昭和四年十一月から十二月）。

このように、各地で産児制限相談所、産児調節相談所、優生相談所などの名称で、相談所の設置が活発に行われ、そこではペッサリーなどの避妊器具の販売なども手掛けられていた。この時期には、国産のペッサリーやコンドームの発売も開始されている。

優生思想のもとで、産児制限が一定の存在感を持った時期であるといえよう。

一方、医学の分野では、妊娠のメカニズムに関する研究の成果がみられ、医学に裏付けられた避妊の可能性が示された。昭和二年（一九二七）には海外から「男女の産み分け法」が紹介され、妊娠回避や産み分けなどの新しい視点が紹介されるようになる。

以上のように昭和初期は、国としては産児制限反対の前提がみられるものの、優生思想を背景として、地方行政のレベルでは産児制限相談所を設置する動きなどもみられた。各地で設立された民間の産児制限団体が独自に雑誌を発行したり避妊具を販売したりするなど、産児制限の考え方と実行方法が周知されて行く時期であったといえる。このような時代、産児制限は優生思想を前面に出すことでその必要性を打ち出し、より良い子どもを産み育てるための手段としての存在価値を打ち出してゆく。

産児制限運動がさまざまな立場で展開される中、一九三〇年代には中国大陸への軍事侵略が開始されるが、以後、産児制限運動は国による取締りがより強化され、その活動は急速に衰退して行く。

昭和五年（一九三〇）には内務省令「有害避妊具取締規則」が発令され、民間で販売されていた避妊具が健康を害するとして取締りの対象となった。同時に産児制限相談所の取締りも強化され、産児制限運動家たちは、堕胎罪や有害避妊具販売を理由に検挙されるようになる。さらに、昭和八年（一九三三）には、診療所取締規則が出され産児調節に関する相談が禁止される。

このような状況のなかで、民間の産児制限相談所は、国の優生思想や出産奨励を目的とする母性保護や優生結婚相談の団体として生き残りを図って行く。

仙台市では昭和五年（一九三〇）八月に、愛児女性協会仙台支部の多田ミトリが産児調節法相談所を開設した（河北新報　昭和五年十月三日付）。同年には、社民党首が妊娠調節相談所開設のための講演会を開催し、妊娠調節相談所も開設されたとある（河北新報　昭和五年十二月十六日付）。当時の新聞記事によると、産児調節相談所への相談の多くが妊娠中断つまり堕胎に関するものであり、産児制限の本来の目的である妊娠予防に関するものではなかったと記され（河北新報　昭和七年八月十日付）ている。国としての取り締まりの対象であったとはいえ産児制限の動向は新聞紙上で取り上げられ一般に周知されていたといえる。

この頃の地方での出生児の抑制に関して、昭和九年（一九三四）年に全国の農村踏査を行った猪俣津南雄は、「三重県の漁村の女房たちは、亭主との中にできた〔子ども〕を〔間引き〕した廉で、一小隊ほども法廷に立たされた。」[34]と記している。「一小隊」とあることから、少なくとも二十人前後であろうか。都市部では、産児制限や産児制限運動が活発に展開される一方では、「間引き」が子どもの数を制限する手段として一般に行われていたこと、それらが時には摘発され裁かれていたことを示す。

昭和十二年（一九三七）には、産児制限の初期からの運動家石本静枝が逮捕され、この翌年には、日本産児調節婦人同盟の産児調節相談所も閉鎖され、産児制限運動は社会の表舞台から姿を消して行く。昭和十二年（一九三七）には母子保護法が公布され、この二年後には、国が「産めよ、殖やせよ」のスローガンを提唱する。

さらに、昭和十五年（一九四〇）には国民優生法が公布される。この法律はドイツの断種法の影響を受け、国民資質の向上を図り国家の発展を目的としたものであり(35)、優生思想の影響を強く受けたものであった。

こうして、国家主導の下に出産奨励と妊産婦の保護がうたわれ、妊娠・出産は国家の人的資源確保のための色彩を一層強めて行く。そこでは優生思想に基づき「健全」な人びとの避妊や堕胎は厳格に禁じられ、遺伝的な病気とみされた人びとへの断種手術が行われるようになる。昭和十六年（一九四一）に人口政策確立要綱が閣議決定されるとこの傾向は一層と強化されて行く。

このような経緯に関して藤目は、産児制限運動の中心的役割を担って来た者たちが、その考えを国策に添った形で転換させて行ったことに注目し、次のように記している。産児制限運動の中心的な人物の一人であった安部磯雄は、当初、産児制限を説き他国の侵略に反対していたが、日中戦争以降は人口増強の論理へと転換し、早婚と出産奨励を積極的に推し進める立場をとった。さらに、平塚らいてう等は、優生思想や断種法に肯定的な立場を取るようになった。その一方で、産児制限に絶対的反対を表明していた山田わか等は、母性礼賛の立場から母性保護としての産児制限には賛成の立場を取るようになる(36)。

産児制限や産児調節の役割が、それまでは子どもの「数」や「質」の抑制であったが、ここからは子どもの「質」を選別し、そのような子どもの出生を抑制するための手段へと転換したのである。そして、産児制限論者も産児制限反対論者もその一点で同調して行ったのである。それは、子どもの命の価値に優劣が付けられ選び取られる存在として認識されたことを示す。

このような変化は、産科医や産婆の在り方にも影響を及ぼした。昭和八年（一九三三）から十六年（一九四一）までの『産婆の友』の記事には、彼らの認識が変化して行く様子が読み取れる。昭和八、九年には、産科医たちは基本的に産児制限を肯定する立場から発言し、国や家庭の発展向上に見合うだけの子どもの数があればいいとの見解を示す(37)。しかし、昭和十、十一年になると、社会一般に人口増加が生活の困窮をもたらすという考え方があり、出生率が減少している状況と堕胎がかなり行われていることが報告されるようになる。[38] さらに、不況の年であった昭和十二年（一九三七）には、不況による経済心理と避妊の普及により出生数が激減していることが報告され、「産めよ、殖やせよ」の運動は、出生率低下からの脱却を図るためであると記している。[39]

その後、人的資源確保のために産科医や産婆の職務の重要性が指摘されるようになると、産婆は巡回指導婦として妊婦や乳幼児の指導に関わる。[40] そして、「健常者」が妊娠を避けることは無自覚であり、子どもを産み育てることは婦人の義務であると論じられるようになる。[41]

以上のように昭和初期は、優生学的立場から国や社会にとって、どのような価値をもつ子どもであるかという観点で、出産奨励と産児の制限の必要性が認識された時代であったといえる。

2. 小説『河童』に描かれた産児制限

大正期末から昭和期初めにかけて産児制限運動が活発な時期、芥川龍之介は、昭和二年（一九二七）三月の『改造』に短編小説「河童」を発表した。[42] そこには、当時の「産児制限」と「胎児」に関する次のような記述がみられる。

「河童」は、河童の世界に紛れ込んだ「精神病患者第二十三号」によって語られる、人間世界とは反対の価値観や感覚をもつ河童の世界を描いた小説であるが、当時の産児制限について風刺した記述もみられる。

河童の世界では、出産に臨んで「両親の都合ばかり考えているのは可笑しいですからね。どうも余り手前勝手ですからね。」と、親たちの勝手な都合によって腹の中の子を産むか・産まないかの決定がなされるのはおかしなことだとして、河童の父親が分娩間際に母親のお腹の中の胎児に対して、次のように尋ねる場面が描かれている。

「父親は電話でもかけるように母親の生殖器に口をつけ、『お前はこの世界へ生まれてくるかどうか、よく考えた上で返事をしろ。』と大きな声で尋ねるのです。―中略―　すると細君の腹の中の子は多少気兼ねでもしていると見え、こう小声に返事をしました。『僕は生れたくはありません。第一僕のお父さんの遺伝は精神病だけでも大へんです。その上僕は河童的存在を悪いと信じていますから。』―中略―　そこに居合わせた産婆は忽ち細君の生殖器へ太い硝子の管を突きこみ、何か液体を注射しました。すると細君はほっとしたように太い息を洩しました。同時に又今まで大きかった腹は水素瓦斯《ガス》を抜いた風船のようにへたへたと縮んでしまいました」と、胎児が「遺伝病」を理由として生まれたくない意思を伝え、それに応じた産婆が産まれない処置をする様子が描かれている。

芥川がこの小説を著した頃は産児制限運動が隆盛を極め、「産む」「産まない」の是非についての議論が盛んに行われていた。しかし、それらの議論は、生まれ来る子どもが家や家族、社会にとって「有益」であるか否かという優生思想の視点でのみ論じられ、河童の世界に描かれた「生まれたいか」「生まれたくないか」という、いわば胎児の権利あるいは意思ともいうべき視点が欠落していることへの疑問や、優生思想そのものへの批判が読み取れる。「胎児」を主体とする論議、ひいては「胎児の命」「胎児の権利」をどのように認識するかの論理がみられないことに対する芥川の指摘は、現在にも通じるものかもしれない。

3. 戦後の産児制限

昭和二十年（一九四五）の終戦と同時に、日本の人口増加が憂慮されるようになり、産児制限の必要性が世論の中で強調され始める[43]。

同年、厚生省の人口政策委員会は、戦前戦中の方針を一八〇度転換させ「産むな、殖やすな」運動を提唱する。また、「一姫二太郎」すなわち一夫婦に子ども二人の家庭が理想とされ、丈夫で育てやすい女子が長子、次子は男子であることが望ましいきょうだいの組み合わせであるとした。

同じ年には、太田典礼が産児制限同盟を設立するなど、それまで社会の表舞台から姿を消していた「産児制限」が再浮上し、太田を始めとして加藤（石本）静枝、馬島僴などの活動家たちが産児制限指導を再開する。太田は、人工流産の自由を主張し避妊具「太田リング」の作成と普及も開始する。

昭和二十一年（一九四六）には、ＧＨＱの公衆衛生福祉部長サムス大佐が、産児制限の必要を示唆する発言を行った。しかし、この発言に対してアメリカ本国のカトリックからの大きな反発があり、以後ＧＨＱは産児制限の問題に触れることはなかった[44]とされる。しかし、昭和二十四年三月十八日付けの朝日新聞には、人口問題の権威ワレン・トンプソン博士が、日本の人口問題解決策は妊娠調節以外にはないとの見解を発表し、四月一日にはＧＨＱのマッカーサー元帥に報告書を提出して産児制限を実施するよう勧告したとの記事が掲載されている。このようなＧＨＱの動向を背景として、人口抑制問題が日本にとって大きな課題となって行ったと考えられる。

当時の宮城県の新聞には、県議会に「産児制限公認」と「衛生ゴムの無料配布」の提案準備が開始されたとの記事（河北新報　昭和二十三年七月六日付）が掲載されている。また、歌津町においては、出生増加に歯止めをかけるために、赤ん坊の出生と同時に百円の「赤ちゃん税」を課す方針が決定し、アメリカのタイム紙とライフ紙の取材を受けた（河北新報　昭和二十二年十二月五日付）との記事もみられる。このように、各地域で独自に人口抑制のための試みがなされていたことが窺える。

一方では、戦後、海外からの引き揚げによる爆発的人口増加やそれに伴うベビーブーム、社会の混乱と貧困により、非合法の堕胎や貰い子殺し[45]が多数発生した。出生増加に対する当面の解決策として、昭和二十三年（一九四八）に優生保護法が制定され、人工妊娠中絶と称して条件付きではあるが堕胎が合法化された。この法律の制定直後の十二月には、厚生省の法律制定主任担当官安倍雄吉著『優生保護法と妊娠中絶』が各関係機関に配布されたが、その内容は、優生保護の解釈と解説に関するもので「前後の社会的環境を考慮して悪質者を排除することにより、国民資質の向上を図るとともに、母性の生命と健康を保護することを目的とし、さらに人口問題についても一脈の関係ある法律であり、文化国家の建設に資する意味からも欠くことのできない法律である」と記されている。そして、施行上不備な点があり近い将来一部改正の必要があるとも記されている[46]。さらに、その上で優生保護法の要点として、第一に悪質な遺伝疾患を防止し国民全部が健全者であるよう国民資質の向上を図ること、第二に医学上、優生上の視点からの母性保護、第三に全国に優生保護相談所を設け、優生保護の立場からの結婚相談及び知識の向上を行い不良な子孫の出生を防止すること、必要な時に避妊方法の指導を行うことが挙げられており[47]、優生学的立場の強いものであった。昭和二十四年（一九四九）には、第一次改正が行われ、妊娠中絶認可の条件に経済的理由も認められた。この時には受胎調節の普及も同時に加えられた。

このような経緯で認可された人工妊娠中絶は、望まない妊娠の解決法として人びとに抵抗なく受け入れられ、人工妊娠中絶件数は急増して行く。

田間泰子は優生保護法に関して、生活困窮を救うという法案提出の意図とは異なっているものの、明治以降、中絶に課せられていた「犯罪」という意味の呪縛から人々が解放される第一歩であったと[48]、堕胎が妊娠抑制の手段として正当に認められたことにより、「堕胎が犯罪である」との意識から人びとが解放されたのだと指摘した。「犯罪」の呪縛から解き放たれると同時に中絶件数が急増したことは、子どもの数の抑制への欲求がいかに強かったかを示すものでもある。

中絶認可と時を同じくして妊娠そのものを防止する受胎調節の重要性も指摘され、公の指導が行われるようになる。その初期には、アメリカの受胎調節の指導方法を手本にペッサリーの普及が行われたが、昭和二十四年（一九四九）には、厚生省の避妊薬製造許可が決定され、製薬会社が避妊薬販売を行うようになる。避妊薬サンプーンもこの年に発売されている。

田間は、この避妊薬公認は「産児調節」公認を意味するものであるとして、単に子が多いから中絶するのではなく、子どもを「少なく」「つくる」ことが幸福の鍵と考えられ、中絶がその手段として選択される可能性が生まれたとする。(49) つまり、妊娠回避や妊娠中断をその時々に応じて選択することにより、養育する子どもの数を抑えることが家族の幸福につながるという意識がみられるようになるというのである。

時を同じくして、厚生省や新聞社による産児制限の世論調査も行われるようになる。昭和二十四年（一九四九）の朝日新聞の調査では、避妊の経験率は九％とあり避妊がまだ一般的でないことがわかる。しかし、この翌年の毎日新聞社人口問題調査会の第一回家族計画世論調査においては、避妊の実行者および経験者が二〇％を占める。このような急速な避妊浸透の背景として考えられるのは、国の方針を背景に産児制限推進の団体が次々に発足し、産児制限の相談や宣伝活動が積極的に行われたことの影響が考えられる。

このように、終戦直後から出産抑制という国の方針を受けて、助産婦たちはペッサリー、リング、コンドームなどによる避妊や荻野式などの避妊法の指導を開始した。戦中は、出産を奨励する立場に立っていた助産婦たちが一転して「産まない指導」をするようになったことは、一般の人びとと助産婦の間に強い不信感を生んだと同時に、助産婦たち自身にも大きな葛藤が起こった時期でもあったことは、当時を語る助産婦からの聞き書きによっても確認できる（聞き書きC・E・F）。国の主導による全国レベルでの受胎調節実地指導は、昭和二十七年（一九五二）以降開始されるが、その直前にも地域によっては上記のような指導が行われていたのである。

中絶認可や避妊指導が行われる以前の民間での堕胎に関して、宮城県内の産婆たちからは次のような話が聞かれた。

昭和初期の例として、妊婦を内診した際に、堕胎目的で子宮内膜と卵膜の間に細い牛蒡二本が根の先を奥にして挿入されていた例（聞き書きA）、また、妊婦が堕胎目的でアクミズ（灰水）を飲んだり、実際に飲んで死亡した妊婦もいた例（聞き書きA・B・C）、さらに、身体的な障害のある出生児を「死産である」「死産にする」という言い方であえて助けないという複数の事例がある（聞き書きB・C・H・M・O）。また、昭和二十年前後まで、各地を回り依頼を受けて堕胎を行う子堕し専門の産婆の存在を記憶する人も多い（聞き書きC）。

これらの具体的な堕胎の方法は、記録された伝承資料にみられる堕胎・間引きの方法とも酷似していることから、昭和期に至るまで民間では密かに実行されていたことがわかる。

4．産児制限から受胎調節へ

優生保護法は、昭和二十七年（一九五二）に第二次改正が行われ手続きの簡略化がはかられ、本人と配偶者の同意による中絶が可能になった。この改正により更に中絶件数は増加し、それに伴い中絶手術の母体への悪影響が問題視される。

詳細については後述するが、昭和二十八年（一九五三）に日本母性保護医協会により始まった中絶胎児の供養は、昭和三十五年（一九六〇）まで継続されており[50]、その時期は、中絶急増の時期と重なり合う。中絶手術の現場で胎児の命を絶つ役目を担った医師たちによって執行された中絶胎児の供養は、医師たちの精神的負担がいかに大きかったかを明らかにする。同時に、一般の人びとは、中絶することを「とってもらう」などと言い、あたかも腫瘍でも取り去ってもらうかのような感覚がみられた時期である。また、助産婦たちにも「とってもらう」と表現する例がみられた（聞き書きO）。

このような中絶件数急増の状況下で、妊娠そのものを予防する避妊知識の普及に重点を置く必要性が指摘され始める。[51]

昭和二十五年（一九五〇）から翌年にかけて、受胎そのものをコントロールすることを目的として、国立公衆衛生院が「計画出産モデル村」を農村地域に設置し、計画出産と受胎調節の試験的な指導を行った。[52] 指導の成果を確認した国は、昭和二十六年（一九五一）に、受胎調節の実施を閣議決定し、国の方針として受胎調節を推奨する。翌年になると、受胎調節実地指導員の養成が開始され、各県ごとに講習を受けた助産婦・保健婦・看護婦が、受胎調節の任にあたった。地域の助産婦・保健婦によって、多産者への避妊指導や戸別訪問による指導、希望者への指導が行われ、各家庭の状況に合わせた指導が行われた。

受胎調節実地指導は、前述したように地域によっては終戦後まもなくから開始されてはいたが、全国レベルで公的な指導が開始されると、地域の助産婦・保健婦たちの活動は目覚しく、技術指導のみに留まらず、それぞれの家庭の内情をふまえてきめ細かな指導が行われた。[53]

宮城県内の助産婦や保健婦たちが行った受胎調節実地指導に関して聞き取り調査をすると、初めは避妊と中絶を混同しているなど、受胎調節の意味や目的が伝わるまでには困難を極めたと語る。当時の人びとは「さしたる罪の意識もなく子どもを堕しに行き、帰って来ると何事もなかったように労働していた」「軒並み子どもを堕しに行っていた」あるいは、「朝、子どもを堕しに行った人が、（中絶手術の失敗によって）夕方には死んで戻ってくる」と、中絶手術による事故も珍しくはなかったと語る（聞き書きD・H・K）。

当時の助産婦たちは、中絶を希望する女性たちの相談を受け、病院を紹介するなどの役目も引き受けた。自らが直接手を下さないまでも「昔、子堕しにかかわったコナサセバアサンと同じ事をしている」と、助産婦自身が罪の意識を持たざるを得ないような現実も生まれる（聞き書きC）。助産婦たちは、「子どもの命」の大切さや中絶が母体に及ぼす悪影響を説いて歩くようになるが、「中絶が命を絶つことであるという認識が希薄であった」と言い、また避妊の知識のない人が多く「中絶すればそれでいい」と考える人が圧倒的多数を占めていたことも事実だったと語る（聞き書きA・B・C・D・E・G・H・I・K・M・L・O）。

助産婦や保健婦は、保健所から配布された薬品・器具を携え昼夜を問わない熱心な指導を行なったが、女性たちのみへの指導は、現実にはなかなか効果が上がらなかった。その原因は、家族の中では妻たちの意見が反映され難く、夫たちの理解も得られないことだった。そこで夫婦を対象とした指導を開始すると、非常に効果が上がり目に見えて子どもの数が減ったという（聞き書きA〜O）。

また、国鉄をはじめとする各企業が、独自に従業員やその家族に受胎調節についての講習を行い薬品や器具の配布も行なった。

戦後、受胎調節実地指導を行った助産婦たちによると、なかでもコンドームは、兵隊に行っていた夫たちの多くが戦時下で使用したことがあり抵抗感がなかったという。戦後の出産抑制と少子化現象の背景には、戦時下の陰の歴史の影響もあったのである。

このように直接対面してきめ細かな指導が行われたことにより、それまでは新聞や雑誌などを通して知識を得ていた人びとが、正確な知識を得て実践するようになり、妊娠そのものを予防して行こうとする意識が生まれるようになった。昭和二十九年（一九五四）年には、厚生省による受胎調節調査が行われ、実施率が三三・二％となった。

この頃になり、ようやく一般の人びとの意識にのなかで「産児制限」が「避妊」によるものに変化したといえる。

昭和三十年前後から、厚生省人口問題研究所において受胎調節の普及と成果についての調査の報告が多く見られるようになるが(54)、そこからは、受胎調節の指導方法とその浸透が模索されていることがわかる。

例えば、昭和三十一年（一九五六）の『仙台市保健所業報』では、受胎調節指導の困難さについての報告がみられる。それによると、日本的生活様式すなわち夫婦のプライバシーが確保されないような住宅事情、あるいは、薬品・器具の価格、使用技術の習得など当事者の自覚の必要性などの問題点が指摘され、結果として、日本的家族制度の中での嫁の立場を考える時、欧米を手本とした指導法は困難であると記され(55)、日本の現状にそぐわない指導は困難であることが指摘されている。

このような受胎調節実地指導の開始と前後して、「こどもの日」の制定や「赤ちゃんコンクール」が行われ、生まれた子をより良く育てることへの社会的関心がさらに強まった時代でもあった。新生活改善運動においても受胎調節が唱えられ、家庭生活においてどのように子を産み育てて行くかに関心が払われるようになる。これらは、次の段階である「家族計画」の考え方に繋がって行くものであった。

5．受胎調節から家族計画へ

「受胎調節」は、昭和三十年前後から「家族計画」という用語が用いられるようになる(56)。これは、昭和二十七年（一九五二）にアメリカで国際家族計画連盟が設立され、日本でも連盟加盟への動きが現れたことが契機であった。また、第五回国際家族計画国際会議が日本で開催されることが決定(57)したことによって、日本の産児制限諸団体が統合され、昭和二十九年（一九五四）に日本家族計画連盟が設立されたことの影響にもよるものである。

　昭和三十年（一九五五）の国際会議の議事録『人口過剰と家族計画』[58]からは、それまでの中心議題であった家族計画の技術的問題に加えて、「人口問題の見地からの家族計画」という新たな問題についての討議もなされていることがわかる。さらに、日本における受胎調節指導の実情に関する報告も行なわれ、受胎調節の方法や技術面の指導のみならず、家族の在り方の問題でもあることなど、受胎調節普及の難しさが指摘され一層の啓発運動が必要であるとされた。

　この会議開催まで政府は、妊娠中絶や受胎調節について優生保護あるいは母体保護の見地のみを打ち出し、人口制限の露骨な提唱には慎重であったが、国際会議前後から積極的に人口抑制を支持・推進する立場を表明するようになったとされる。[59]実際、昭和三十年以降になると、生活困窮者受胎調節特別対策の下、生活保護とボーダーラインの多産世帯に対する受胎調節指導が開始されるようになる。また、各都道府県からの要望により日本家族計画協会が岡本ゴムと提携して安価な避妊器具を提供するようになり、県単位で保健所を通して希望者に配布・販売するようになる。その後は、家族計画協会からのスライド・映画・パンフレットなどの提供を受けた講習会なども開催されることとなる。[60]宮城県においても、助産婦・保健婦による町内会や婦人会単位での集団指導が活発に行われて行ったことが聞き取り調査からも明らかになる。

　「家族計画」は、受胎調節を一歩進めた形で、個別の家庭の中で、子どもをいつ何人どのように育てるかという計画の上に立ち、家族の将来を設計して行こうというものである。それは、単に多産から脱却する目的だけではなく、個々人が自身の家族や家庭を将来にわたってどのように運営して行くかという意識に立脚する考え方である。このような家族計画は、保健所業務においても助産婦の業務として位置付けられ、それまでの受胎調節実地指導から家族計画相談と改称されるようになって行く。宮城県においては昭和五十六年度まで家族計画指導が行われた。

以上、明治時代から昭和時代までの妊娠や出産をめぐる制度と社会の動向である。明治時代は、近代化をめざす国策のなかで、妊娠・出産は医学のもとに組み込まれ、一方では刑法堕胎罪が制定され、妊娠・出産は「育てる」ことを前提としたものとなる。しかし、人びとの間には、出産を制限したいという意識は存在し、従来からの方法による堕胎や間引きが行われていた。大正時代から昭和初期にかけては、産児制限の考え方や産児制限運動が活発化し、堕胎の可否の論議などもみられるが、産児制限は国策と相反するとして抑圧され産児制限運動は衰退する。一方では、優生思想のもとに産児制限は国策と結びつき、国家や社会にとって有益な子どもであるか否かという「質」による子どもの価値の問題が社会の表面に浮上して来る。

第二次世界大戦後になると、人口増加抑制策として人工妊娠中絶が認可され、直後から中絶件数が急増する。これは子どもの数を制限するために人びとが躊躇なく中絶を選択したことを示すとともに、中絶が胎児の命を絶つことであるとの認識が希薄であったことを明らかにするものでもある。

中絶件数の予想以上の増加を問題視した国は、妊娠予防による出産抑制に方針転換し、行政主導で受胎調節実地指導に取り組む。この時期を境として、人びとに避妊知識と技術が浸透し子どもの数は激減して行く。この点は、現在の少子化への始まりともいえる。

その後、昭和三十年前後になると、受胎調節は、単に子どもの数を抑制するだけではなく、家族が生活設計において出産や育児を計画的に考える「家族計画」へと変化する。

一九九〇年頃には予定子供数が夫婦完結出生数に等しくなり、出生を家族計画によりほぼ一〇〇%コントロールできている実情がみられるようになった。その具体的手段については、コンドームによる避妊とその補助的手段としての人工妊娠中絶であることが報告されている[61]。

平成九年（一九九七）には、合計特殊出生率が一・三九で史上最少となった。これに危機感を抱いた政府は、厚生省の人口問題審議会で少子化についての報告書『少子化に関する基本的考え方について』を出し、結婚や子育てに「夢」を持てる社会の必要性とその実現のため模索を始めた[62]。しかし、その後も低下傾向から脱することはなく令和元年（二〇一九）には、一・三六（六月発表）となり少子化への歯止めがかかっていない状況にある。確実な出産コントロールが実現した現在、人びとは個々の事情と照らし合わせながら、子ども数をコントロールしているのである。

妊娠・出産をめぐる制度や社会の変遷からは、母体内に芽生えた胎児の命は無条件に誕生するものではなく、国家や社会の価値観あるいは家や家族の状況と照らし合わせながら、「産む」「産まない」「育てる」「育てない」の選択が行われて来たことがわかる。子どもの命は「授かりもの」であるという意識は存在しつつも、「育てる子ども」にするための最終的な決定は、「人」によって行われて来たことが明らかになる。

（1）明治元年（一八六八）、行政官布達として東京・京都・大阪の三府に向けて出された「産婆ノ売薬世話及堕胎等ノ取締方」の内容は、「近来産婆之者共売薬之世話又は堕胎之取扱等致し候者有之由相聞へ以之外之事に候元来産婆は人之性命にも相拘不容易職業に付假令衆人之頼を受無餘儀次第有之候共決して右等之取扱致間敷筈に候以来萬一右様之所業於有之は御取糺之上屹度御咎可有之候間為心得兼て相達候事」とある。

（2）藤目ゆき　一九九七『性の歴史学』、不二出版、一一九頁。

（3）涌谷町史編纂委員会　一九六八『涌谷町史』下巻、一四八頁。

（4）産婆は四十歳以上で、婦人と小児の解剖生理、病理に通じており、産科医の眼前で平産十人、難産二人の分娩介助を行ったという実験證書を持つことを条件に審査して免状を授けることとなっている。なお当面の措置として、既に営業している産婆に対しては仮免許を授け、医制発行後十年の間に産婆を営業しようとする者は、産科、外科、内科医が出す実験證書を検し、免状を授けるとしている。また、地方で産婆がいない場合は、実験證書を持たなくても医務取締の見計らいの上、仮免状を授けるとしている。さらに、産婆は、緊急時以外は医師の指図を受けずに産婦に手を下してはならないこと、産科器械の使用や薬を調合して与えてはならないことが定められた。

（5）厚生省医務局　一九七六『医制百年史』記述編・資料編、ぎょうせい、九一頁。

（6）一九〇〇年（明治三十二）の産婆規則は、産婆について以下のように規定されている。産婆試験に合格した二十歳以上の女子で、産婆名簿に登録されていなければ営業できないこと、一年以上産婆の学術を修行したものでないと産婆試験を受験できないこと、産婆は妊産婦、褥婦、胎児、生児に異常がある時は、緊急時を除き医師に診せること、医師の指図なくむやみに手を下してはならず、産科器機や薬を用いてはならないこと等が規定されている。また、産婆の営業や廃業に関しての規定も行われるようになる。産婆規則公布に伴い産婆試験規則が制定されるが、試験は筆記試験である学説試験に合格後、現場あるいは模型での分娩介助の実地試験が行われ、両者に合格して始めて産婆資格が与えられる。

（7）一八九二（明治二十五）六月、産婆研究会の講義を記録した『仙台市産婆研究会講義録』（中目齊・五十嵐江水・山本有成の口述）が発行された。これは妊娠から分娩、産褥期までの取扱いを医学的に解説したものであり、故渡邊慎也氏が原本を所蔵していた。

（8）藤目ゆき　一九九七『性の歴史学』、不二出版、一一九―一二一頁。

（9）小泉栄一　一九四三『堕胎罪研究』、巌松堂書店（上笙一編『日本子どもの権利叢書』一九九六）、五八―五九頁。

（10）小栗貞雄・賀来寛一郎　一九〇三「妊娠制限の必要及び妊娠制限の実行法」『社会改良実論』前編では、マルサス主義は、イギリスの経済学者トマス・ロバート・マルサス（一七六六～一八三四）が、その著書『人口論』で著した論理。人口は常に生産の増大を超える傾向にあり、人口増加と経済的困窮は密接な関係にある。それを解消するためには、道徳的抑制（禁欲と結婚の延期）による人口抑制が必要であるという論理である。新マルサス主義は、マルサス主義の論理の道徳的人口抑制、すなわち禁欲と結婚延期による人口抑制が不可能であるとし、産児制限（避妊）による人口抑制の立場をとった論理で、十九世紀末からマルサス主義と区別して新マルサス主義と言われるようになった。

（11）勝本勘三郎　一九〇六「堕胎罪ト遺棄罪トニ就テ」『内外論叢』五―一、宝文館、一九―二七頁。

（12）一九〇一年（明治三十四）の『産婆学雑誌』第二三号には、「広島県下深安郡吉津村産婆宅見タキは、野合の妊婦四ヶ月になりしを堕胎せしめたること発覚し六ヶ月の営業を停止せられたり。」、［日本産科婦人科協会、一九〇二　二四頁］との記載がある。

（13）一九一二年（大正元）の『産婆学雑誌』第一四〇号に、明治四十二年の堕胎犯は八三五件であったが、四十三年には一〇九一件と増加している。また、堕胎による死亡者については、四十二年に二七人、四十三年には七五人としている。堕胎犯の増加は、棄児の数に影響する現象がみられ、棄児は減少してゆく傾向にある。四十二年の棄児は三一九人、四十三年は二六三人に減少している。このような現象は、四十二年、四十三年だけの傾向ではなく、最近の現象である［日本産科婦学協会　一九一二　三三頁］との記述がある。

(14) 三浦久治　一九〇二「膣内異物の補遺」『産婆学雑誌』三一、産婆学雑誌社、一六頁。
(15) 塚原伝　一九〇三「牛膝と堕胎」『産婆学雑誌』四七、産婆学雑誌社、二〇頁。
(16) 岸本仙之介　一九三七「堕胎術後に来れる腹腔異物の一例に就いて」『補修産婆学雑誌』一、補修産婆学雑誌社、四七頁。
(17) 安藤紫香　一九九四『奥会津の民俗』、歴史春秋社、二一二―二一五頁。
(18) 外山はな子　一九〇〇「初生児の窒死」『産婆学雑誌』五、産婆学雑誌社、一六―二二頁。
(19) 日本産科婦学協会　一九一一『産婆学雑誌』三三、産婆学雑誌社、三五頁。
(20) 高田義一郎　一九二九『変態性欲と犯罪』、武侠社、一五五―一五九頁。
(21) 日本産科婦学協会　一九一二『産婆学雑誌』一四〇、産婆学雑誌社、三三頁。
(22) 日本産科婦学協会　一九〇二『産婆学雑誌』一三、産婆学雑誌社、一四頁。
(23) 横山雅男　一九一三「本邦人の生産力」『産婆学雑誌』一四九、産婆学雑誌社、九―一〇頁。
(24) 伊庭秀栄　一九一二「受胎の時期」『産婆学雑誌』一四〇、産婆学雑誌社、一―一四頁。
(25) 岡本理研ゴム株式会社五十年史編纂委員会　一九八四『証言』『小史』、山陽社、一〇頁。
(26) 平塚らいてう　一九八三「個人としての生活と性としての生活の間の闘争」『平塚らいてう著作集』第二巻、大月書店、三六―五二頁。
(27) 同　一九八三「避妊の可否を論ず」『平塚らいてう著作集』第二巻、大月書店、三三七頁。
(28) 宮坂靖子　一九九五「『お産』」の社会史」『母性　日本のフェミニズム5』、岩波書店、一一三頁。
(29) 山川菊栄　一九二〇「多産主義の呪い」『山川菊栄集』二、岩波書店、二〇五頁。
(30) 同　一九二一「婦人解放と社会主義」『山川菊栄集』二、岩波書店、二三三頁。
(31) 同　一九二一「産児制限論と社会主義」『山川菊栄集』二、岩波書店、二三四頁。
(32) 同　一九二一「産児制限論と社会主義」『山川菊栄集』二、岩波書店、二三五頁。
(33) 『太陽』の特集では「一、一家の経済上多数の子女を教養し得ない場合には産児を調節した方がよいか・二、我国現時の状態より見て産児の調節は必要か」の質問項目について各分野74人の意見を掲載している。

(34) 猪俣津南雄　一九八二（一九八八）『踏査報告　窮乏の農村』、岩波書店、八六頁。
(35) 太田典礼　一九七六『日本産児調節百年史』、出版科学総合研究所、七七頁。
(36) 藤目ゆき　一九九七『性の歴史学』、不二出版、三五三―三五四頁。
(37) 名古屋長蔵　一九三三「日本の人口増加と産児制限（上）」『産婆の友』一二―一、秋山産婆学会、一六―一八頁。同　一九三三「日本の人口増加と産児制限（中）」『産婆の友』一二―一二、秋山産婆学会、四―六頁。同　一九四三「日本の人口増加と産児制限（下）」『産婆の友』一三―一、秋山産婆学会、三〇―三二頁。
(38) 上田貞次郎　一九三五「日本の人口問題一」『産婆の友』一四―一〇、秋山産婆学会、四―六頁。同　一九三六「日本の人口問題二」『産婆の友』一五―一、秋山産婆学会、一二―一五頁。
(39) 秋山産婆学会　一九三七「出産激減の原因に就いて」『産婆の友』一六―一二、秋山産婆学会、一〇頁。
(40) 秋山勝　一九四〇「巡回指導婦の母性指導に就いて」『産婆の友』一九―十、秋山産婆学会、五―八頁。
(41) 川口大三郎　一九四一「国家の攻防と人口増減」『産婆の友』二一―八、秋山産婆学会、一二―一三頁。
(42) 芥川龍之介　一九二七「河童」『改造』九―三。
(43) 西山正彦　一九八八『日本の母子保健と森山豊』、母子保健史刊行委員会、二一五頁。
(44) 大林道子　一九八九（一九七七）『助産婦の戦後』、勁草書房、一七四頁。
(45) 産んでも育てられない子どもに養育費を付けて里子に出す者が多く、そのような子どもを養育費目当てに引き取り死亡させる事件が昭和初年以降全国でみられた。一九三〇（昭和五）年には岩の坂貰い子殺し（東京）が発生した。一九四八（昭和二三）年の寿産院事件（東京）は一〇三人が被害にあった。宮城県においても多発し、一九三七（昭和一二）年に発覚した例は、一九二七（昭和二）年頃から養育費目的で嬰児を引き取る商売人が、餓死させた赤ん坊の遺体を病院に研究用として提供していたことが発覚し問題となった。
(46) 安倍雄吉　一九四八『優生保護と妊娠中絶』、時事通信社、一頁。
(47) 同書、一―三頁。
(48) 田間泰子　一九九一「家族計画の思想」『変貌する家族　1家族の社会史』、岩波書店、二〇九頁。
(49) 田間泰子　一九九五「中絶の社会史」『母性　日本のフェミニズム5』、岩波書店、一三五頁。
(50) 財団法人日本母性保護医協会　一九七〇『二十周年記念誌』、南山堂、四二一―四二四頁。
(51) 西山正彦　一九八八『日本の母子保健と森山豊』、母子保健史刊行委員会、二二〇―二二二頁。
(52) 古屋芳雄　一九五二「計画モデル村の研究」『日本人口学会紀要』、一―一一頁。

(53) 西山正彦　一九八八『日本の母子保健と森山豊』、母子保健史刊行委員会、二三二―二三五頁。
(54) 青木尚雄　一九五六「実地指導による家族計画普及の促進と効果について」『人口問題研究所年報』、厚生省人口問題研究所、六三―六七頁。同　一九五九「一企業体における受胎調節の実行効果について」『人口問題研究所年報』、厚生省人口問題研究所、五二―五七頁。
(55) 宮野通邦・小畑しげ　一九五六「仙台市中央保健所におけるペッサリー、ゼリー併用による受胎調節実地指導について」『仙台市保健所業報』三―一、仙台市中央保健所、五二―五三頁。
(56) 西山正彦　一九八八『日本の母子保健と森山豊』、母子保健史慣行委員会、二二〇頁。
(57) 国際会議は一九五五（昭和三〇）年十月二十四日から二十九日に東京において開催され、会長マーガレット・サンガー以下十六カ国の代表と日本の厚生省・各都道府県保健所・衛生関係の職員・医師・助産婦等が参加した。
(58) 第五回国際家族計画会議事務局　一九八六『人口過剰と家族計画』。
(59) 藤目ゆき　一九九七『性の歴史学』、不二出版、三六九頁。
(60) 西山正彦　一九八八『日本の母子保健と森山豊』、母子保健史刊行委員会、二三一―二三二頁。
(61) 河野稠果・岡田実　一九九二『出生力をめぐる諸問題　シリーズ人口学研究2』、大明堂、五九頁。
(62) 厚生省　一九九八『厚生白書』、ぎょうせい、五―六九頁。

〈表2-1「産児制限関係年表（明治時代～昭和時代）」の資料〉

青木大輔　一九六〇『宮城県衛生史』財団法人宮城県史刊行会
朝日新聞社　一九九四『データ読本　戦後五十年　一九四五～一九九四』
安西勇・野家美夫　一九七六『宮城の公衆衛生を語る　戦前編』宮城県公衆衛生協会
奥羽日日新聞　一八八三～一九〇二（明治十六年～明治三十五年）仙台市公文書館蔵複写、宮城県図書館マイクロフィルム
太田典礼　一九七六『日本産児調節百年史』出版科学総合研究所
岡本理研ゴム株式会社五十年史編纂委員会　一九八四『証言』三陽社
岡本理研ゴム株式会社五十年史編纂委員会　一九八四『小史』三陽社
学燈社　一九九四『明治・大正・昭和風俗文化史』
家庭総合研究会編　一九九〇『昭和家庭史年表』河出書房新社
河北新報　一八九七～一九八六（明治三十年～昭和六十一年）仙台市公文書館蔵複写、宮城県図書館マイクロフィルム

神田文人編　一九九七『昭和平成現代史年表』小学館
厚生省医務局　一九七六『医制百年史』記述編・資料編
講談社　一九八九『昭和』第一巻～第一八巻
財団法人日本母性保護医協会　一九七〇『二十周年記念誌』南山堂
総務庁統計局監修　一九八五『国勢調査集大成人口統計総覧』
酒井シヅ監修・日本医師会編集　一九九四『医界風土記　北海道・東北編』思文閣出版
社団法人日本産婦人科学会　一九九八『日本産婦人科学会五十年史』診断と治療社
自由国民社　一九九四『テレビ年表　一九五〇～一九九三』
鈴木省三・鈴木亦人　一八九二『宮城衛生一班』宮城県図書館蔵
鈴木裕子編　一九九五『日本女性運動資料集成』第七巻　不二出版
仙台市衛生局保健課　一九六八・一九六七『衛生年報』
仙台市衛生局保健部管理課　一九八九『仙台市衛生年報』
仙台市中央保健所　一九五三『仙台市保健所業報』第二巻第一号
仙台市役所　一九五〇『昭和二十五年　南保健所関係書類』仙台市役所蔵
『仙台市公報』第一六号　一九四九・三・一発行
第十三回日母大会実行委員会　一九八六『みちのくの産婦人科小史』誠文堂
日本医史学会　一九七八『日本医史学雑誌』（昭和九年）思文閣
日本看護協会宮城県支部　一九八八『宮城の保健婦』イシカワ印刷
日本看護協会宮城県支部　一九八九『宮城の助産婦』イシカワ印刷
藤目ゆき　一九九七『性の歴史学』不二出版
毎日新聞社　一九九五『毎日ムック　戦後五十年』
宮城県　一九七五『宮城県史　三三』宮城県史刊行会
宮城県医務薬務課　一九五三・一九五四『衛生概況』
宮城県衛生会　一八八一『宮城県衛生会日誌　第八回』渡邊慎也氏原本蔵
宮城県衛生部医務課　一九六八『衛生統計年報』
宮城県企画部　一九六五～一九七九『県政のあゆみ』

『宮城病院雑誌』第一号〜第一四号　一八八〇〜一八八一　渡邊慎也氏原本蔵
宮城県みやぎの女性史研究会　一九九九『みやぎの女性史』河北新報社

第三章　民俗学における堕胎・間引きと子ども観

第一節　民俗学における堕胎・間引き観

民俗学における「子ども」に関する研究は、「養育される子ども」を主な対象として行われてきた。しかし、現実には、望まれて誕生する子どもばかりではなく、多くの望まない妊娠があったことは紛れもない事実である。そのような望まない妊娠の場合、子どもの出生を阻む手段として、古くは堕胎・間引きが、戦後は人工妊娠中絶や避妊によって出生制限が行われて来た。

母体内に命が芽生えたとしても全ての子どもが産み育てられるわけではなく、誕生を果たせない多くの子どもが存在してきたのである。そのような「育てない子ども」は、誕生が待たれ大切に養育される「育てる子ども」とは全く別の扱いを受けてきたのである。

このように対応の全く異なる子どもが存在して来たにもかかわらず、これまで民俗学においては「子ども」として同一の視点で論じられ、両者それぞれの視点で考察されては来なかった。そこで、ここでは「育てる子ども」と「育てない子ども」、さらに、幼くして亡くなった「育たない子ども」とに分けて、子ども観を捉えなおしたい。特に、これまで十分に検討されて来なかった堕胎・間引きそして中絶の対象となった「育てない子ども」に対する人びとの認識や霊魂観について明らかにしたいと考える。

民俗学がこれまで蓄積してきた伝承資料、産婆・助産婦を対象とした筆者による聞き取り調査、明治以降の新聞記事や妊娠・出産関係の統計、医学や法律の規定など多角的な視点での考察を試みたい。

まず、民俗学において通説とされている堕胎・間引き観を整理し、子どもに対して行われる産育儀礼と葬送儀礼を通して子ども観を再検討し、「育てる子ども」「育たない子ども」「育てない子ども」それぞれについての人びとの認識の在り方を明らかにしたい。

1．従来の「堕胎・間引き」観

堕胎・間引きについての研究は、主に近世を対象とした歴史学のなかで行われてきた。そこにおいて、堕胎・間引きを行う人びとの意識について常に引用されるのは、「子どもの魂は再生する」という考え方があったために堕胎や間引きを可能したのだという民俗学の「通説」「定説」とされる論理である。

「子どもの魂の再生」に関する民俗学の研究成果を概観すると、子どもの葬法のなかに、魂の早い再生を願うための方法がみられ、それらが子どもの魂の早い再生を信じ期待するための方法であったと解釈されてきた。

一方、堕胎・間引きの対象となった子どもと「子どもの魂」の関係については、堕胎・間引きの呼称による解釈によるもので、『産育習俗語彙』の解説に連なるものである。それは、堕胎・間引きがカエス、モドスなどと称され、「返す」あるいは「戻す」ことを意味する表現が用いられることを根拠としており、このような表現は「子どもは神からの授かりものであるから、不用な子は神に返すことができる」と人びとが認識していたことを示すものであるとの解釈である(1)。すなわち、各地の堕胎・間引きの呼称の事例からみると、堕胎や間引きは、子どもの魂を「返す」「戻す」という意識で行われたとするものである。しかし、ここでは「魂の再生」つまり子どもの魂が再び戻って来るという解釈はなされておらず、またそのような意味も含んではいない。それにもかかわらず、堕胎・間引きを行う人びとの意識の背景には、「子どもの魂の再生」の論理があったのだと認識されるに至ったのは、どのような理由に基づいているのであろうか。

(1)「民俗学の考え方」としての堕胎・間引き観

堕胎・間引きの研究は、前述した様に、主に近世を対象として行われてきた。高橋梵仙の『堕胎間引の研究』（一九三六）[2]をはじめとする研究によって、堕胎・間引きは常習であり近世中期以降の人口停滞現象の原因であったとの一応の結論が示されていたが、近世史研究のなかで、それらに対する再検討が行われる。一九七〇年代になると速水融が歴史人口学の立場から宗門人別帳の分析を行い、人口停滞現象は人口制限だけによるものではないという結論に至った。[3]その後、この研究を展開させ、堕胎・間引きを視野に入れた近世の家や家族の実態を解明する研究が行われるようになる。[4]

そのような研究の中で、「子ども観」として引用されるのが、「民俗学の考え方」あるいは「民俗学の通説」とされるもので、要約すると「堕胎・間引きを行う背景には、子どもの魂は再生するという考え方があったため、人びとは罪の意識を感じずに行った」という論理である。これら引用の多くが、千葉徳爾・大津忠男の『間引きと水子』（一九八三）からものである。

そこでまず、「民俗学の考え方」あるいは「民俗学の通説」として記述されている例を以下に取り上げてみたい。

太田素子は、近世の家や家族のありようを明らかにするなかで、小農経営の中において農民たちに家意識が芽生え、家の継承を担う子どもを家族の中で大切に育てようとする意識が生まれた。それに伴い農民たちの間では、意図的な人口制限が行われていたとして、堕胎・間引きを家族計画的な手段として捉えた。そこにおいて、堕胎・間引きを行う人びとの意識についての「通説」として紹介されているのが次の記述である。

「マビキには罪悪感が希薄だったらしいこと、それは夭折した魂の再生を信ずる民間信仰によるらしいとの指摘は、民俗学者によってくり返し指摘されてきた」[5]。また、「コガエシという表現にも見られるように彼岸からこの世に来た幼い魂を神のもとに再び返すだけで、若い魂はすぐ再生すると信じられていたからだといわれる(6)」と、民俗学の論理を繰り返し引用する一方で、「殺生の罪が強調され続けた近世という時代において、再生信仰がマビキの行為を合理化し続けたとは考えられない(7)」と記している。

すなわち、「子どもの魂の再生」が間引きを可能にしたという論理を民俗学の通説であるとした上で、間引きと「再生信仰」を結びつけることに疑問を呈したのである。

また、福田光子は近世の家と家族をめぐる研究を通して、堕胎・間引きを人口制限の手段として捉え、民俗学の論理として次のように記している。「民俗学の側からも多くの発言がみられる。もっぱら民間伝承・習俗・表象を通して、堕胎・間引きは必ずしも責められるべき罪悪としてよりは、当時の習俗であり、止むなき選択として、むしろ民衆の間では黙認された行為であったとする立場をとる。それが習俗として正当化されるのは子どもの霊魂は、その肉体から離れても、やがてまた必ず再生すると人びとは信じていたからであると説明する」とし、「子どもの霊魂の再生」が堕胎・間引きの習俗を正当化したとの論理が「民俗学の考え方」であるとしている(8)。

一方、沢山美果子は、近世の「死胎披露書」の分析から、女性の身体観や胎児の生命観を明らかにする研究を行った。そのなかで、堕胎・間引きが罪悪感なしに行われたとする説に疑問を投げかけ、次のように論じている。「従来の間引き研究では、間引きを正当化する理論として『七歳までは神のうち』という生命の再生説がみられ、間引きは一人前の人を殺すのとは違った感情でおこなわれたのではないかとされ、したがって間引くことは『もどす』『お返し申す』と表現されたのだとされる。さらに、この『七歳までは神のうち』という生命観は、子どもは『授かりもの』という子ども観と連続しており、子どもは産声をあげて始めて『授かりもの』となるのであって、『七歳までは神のうち』、つまり霊魂がまだ前世とつながりを持ち、不安定な状態にあるとして大事にされたと理解されてきた(9)」とし、その上で「子どもの生命の再生を信じるような生命観が、『胎教』や胎児をも一個の生命とみる胎児観が登場し、産科書が噴出する時期になっても、何の変容もうけず、そのまま存在したとは言えないのではないだろうか(10)」と、太田と同様に、近世中後期になっても「子どもの魂の再生」を信じる思考法が人びとの中にあったとは言い難いとの見解を示している。

ここでの沢山の記述は、「七歳までは神のうち」「子どもの生命の再生」「間引き」が一連の論理として説明され、それが民俗学の「従来からの説」であるとして紹介されているのである。

以上が、近世の歴史研究のなかで「民俗学の考え方」として理解されている堕胎・間引き観の代表的な例である。

一方、民俗学の分野でも堕胎・間引きと「子どもの魂の再生」を直接結びつけた論理がみられる。飯島吉晴は、子どもの誕生にまつわる俗信を論じる中で、間引きに関して次のような見解を示している。「産児を間引くことは、オカエシするとかモドスなどと言われるように、殺人の意識よりも、子供のやってきたもとの国、異界へ返してやり、再び此世へ生まれてくるようにという意識のほうが強いようである(11)」と記している。

また、岡田照子は「誕生と育児」に関する問題を論じる中で、千葉徳爾・大津忠男の論理を引用して次のように述べている。「千葉・他の『間引きと水子』によれば『間引き』を『子返し』と呼んで比較的罪の意識なしに行う態度のもとには、『七つまでは神のうち』ということわざのように、幼い子どもの生命はまだ神の世界（あの世）とこの世との境界領域にいるのだと考え、間引かれた嬰児はまた神の世界にもどされただけのことであって、また近いうちにこの世に生れかわってくるのだという生命観があったという。こうしたいわば民俗学の定説をふまえたうえで(12)」との記述である。ここでは、子どもが「七つ前は神のうち」と認識されることと「子どもの魂の再生」「堕胎・間引き」とが一つに連なる論理となって展開し、さらにそれを「民俗学の定説」であるとしているのである。

以上の歴史学および民俗学の記述の例は、主に千葉徳爾・大津忠男の『間引きと水子』からの引用が基になっており、同時にそれは柳田國男の論理に連なるものでもある。そこで、それぞれについて検討してみる。

⑵ 千葉徳爾・大津忠男の堕胎・間引き観

千葉・大津は、その著書である『間引きと水子』において、「子どもの葬法」に注目し、子どもの霊魂の再生に関わる習俗に関する検討を行った。千葉・大津は、子どもの葬法の事例分析を行い、そこにみられる特徴について、子どもの魂を死の世界へ送り出してしまうことを目的とする儀礼がみられないこと、葬儀がムラの公的な儀式として扱われないことを明らかにした。さらに、死後の供養の方法から、子どもの魂がこの世とあの世の境界領域で浮動する存在として認識された可能性が大きいことを指摘し、人びとが子どもの魂の再生を期待していたのであろうと述べている(13)。

つまり、夭折した子どもの葬法から検討すると、その死児の魂が再び生まれ来ることを人びとが期待していたのであろうという結論である。そして、その上で堕胎・間引きの対象となった子どもの魂に関しては、以下のように説明している。

> 厳密な意味で、間引いた子どもや堕胎した赤児の霊魂が、すぐに生れかわるはずだから殺してもかまわない、というほどの確信が、それを行った人びとの心の中にあったのだ、とはいいきれない。そのように説けばいいすぎであろう。ただ、これらの人びとの考え方として、子どもが生れかわりうるという可能性を否定することはなかったと思われるし、また、そう考えることで、罪の意識は弱められたであろうということまでは推察できそうである(14)。

このように、養育した子どもが幼くして亡くなった際にみられる葬法について検討した場合には、再生を願う意識は読み取れるが、堕胎・間引きの対象となった子どもの霊魂については、すぐに再生するので殺してもかまわないという認識があったとは断言できないとしている。しかし、その一方で、あくまでも推察として、子が生まれかわりうるという考え方があったであろうことや、そのように考えることが堕胎・間引きに対する罪の意識を弱める役割を持っていたのではないかと推測しているのである。

しかし、『間引きと水子』において最終的な結論として示されているのは、間引きの背景には「子どもの魂の再生という思考法があって、さほどに強い罪の意識は働かなかったらしい(15)」との解釈である。これは、子どもの葬法の分析から導き出された結果とは矛盾する結論である。つまり、魂の再生が願われる夭折した子どもに対する認識を、間引きの対象となった子どもにも当てはめているのである。結果として、間引きが強い罪悪感を伴わない理由として示されたのが、「子どもの魂は再生する」との認識があったためであるという解釈なのである。

このような矛盾は、養育したにもかかわらず「育たなかった子ども」と、間引きの対象となった「育てない子ども」を同一の視点で論じたことによるものと考えられる。

(3) 柳田國男の堕胎・間引き観

千葉・大津あるいは他の研究者たちが、堕胎・間引きを行う人びとの意識に関して論ずる際に引用されるのが、柳田國男の記述である。柳田は、堕胎・間引きという方法で「嬰児の選択」が行われることに関して以下のように述べている。

尤も我々日本人には、死後転生の思想は強く存在し、水子は罪も報も無いから楽に生れかはると云ふ信仰からか、埋葬の方法なども名を附けて育上げた小児より更に簡単で、深く其死を悲しまぬ風はあつた。此心持が或は嬰児の選択を容易にしたかも知らぬ。(16)

これは「嬰児の選択」、すなわち、堕胎・間引きの対象となった子どもと「水子」との関わりについて述べた柳田の唯一の記述である。ここでいう「水子」は、生まれて間もない子どもを指し、堕胎・間引きの対象となる子どもを視野に入れたものではないと考えることができる。

柳田は、生まれて間もない子ども（名付け前の子ども）は、生まれ替わるという信仰からか、その死を悲しまない風があり、そのような心情が嬰児の選択を容易にしたのかもしれないと推測している。

これは、埋葬される子どもの魂と堕胎・間引きの対象となった子どもの魂に対する人びとの認識が、同様であることを前提とした推察であるといえる。

このように、千葉・大津の事例研究そして柳田の見解からは、堕胎・間引きの対象となった子どもの「魂の再生」に関しては、「子どもの魂は再生する」と断定できるだけの具体的裏付けは見当たらず、あくまでも「育てる子ども」が夭折した「育たない子ども」に対する魂の再生の観念を、堕胎・間引きの対象である「育てない子ども」の魂にも当てはめて論じたものといえる。

そこで、子どもを「育てる子ども」と「育てない子ども」さらに「育たない子ども」という三つの視点で考察した場合、「子どもの魂の再生」は、どのように捉えなおすことが可能なのかについて考えてみたい。

2. 民俗学における「子ども」

(1) 子どもと産育儀礼

妊娠が確実になって以降の胎児や誕生後間もない嬰児に対して、その成長の節目ごとに数々の産育儀礼がとりおこなわれる。それら儀礼の対象となる胎児や嬰児は、人間社会に受け入れて養育しようとする「育てる子ども」であり、儀礼を行うことによって、子どもの無事な誕生や健やかな成長が願われる。従って、堕胎・間引きの対象となる「育てない子ども」は、産育儀礼の対象とはならない。

民俗学では、誕生直後の嬰児について次のように説明される。

「生れたばかりの赤ん坊は、いわば霊界ともいうべきところから人間界へ出てきたばかりでその存在が保障されず、非常に不安定な状態にあるもの(17)」で、そのため出生直後から儀礼が行われることになるのである。例えば、出生後の赤ん坊に使わせる「産湯」、誕生後三日目に産着を着せる「着初め」、七日目の「七夜」には「名付け（命名）」の儀礼が行われるが、これら儀礼の意味については次のように解釈されている。「産後の儀礼を経るにつれて、生児は肉体的にも精神的にも人間としての形を作って行く(18)」、「生児は儀礼を行うことで、不安定な魂を安定させ親や地域の承認を得てゆく(19)」とされ、儀礼を重ねる度に子どもの身体や魂は安定して行き、「人間」として周囲の人びとの承認を得る機会となり、儀礼を重ねる度に子どもの存在を認知し承認する人の範囲も拡大して行くことになる。

これらの産育儀礼が行われる前提として、母体内の胎児にとって最も重要なことは、妊娠を自覚した母親やその家族らが「育てる子ども」と認識することである。つまり、生まれ来る子どもを取り巻く人びとによって、子どもの命が「育てる命」として認められることによって始めて、無事に誕生し成長することが願われ産育儀礼がとりおこなわれることになるのである。

産育儀礼の最初の儀礼である妊娠期に行われる「帯祝い」は、昭和三十年代くらいまで行われた自宅分娩時代には、家族や産婆あるいは近隣の人びとを招待して行われる例は多く、皆で飲食を共にする共食の意味をもっていた。妊娠を公表することで子どもの存在を周囲が認知し、子どもを取り巻く人びとからの共力や合力を願うものであるとされる(20)。この帯祝い以降、妊婦は腹帯を締めるようになるのだが、これは胎児の生命の存在を認めたこと、その生命を承認した者が特定されたことの証ともなる(21)。また、腹帯を締めることは、胎児の霊魂を安置させる意味があるとされる。このような「帯祝い」の儀礼は「生児の生命のこの世における第一次の認識(22)」であるとされる。

母体内の胎児は、「帯祝い」によって誕生することを認められ、その家に帰属する存在として承認されるのである。

妊娠期間を無事に過ごし、誕生を果たした赤ん坊には「産湯」を使わせた。産湯は、単に出生児の汚れを落とす意味だけではなく、出生児が母体内から新しい世界に移行した直後に行う禊ぎの意味をもつ儀礼とされ(23)、「産湯を使うことによって、さらに新しいひとつの生命力を身につける(24)」意味があるとされる。

また、産着に関しては、自宅分娩が行われた時代には、誕生直後の赤ん坊にはあえて産着を着せず、産婆の腰巻きやありあわせの布などで包んでおき、数日経てようやく産着を着せた。袖のある着物を着せることが「人間」の仲間に加える意味をもつと解釈され(25)、出生後三日目に着せる例などがみられることから、出生直後の最も危険な数日を無事に経ることで、初めて「人」として認める儀礼と解釈された。

誕生後七日目のお七夜の儀礼では、赤ん坊に「名付け」が行われる。名前を付けることは(26)、この世に子どもの存在を位置づけることであり、生物としての人間から人格をもつ人間になることでもあるとされる。つまり、赤ん坊は名前が付けられることによって、周囲の人びとから人格をもつ個人として特定されるようになるのである。その後、生後一か月前後で「宮参り」が行われるが、土地を守護する氏神によって赤ん坊の存在を承認してもらうこと、氏子として認めてもらうことでもあり、地域の人の一員となる機会でもあった(27)。「宮参り」により、子どもは地域の構成員の一員としてその存在をより広く認知されるようになるのである。

以上のように、「育てる子ども」に対しては、胎児期からその存在を承認し健やかな成長を願う儀礼が順次執り行われ、一つ一つの儀礼を経るごとに、子どもの存在はより確かなものになって行く。同時に、儀礼に関わる人の範囲も徐々に広がり、社会的認知の範囲が家族から地域へと拡大して行くのである。これらの産育儀礼は、出生直後ほど時を置かず頻繁にみられるが、それは出生児が環境に適応して無事に育つことが困難だったことを示すものでもある。

(2) 胎児から出生児への境界領域

ここでは、胎児から出生児への移行期に関する生理的側面に注目してみる。

産婆や産婦から自宅分娩時代の出産に関する聞き取り調査を行うと、産道を出た直後に産声を上げたという子どもがいる反面、産道から出てやや時をおいてから産声をあげたという子どもも思いのほか多い。また、分娩の過程で胎児が飲み込んだ羊水を吸い出したり血液をぬぐったりしてはじめて産声を上げる例も多く、仮死状態で生まれた場合には、蘇生術が施されてようやく産声を上げる。戦後の自宅分娩時代の聞き取り調査では、二時間以上も蘇生術を施してようやく産声をあげたという例なども語られる（聞き書きJ）。

産声は、肺胞に空気が入った瞬間の第一声であり、肺呼吸が始まった瞬間を意味する。産声をあげることではじめて、子どもは生理的に「生きる」こと、つまり息をして生きはじめることになる。

現在のように病院での出産が大半を占め、胎児の頭部が産道から出た時点で、あるいは、生まれた直後に行われる鼻や口からの羊水吸引の処置が一般的になると、胎児から出生児への移行は瞬時に行われることになる。[28]しかし、かつての自然分娩のように、生まれてはいるが産声をあげる以前、すなわち肺呼吸が始まる以前の境界領域が存在する場合には、胎児から生児への移行には時間的な幅が存在し、それは「生まれてはいるが生き始めていない」領域で、胎児であるとも出生児であるともみなすことのできる領域である。

このような境界領域の存在は、そこに人びとの意思を反映させることを容易にする時間でもあったろう。これは人びとが間引きを「殺す」ことと認識せず、「魂を返す」ことであると認識することが可能な領域であったと考えられる。

昭和期に至る自宅分娩時代の産婆や助産婦たちが、「死産にする」として、出生児を「死産とみなす」場合があったが、そのような場合の意識の根底を支えた「領域」であったともいえるのではないだろうか。

(3)「葬られる子ども」と「処置される子ども」

子どもの死は、「育てる子ども」が亡くなった場合の「育たない子ども」と、育てることを拒否された「育てない子ども」では、当然その死に対する心情は異なっていたと考えられる。ここでは、そのような意識の差に注目しながら、子どもの死に関する資料を分類してみる。

『日本産育習俗資料集成』と『日本民俗地図』[29]には、明治期から昭和初期に至る地域別の伝承資料が掲載されている。そこに記された子どもの死後の扱いについての資料をみると、そこには「葬る」「埋葬する」という葬送を意味する表現と、「捨てる」「処置する」「埋める」「流す」という処置や処理を思わせる二種類の表現があることに気づく。前者の「葬る」や「埋葬する」は、言うまでもなく人の死に対する表現であり、子どもの葬法の事例にみられる。後者の「捨てる」「埋める」「流す」は、堕胎・間引き、あるいは流産などの事例にみられる表現で、人の死を弔うというよりも「処置」の印象が強い。これらの異質な表現は、死後の子どもに対する人びとの認識の在り方を示すものであるといえる。

柳田は、子どもの死後の扱いについて次のように述べている。「よくこの子はみず子だからと云つて葬式の場合簡単にする例がいくらもある。みず子と云ふのは生れて誕生前を云ふ。ごく小さい子の事を云ひ、坊さんを頼まないで葬式をやるのである。[30]」と述べ、満一歳に満たない子どもの葬式は正式に行わないことを指摘したが、これは「葬られる子ども」に関しての記述であるといえる。

一方、堕胎・間引きの対象となった子どもに関しての記述では「子供が生れた時これを遺棄する習慣がある。（中略）子供を殺すのではない、育てないのであつて、子供にしないと云ふので埋めるのである[31]」とし、「殺すのではなく育てない」「子どもにしない」と表現され、遺棄される「子ども」の存在について指摘している。

そこで、「葬られる子ども」と「処置される子ども」という二つの視点から、「子ども」の死を取り巻く人びとの意識を考えてみたい。

前述の『日本産育習俗資料集成』と『日本民俗地図』をもとにして、子どもの死後の扱いについての事例を抜粋しまとめたものが表3-1「子どもの死後の扱い」である。

子どもの死後の扱いの事例を分類し、葬式が執り行われたり墓に埋葬されたりする場合を「子どもの葬法」、妊娠期から出産直後に死亡した子どもに対する場合を「流産・早産・死産の扱い」、意図的に死に至らしめた場合を「堕胎・間引きの子どもの扱い」と分けた。さらに、流産・早産・死産や堕胎・間引きの子どもの扱いをみると、床下やニワに埋める、川に流すなど胞衣の処置との類似がみられるため「胞衣の処置」についての項目を設けた。また、埋葬方法の違いや処置する場所の違いにより、「墓に埋葬」「葬式後墓に埋葬」、さらに、家の床下・マヤ・便所など日常の生活空間内の場合を「屋敷地内に処置」、川・山など日常の生活空間から隔たった場所の場合には「屋敷地外に処置」とし、これら以外のものを「その他」として分類した。以下、それぞれの子どもの死後の扱いについて考えて行きたい。

はじめに「子どもの葬法」をみると、葬式が行われたり墓に埋葬されたりする子どもがほとんどであるが、その中にも葬式が行われた上で墓に埋葬される子どもと、葬式は行われず単に墓に埋葬される子どもがいることがわかる。

葬式が行われ墓に埋葬されることと単に墓に埋葬されることとの相違については、葬式という死者への儀礼が行われるか否かという視点から考えてみる。佐々木宏幹は「死者にたいして儀礼が行われるためには、死者に死の事実を超えて存続する人格的存在を認めることが前提になる(32)」と、子どもの人格を認知できるかどうかが、「葬式」という儀礼を行うための前提条件になると論じた。

また、大藤修は、近世を対象とした研究において、子どもの葬儀と墓に関して次のように述べている。近世中期以降の小農経営により、農民層においても子どもを家の継承者とみなす意識が芽生えるようになり、それによって「近世中・後期になると、幼児の死亡に際しても簡単ながら葬儀も営まれ、しかも墓碑も建てられ、戒名を授けられて個別に供養をうけるようになる(33)」と論じた。

このような点から、葬式がとりおこなわれ墓に葬られる子どもは、家の子どもとして人格を認められた存在であったと考えられ、養育した子どもではあったが何らかの原因で死亡した「育たない子ども」であったといえる。そして、死に際して儀礼が行われる子どもは、生前には産育儀礼がとりおこなわれた子どもである可能性が高く、そのような子どもは儀礼の内に保護される子どもであるといえよう。

一方、葬式は行われないまでも墓に埋葬される子どもが存在している。葬式が行われないことについて湯川洋

の死後の扱い

堕胎・間引きの扱い	胞衣の処置
墓地（1）	墓地（19）、共同墓地（3）
床下（4）、台所（1）、縁下（2）、便所（2）、産室床下（1）、ナンド床下（2）、家の中（1）、マヤ（1）、馬釜の裏（1）、壷に入れ床下（1）に埋める	明き方（20）、日陰（10）、ナンド床下（10）、床下（14）、縁下（8）、ニワ（9）、台所（2）、土台下（2）、大黒柱下（1）、敷居下（7）、出入口（13）、便所（13）、軒下（6）、藁打ち石下（1）、踏み石下、臼の踏み木下（3）、味噌部屋土台下（1）、厩（5）、屋敷内（8）、屋敷内北西（2）に埋める、家の樹木に結ぶ（1）、産室付近に置石をのせる（1）
積み肥（2）、山畑（1）、桑畑（1）、山野（2）に埋める、川（8）、海（3）に流す、池・溜池に捨てる（1）、専用の捨て場（4）・沢（1）あり、穴に生埋め（1）	産神境内（1）、特定神社（2）、火葬場（1）、畑（4）、砂浜（1）、山野（7）、桑の木側（1）に埋める、特定捨て場（1）、川（6）、海（5）、竹林（2）、子捨て場（1）に捨てる
	古井戸に捨てる（1）、柄杓の柄を抜いたものに入れて埋める（1）、魚・鰹節を添え埋める（9）、針・糸・筆・墨等添え埋める（16）、壷・甕に納めて埋める（16）、焼き捨てる（4）

司は、幼児の床下埋葬を論じる中で「葬儀はムラの重要な仕事であったのに、幼児の死に際してムラが機能していないのは、その子のいのちをムラのものと認知していないという事情を端的に示すものであろう(34)」と、幼い子供は未だ地域住民として認知されていない存在であるため、「葬儀」という地域が関わる儀礼が執り行われない存在であると論じた。

　このように、子どもの死に対する周囲の人びとの対応をみると、夭折した子どもをどのように認識していたかを知ることができると

表 3-1　子ども

	子どもの葬法	流産・早産・死産の扱い
墓に埋葬	墓地 (2)、自家墓地 (1)、寺で拝み両親親戚で墓地 (1)、近所のみで墓地 (1)、土葬 (7)、墓に専用の目印 (6)、子墓 (10)、共同墓地 (4)、小墓石 (1)、石を置く (4)、墓碑なし (1)、大人の墓に埋葬 (3)、蛸壺に入れて墓付近に埋葬 (1)、名付け後に墓 (1)、5、6 才は墓作る (1)	墓地 (6)、特別の目印あり (2)、共同墓地 (1)、形あれば葬る (1)、流産は祖父母の墓 (1)、流産は魚を入れ埋葬 (1)、流産は埋葬 (1)、死産児は名付け後埋葬 (1)、死産児は土葬 (2)、死早産時は湯に入れ親戚のみで埋葬 (1)、4ヵ月 (1) 以上は埋葬、6ヵ月以上の死早産時は読経 (1)
葬式後墓に埋葬	葬式は簡単 (7)、親は葬式に出ない (3)、親戚のみで葬式 (1)、葬式は両隣のみ (2)、3 歳以上は葬式 (1)	8ヵ月位は葬式 (1)、家内で葬式 (1)、死産児の葬式に親は出ない (1)、早産は葬式 (1)、死産児は葬式 (1)
屋敷内に処置	屋敷内埋める (1)、家の土台下 (1)、台所に (1)、床下 (1)、ナンドの床下 (1)、名付け以前は大黒柱・米搗きのそば (1) に埋める	死産児土間 (1)、縁下・床下 (6)、軒下 (1)、家入口 (1)、ナンド床下 (1)、殻臼の踏み木の下 (1) に埋める、流産は便所に捨てる (1)、便所・屋敷内に埋める (1)
屋敷外に処置	長男は畑に土葬 (1)、2、3ヶ月以内は切り裂きアクマ墓に捨てる (1)	川に投げる (2)、砂浜に埋める (1)、5ヵ月以内は藪に捨てる (1)、流産は畑に埋める (1)
その他	寺でホトケを作る (1)、法名作る (1)、煮干を入れ埋葬 (1)、石地蔵作る (4)、精進落しせず (1)、死忌短期間 (3)	早産は葬儀なし (1)、死早産は火葬 (2)、死早産は土葬 (1)、形あれば火葬 (1)、流産は汚物と埋める (2)、流産は一定の場所に埋める (1)、流産は胞衣と同様 (4)、扇・杓子・針・筆・墨と共に埋める・流す (1)

出典　『日本産育習俗資料集成』、『日本民俗地図』Ⅴ・Ⅶによる。(　) は事例数。

ともに、葬式が行われることや墓に埋葬されることが、「子ども」を認知している人びとの範囲を示す指針でもあることがわかる。つまり、墓に埋葬される子どもは、その家の子どもとして家族が認知していることを示し、葬式が行われ墓に埋葬される子どもは、家族や家の範囲を超えて葬式に関わる近親者や地域住民から認知された存在であったことを示す。そして、これらの子どもたちは、例え夭折しても儀礼の内に保護された子どもであったといえよう。

次に「流産・早産・死産

の扱い」についてみると、葬式が行われる例や墓に埋葬される例の「子どもの葬法」と同様の扱いが見られる場合と、堕胎・間引きの場合と同様に「処置」に近い扱いが混在している。また、「胞衣の処置」と同様のものが数例みられる。

これらのうち葬式が行われる事例は、早産児・死産児に対するもので、葬式が行われる前提として「産湯」を使わせたり「名付け」が行われたりしている。これは、葬式に先立って産湯を使わせることによりその誕生を認知したことや、名前を付けることで人格をもつ個人として認めたことを示す。これは、例え早産児や死産児であっても誕生が待たれた子どもは、産育儀礼の内に入れる手続きが取られた後に葬送儀礼の対象としたことを示す。このような子どももまた儀礼の内に保護された子どもであるといえよう。

その一方で、「産湯」や「名付け」が、死後の扱いに関係する例がみられる。「産湯」が基準となっている例として、「いらん子をひねって殺し、カラウスの踏フミジリの下に埋めた。ただし、いったんユダラ（産湯のたらい）にいれたら墓へ持っていった（奈良）[35]」。また、「名付け」が基準となるものとして、「死産児や生れてすぐ死亡した赤子のばあいなど、台所のふみつぎの下に埋めて線香一本もあげることなく、無縁仏にも数えない所もあるが、床下・厩・墓地の片隅に葬られることがおおく、とりあげて名前をもった幼児は、葬式も忌みもなく、戒名・法号もつけることなしに無縁仏として墓地の片隅に葬られるばあいが多い[36]」、「生れてすぐ死んだ子はニワの角に埋め、名付けをすませた子は墓に埋める（岡山）[37]」、「命名までに死んだ子をミズコといって、昔は大黒柱の周囲とか、ヤグラ（をつくところ）の間に埋めたという（愛媛）[38]」、「流産児、死産児やまだ名付けをしていない赤児の場合は、イーヤー（胞衣）と同様に扱われ、屋敷裏やカマドの後の雨垂れの落ちるところ（地域によち落ちないところ）に埋めている（沖縄）[39]」、「名をつけていないような場合は、近親者だけで死体を小箱に納め、寺で経をあげてもらい、先祖の墓の傍らに埋葬する（山梨）[40]」、「死産、命名前に死亡した赤ん坊の葬式はしない。「水の泡」といい葬式をせず墓に埋める（岩手）[41]である。

以上の例は、例え「育てる子ども」とみなされていても、「産湯」や「名付け」が行われる前に亡くなった子どもは、堕胎・間引きの対象となる「育てない子ども」と同じ扱いを受ける場合があったことを示す。また、「葬る」か「処置する」かの基準をみると、早産や死産の場合には、胎児が妊娠何か月目であるか、胎児が「人の形」を整えているかの違いによる例がある。

流産の場合をみると、事例そのものが少ないが「子ども」という認識よりも「胞衣」に近い扱いをする傾向がみられる。

これら流産・早産・死産の遺胎を処置する場所については、屋敷地内に埋める・川に投げるなど、堕胎・間引きの子どもや胞衣の処置との類似もみられる。

以上から、流産・早産・死産については、周囲から認知された「子ども」として葬られる場合と、堕胎・間引きの遺胎や胞衣と同一視するような扱いが混在していることが特徴であるといえる。

このような死後の扱いの相違は、生まれ来る子どもに対して、周囲の人びとがどのような感情を持っているか、あるいは、胎児の生育状況により「人」として認識できるか否かによって、「葬る」か「処置する」かの判断が異なっていたことを示している。

前述した近世の出産を対象とした沢山美果子の指摘に、「人の形」を成すかなさないかにより「物」と「人」との線引きがあったとの指摘とも共通するものであるが、ここでは、単なる「物」というよりも、「胞衣」と同一とみなすか「人」とみなすかの区別であったことを指摘したい。

次に「堕胎・間引きの扱い」をみる。

墓地に埋めるというのは一例のみである。その他の事例の多くは、屋敷地内のニワ、床下、マヤなどに埋める、屋敷地外の畑や山野に埋める、あるいは川や海や池に流すなどの処置で、胞衣の扱いとも類似している。さらに、これらの扱いには、死者に対する儀礼を意味する要素を見出だすことはできない。これは、「人」として家や地域の認知を受けていないことを示し、堕胎・間引きの対象となった子どもの扱いは、子どもの葬法とは全く異質なものであったことは明白である。

最後に「胞衣の処置」に注目すると、胞衣は墓地に埋めるという地域が多くみられる。一方で、屋敷地内に埋める事例も多数みられ、屋敷地外の山野に埋めたり、川や海に流したりする例も多い。

胞衣が墓地に埋められるようになった経緯として、従来は、床下に埋めたり川に流したりしていたが、行政により衛生上問題があるとされたことで墓に埋めるようになったとの例も多く、そのような事情が反映していると考えられる。

胞衣を処理する際に、胞衣に魚やかつおぶし、あるいは針、糸、墨、筆などを添える、壺や甕に入れて埋めるという地域も少なくない。これらは、文化年間に諸国の風俗を調査収集した記録である「諸国風俗問状答[42]」にみられる胞衣の納め方の習俗[43]との類似がみられ、胞衣を納める場合の特徴的な習俗であるといえよう。

さらに、堕胎・間引きの場合や流産の場合にも、胞衣を納める時と同じ物を添える例がみられ、両者に対する認識が共通であったことを示す。ここからも、両者は「人の死」とする認識より「胞衣」とみなす認識が強かった点が明らかになる。

このような堕胎・間引きの遺胎の扱いから指摘できるのは、堕胎や間引きの対象となった子どもは、産育儀礼や葬送儀礼の対象とはならない子どもであり、儀礼による保護が期待されることのない儀礼の外におかれた子どもであったことである。

以上、それぞれの子どもの死後の扱いを考察した。そこから明らかになるのは、人びとにとって「育たない子ども」であるか「育てない子ども」であるかによって、死後の扱いに相違がみられることである。同時に、母体内の胎児が「人の形」をしているか否かという胎児の生育状態、出生児に対してその存在を承認する産育儀礼がとりおこわれたか否かなどの基準によっても、「葬る」か「処置する」かの違いがみられることが指摘できる。また、人として葬られない場合には、胞衣として扱われる傾向がみられることも指摘したい。

次に、子どもの死後の扱いを手がかりとして、「子どもの魂」がどのように考えられていたのかについて考察してみたい。

3. 子どもの魂

子どもの魂は、「育てる子ども」にも、堕胎や間引きの対象となる「育てない子ども」にも存在すると考えられていたことは明らかである。そして、子どもの死後の扱いから類推すると、子どもの魂に対する認識はおおかに次の三つのパターンに認識されていたと考えることができる。

第一は、間引きの場合の認識にみられる、「間引き」がカエス、モドス、オカエシなどと称され、不要な魂を神に「返す」という意識でなされたとされることから「神に返される魂」、第二は、子どもの葬法が大人より簡略化されることなどが、魂の早い再生を願うための手段であると考えられていたことから「再生が願われる魂」、第三として、堕胎・間引きや死児の遺体への破損行為や流す・捨てるなど、生活の場から遠ざけたり隔てようとする意図がみられることから「再生が抑制される魂」と分けてそれぞれを検討したい。

(1) 神に返される子どもの魂

「神に返される魂」は、堕胎・間引きの対象となった子どもの魂である。カエス、モドス、オカエシなどの間引きの呼称が、「子供は神よりの授かりものであるから、不用な子は神に返すの意である(44)」、「子どもは神からの授かりものであるから、不要なのは神にオカエシ申すとかモドスといい、人間界に生れる前の霊界へおくり返すの意味と思われる(45)」のように、「子どもは神からの授かりもの」であり、「人」が必要としなければ、堕胎・間引きという手段でその魂を神に返すことが可能であるとの認識に基づくが、再生を願うか否かについては明確な解釈はできない。

表3-1の事例のなかでは、その遺胎をどのように処置する場合であっても、人の死を連想させる「葬式を行う」とか「埋葬する」などという表現は用いられず、さらに、子どもの葬法の事例にみられるような法名をつける、墓や地蔵をたてるなど供養を連想させる例もない。堕胎・間引きの子どもの処置に対しては、「埋める」「捨てる」「流す」などの表現が用いられ、処置した後その子どもをどのように認識しているかを推し測ることのできる伝承もみられない。

間引きと魂の再生に関して、松崎憲三は、子が甦るから間引きをする訳ではなく、むしろ罪の意識を和らげるための手だてとして「子は神からの授かりもの、神にお返しする」「子はすぐ生まれ替わる」といった認識を持ち続けたのだと論じた(46)。これは前述した太田や福田の論理を基本とするものであり、「魂を返す」「子どもがすぐに生まれ替わる」という認識は、間引きを行う罪の意識を和らげるための当事者の意識上の解釈であったとの立場をとる。これらの論理は、『間引きと水子』にある千葉・大津の論理と共通するものでもあるが、前述の事例からみても「間引いた子が生まれ変わる」という考え方自体が存在しないことは明白である。

(2) 再生が願われる子どもの魂

再生が願われる子どもの魂については、子どもの葬法の中に魂の早い再生を願うための手続きが見られることからの説明がなされている。それは、葬式を簡略化して執行することをはじめとして、子墓といわれる子ども専用の墓地の存在や、家の床下や家の周辺に埋めること、火葬せずに土葬にすること、魚などを添えて埋葬することなどを論拠としており、これらが再生を願うための方法であるとする解釈である(47)。

これは、大人と同じ葬式を行わず簡略化することが、子どもを仏教の支配下に入れないことを意味しており、通常行なわれる死者への儀礼や供養を行わないことにより、子どもの魂が祖霊となるべき行程に入ることをはばみ、魂を早く再びこの世に誕生させようとする手段であるとされた。そして、それら子ども特有の葬法が行われる年齢は、「七歳までは神である」と表現される七歳前後までの子どもでもある。

柳田は、それら再生が願われる子どもの魂について以下のように述べている。

「小児の生身玉はマブリとも又ウブともウツツとも呼んで居たらしいが、是は年とつた者に比べると、身を離れて行く危険の多かつた代りに、又容易に次の生活に移ることも出来て、出入ともに甚だ敏活なやうに考へられて居た(48)」として、童墓、児三昧、子墓と呼ばれる子ども専用の埋葬地が特別に設けられていたことを記している。

また、子どもの魂の早い再生を願うための手続きがとられていることを表す例としては、「関東東北の田舎には、水子にはわざと墓を設けず、家の床下に埋めるものがもとは多かつた。若葉の魂といふことを巫女などは謂つたさうだが、それはたゞ穢れが無いといふだけで無しに、若葉の魂は貴重だから、早く再び此世の光に逢はせるやうに、成るべく近い処に休めて置いて、出て来やすいやうにしようといふ趣意が加はつて居た(49)」と、墓を設けず家の床下に埋めるのは魂の早い再生を願うためであると論じた。さらに、小児の埋葬には魚をくわえさせたり持たせたりすることで、生臭物によって仏道の支配を防ごうとしたとみなされるものや、小児の墓の上を若い女性に踏んでもらう風習があり、いずれも生まれ替わりを早くする為であると意識されていた。このような埋葬の仕方は「七歳までは子供は神だといふ諺が、今もほゞ全国に行はれて居るのと、何か関係の有ることのやうに思はれる[50]」と推測し、魚をくわえさせることや墓を踏んでもらうことが魂の再生を促す手段であるとの見方を示している。

さらに、子どもの埋葬法については「清く新しくして急に不用になつた所謂水子の霊は、遠からず之を再世に出す為に、大人に比べると遥に手軽の方法を以て、之を始末して置いたものらしい[51]」と述べ、急逝した子どもの魂の再生を願うために子どもの埋葬法は簡単に行ったのだと論じた。

これら再生を願われる子どもの魂について、坪井洋文は「成人に至るまでの魂の儀礼にもかかわらず、死亡した者は生死の環の上からはずれてしまいます。無縁化し、成人後の人間とは別の場所に葬り、幼ければ神の子であるとして、再び生れ替わることが期待されます[52]」との認識を示した。すなわち、「魂の儀礼」つまり子どもの場合であれば産育儀礼が行われたにもかかわらず、死亡した子どもは再び生まれ替わることが期待されるのだと論じた。また、波平恵美子も、生まれ替わりの意識を示す例として、生れてすぐに死んだ子どもの名前を、その後数年を経ずに生まれた子どもにそのまま付けることがかつて頻繁に行われたこと、あるいは、死児に対して葬式や戒名の授与がみられないのは、死児が「すぐに生れかわるように」との考え方によるものであるとし、かつての日本人にはいのちを個別のものと考える傾向が小さかったことを示すものとした[53]。

宮城県内のある寺院の昭和時代半ばの記録には、幼い子どもが死亡した場合、生まれ変わりを願う呪《まじな》いとして、次子を妊娠する前に亡くなった子の墓に塔婆を逆さに立てると記されている。住職によると、これは民間に伝わった呪いを当時の住職が記したものであるとのことであった。塔婆を逆さに立てることで、成仏せずに魂が帰ってくることを期待する呪いといえよう。これは、前述した「仏道の支配に入れない」意味をもつ呪術であると考えられる。

(3) 再生が抑制される子どもの魂

各地の事例の中には、死後の処置が、子どもの葬法とは明らかに異質な方法で行われているものがある。それは、魂の再生を抑制しようとする呪術的行為として捉えることが可能でもある。

例えば、子どもの遺体を切り裂く・捨てるなどの沖縄の事例が典型であるが(54)、他の地域でも広く行われている常に人が踏みつける場所に埋める、海や川に流す、家から遠方に埋めるなどもその例と考えることができる。埋める・流す・捨てるという表現には、儀礼としての意味が全くみられず、むしろ生活の場から遠ざける、隔離しようとする意識を示すと考えることができる。すなわち、魂の再生を期待せずむしろ魂の再生を抑制する行為と捉えることができる。これらは、とりわけ堕胎・間引きの子どもの処置に特徴的であるとともに、処置の仕方や処置する場所が胞衣に対する扱いとも類似している。これは、胞衣に対して行われる「納める」という、穏やかな抑制を連想させる行為として捉えることも可能である。

以上のような、再生を抑制される子どもの魂については、次のような解釈もみられる。

沖縄にみられるような子どもの死体を破損する行為について、最上孝敬は「幼年の死を極度にいまわしいものとして、その再生などもっての外のこととするもので、正に正反対のものといえよう。他の土地でその遺体を民家から遠く隔たったところへもってゆくことにも、これを忌わしいものとする考えが強くうちだされている。内地の子供の墓が、むしろ部落にちかいところに、あるいは地蔵堂に接し、その暖かい保誰の手にすがりやすいところに、もうけられるのと比較し、全く相反した仕打である(55)」と述べている。ここで最上が対比しているのは、沖縄と本土の子どもの葬法の相違である。しかし、「本土」にも堕胎・間引きの子どもの遺胎の処置方法には、家から離れた場所に埋めたり、川や海などに流すことで家から遠ざけようとする意図が強くみられ、そこには魂が戻って来ることをあえて望まない当事者の意識が読み取れる。

さらに、最上は生れてまもなく息の根をとめた嬰児あるいは早産児、流産児などについては、その再生を防ぐための埋葬法がとられねばならなかった、あるいは、子どもの魂の再生を恐れ再生の力をそぐため、絶えず踏みしめたり、惨虐な破損の手段を講じる必要があったからではないか[56]と述べ、死の原因が何であるかに関係なく、生を全うできなかった子どもに対してその再生を恐れる意識があるために、再生防止の手段がとられたとの見方を示している。

最上の記述からは、堕胎・間引きの対象となった「育てない子ども」に対して、堕胎・間引きを行った当事者が「魂の再生」を阻止するための呪術的な手段をとる場合があったことがわかる。このようなことから、堕胎・間引きの対象となった子ども、あるいは流産・早産・死産などによって生を全うできなかった場合には、「子ども」として認識しない傾向があったことが指摘できる。

一方、胞衣と同様の扱いをすることについては、幼児が死ぬとコノシロを共に埋めることと、胞衣を埋める時にコノシロを添える習俗との関連性が指摘されていること[57]、さらに、胞衣の埋納と幼児の床下埋葬との共通性に関して、家とそこで生れた生児との間には何らかの関係があるのではないかとする丸山久子の指摘もみられる[58]。

出生児と胞衣の関係について、矢野敬一が、一定の産育儀礼を通過する以前の新生児が、胞衣と分離されていない渾然と一体化した状態にあるとイメージされていたと論じたこと[59]、木下忠が、死亡した子どもを胞衣と同様に住居内に埋める習俗が、古代から存在していたと指摘し[60]、屋敷や住所内に埋めることが直接的に子どもの魂の早い再生を願うためであると解釈するのは早計であると論じたことから、子どもの遺胎を胞衣と同一視したための扱いなのではないかとの視点で検討する必要があるのではないだろうか。

新谷尚紀は、胞衣が「生まれて来る子供をそれまで守り包んでいたいわば母なる殻であり、生児はその実であるとみる感覚がある」ことを指摘しており(61)、生まれて間もなく死亡した子どもを胞衣と同様に扱うことは、ある意味では自然な感覚であろう。

表3-1で胞衣の埋め場所を産土神の境内とする事例（福島）、自宅分娩時代に一般的にみられた「ゴザン（後産）というものは家から外には出さないものだ」として、家の床下に埋める習俗が宮城県内で存在したことは、胞衣を生まれた土地や敷内に埋めること自体に意味があることを推測させる(62)。

このように胞衣や死産した胎児、また、亡くなった乳幼児の遺胎を屋敷地内に埋める習俗は、その魂が産み出された土地に「戻す」あるいは「納める」という意味があるとも考えられる。そこには、居住地と人との霊的な結びつきや土地がもつ霊的な性格との関係で考える必要があると思われる。

宮城県の例として、一八七七年（明治一〇）に出された「宮城県権令　赤子死体埋葬規則　達甲第百十七号」は、赤ん坊の遺体を床下に埋める習俗を改め、埋葬所への埋葬を促す権令である(63)。

> 葬事ハ其法規モ有之私壇ノ埋葬不相成筈ニ候處赤子ノ死躰ヲ邸内又ハ床下ニ瘞埋候者有之哉ニ相聞得不都合之事ニ候假令胎児ノ臨月ニ至ラス死屍分娩スルモ既ニ軀幹完具シタルハ埋葬所ニ送埋可致此旨布達候事
>
> 明治十年九月六日　　宮城県権令　宮城時亮

これは、赤子の死体を屋敷の敷地内や床下に「瘞埋《えいまい》」することを禁じたもので、例え胎児であっても、人の形になっていれば埋葬所に埋葬しなければならないとあり、胎児や乳児を床下に埋める習俗を改めさせるための法令である。

ここには「瘞埋」と表現されており、地の神をまつり供えた物を地中に埋める儀式を意味する語である。単に「埋める」ことではなく、「埋葬」とも異なった意識で行われていたことを明らかにする内容である。胎児や赤子の遺胎は、その命が生まれた土地に「納める」という感覚が存在したことをうかがわせる。幼児の葬法とされてきた床下への埋葬は、死者に対して行われる葬法というより、命が授かった土地に魂や肉体を返すとの感覚が強かったのではないだろうか。

このように、生まれる以前の胎児や生まれて間もない乳児が死亡した場合は、誕生しある程度育てた子どもが亡くなった時とは異なる遺体の扱いがみられる。胎児や生まれて間もない乳児の場合は、「人の死」との認識よりは胞衣とみなす意識が強く、胞衣の処置と同様に床下や屋敷内に埋めたといえる。そこには、胎児や嬰児が死亡した際は、生まれた土地に返すものであるとの認識があったようにもみえる。

第二節　「間引き」の記録――新聞記事・統計資料・聞き書きから

1. 新聞記事に記された「間引き」

口頭で伝承されることが多かった堕胎や間引きの実態は、具体的な記録がほとんどないために検証されにくいという問題があった。しかし、新聞に掲載された明治時代以降の嬰児殺しに関する記事の記述には、間引きと酷似した方法が記されていることに気づいた。ここでは、宮城県の地方紙である奥羽日日新聞（明治十六～三十五年刊行）、河北新報（明治三十年～昭和四十年）を例として、明治時代以降昭和三十年代に至るまでの、間引きと酷似した方法での嬰児殺し記事を抜粋し、表3-2「新聞記事にみる『間引き』――明治期から昭和期」にまとめた。

表 3-2　新聞記事にみる「間引き」——明治期から昭和期（宮城県）

年　月　日	地名	殺害方法	殺害者	内　　　容
明治 18 年 5 月 29 日	牡鹿郡 狐崎浜	不　明	不　明	漂着した古桶内に生後 20 日未満の女児の死体
6 月 3 日	本吉郡 志津川	圧し殺し	夫　婦	出産の子を夫婦で圧し殺す
6 月 11 日	栗原郡 姫郷村	不　明	不　明	臍の緒ついている女児を古ゴザに包み遺棄
24 年 4 月 26 日	志田郡 志田村	圧　殺	産　婦	私通の男児を出産後、膝で圧殺
25 年 6 月 11 日	桃生郡 倉柳村	圧　殺	産　婦	貧困のため女児を膝下に敷いて圧殺、ボロとゴザに包み厠内に積み置いた肥料俵に入れる
26 年 5 月 9 日	宮城郡 松島村	圧　殺	夫婦・産婆	夫婦と産婆で嬰児を圧殺
30 年 3 月 3 日	加美郡	圧　殺	産　婦	分娩後圧殺し、死体をボロに包み 1 升樽程の古桶に入れ、ゴザで覆いその上に十文字に縄で結び備後ゴザにのせ前に香炉 1 個を添え（3 尺屏風を立て居家より東北隅の 3 間半より 1 間半の厠に埋める
3 月 17 日	登米郡 南方村	圧　殺	産　婆	貧困のため女児分娩後産婆に依頼し圧迫し殺害
5 月 11 日	仙台市 河原町	不　明	産　婦	私生児分娩後殺害
7 月 6 日	名取郡 千貫村	不　明	産　婦	殺害後埋める
9 月 28 日	栗原郡 鳥矢崎村	遺　棄	産　婦	分娩後山中の悪水堀に投じ殺害
31 年 3 月 25 日	登米郡 豊里村	圧　殺	産　婆	双子分娩後産婆に依頼し圧殺
12 月 1 日	塩釜町	絞　殺	産　婦	生後 2 日目てぬぐいで女児の首を絞め殺す
12 月 15 日	加美郡 宮崎村	圧　殺	産　婦	両膝を嬰児に加え圧迫して殺す
12 月 27 日	仙台市 元寺小路	圧　殺	不　明	共同便所内より女児の圧殺死体発見
32 年 3 月 21 日	栗原郡 萩野村	圧　殺	産　婦	極貧のため出産の度、膝下に圧迫殺害
33 年 1 月 20 日	桃生郡	圧　殺	産　婦	不義の子を股間にはさみ圧殺
33 年 7 月 3 日	伊具郡 小斉村	圧　殺	産婦母	娘の赤子殺し、圧殺し山中に埋める

年　月　日	地名	殺害方法	殺害者	内　容
33年 9 月 7 日	宮城郡	圧　殺	産　婦	貧困のため
34年 7 月13日	白石町	殺害後投棄	産　婦	殺害後白石川に投棄
10月13日	刈田郡	圧殺し焼却	産　婦	私生児のため
10月15日	刈田郡福岡村	圧　殺	産　婦	私通の女児、産門を出て母体を離れんとする時、左手を以ってその面部に、右手をその後頭部にあて圧殺
10月27日	登米郡	絞　殺	産　婦	貧困のため
35年 8 月28日	登米郡	圧　殺	産　婦	圧迫し殺害、ボロに包み宅地内に埋める
5 月22日	遠田郡南方村	圧　殺	夫婦・姑	夫婦・姑が圧迫殺害し死胎分娩の届出
10月 1 日	加美郡宮崎村	圧　殺	産　婦	出産後圧迫して殺害、自宅縁の下に埋める
36年 5 月13日	登米郡吉田村	圧　殺	産　婦	圧迫し殺害、白石川に投棄
38年 8 月 8 日	牡鹿郡稲井村	圧　殺	産　婦	情夫の子、ボロを顔に押し当て腰を押し付け殺害
39年 8 月10日	仙台市	遺　棄	産　婦	生後直ちに広瀬川に投棄、臍の緒付いている
40年 6 月 5 日	玉造郡真山村	圧　殺	家　族	家族相談の上、私生児圧殺
11月 9 日	柴田郡大河原町	圧　殺	産　婦	私通の 3 児を圧殺
41年 5 月12日	伊具郡藤尾村	圧　殺	産婦・産婦母	母娘共謀し私生児圧殺、旧墓地に埋葬
6 月 1 日	伊具郡耕野村	圧　殺	産婦姉	妹の私生児分娩後圧殺、山中に埋める
42年 9 月18日	宮城郡七郷村	圧　殺	不　明	圧迫死させた嬰児死体発見
43年 4 月10日	仙台市	遺　棄	不　明	広瀬川に投棄の嬰児死体発見
7 月10日	宮城郡荒巻村	絞　殺	不　明	広瀬川辺に嬰児の絞殺死体
7 月25日	牡鹿郡稲井村	不　明	不　明	コモつつみの他殺嬰児死体
45年 1 月27日	桃生郡中津山	乳を与えない	産　婦	情夫の子、出産後乳を与えず致死、病死をよそおう
大正 7 年11月17日	本吉郡唐桑村	圧　殺	産　婦	子を乳で圧殺し母は自殺
8 年 2 月25日	本吉郡	圧　殺	産　婦	不倫の男児を圧殺

年　月　日	地名	殺害方法	殺害者	内　　　容
	階上村			
9 年 5 月 8 日	仙台市土樋	窒　死	産　婦	出産後胎盤とともにボロ、風呂敷に包み窒息させ自宅に隠す
10 年 7 月 4 日	宮城郡大沢村	圧　殺	産　婦	早産した女児の喉を圧し殺害、物置裏の梅の樹下に埋める
9 月 23 日	仙台市	圧　殺	不　明	
9 月 27 日	本吉郡歌津町	圧　殺	産　婦	不義の子を圧殺
10 月 11 日	刈田郡	圧　殺	産婦・産婦母	娘と情夫の子を母娘で圧殺、旧墓地に埋める
11 月 3 日	登米郡米谷町	投　棄	産　婦	酌婦が嬰児を仙台市龍の口に投棄
11 月 3 日	刈田郡	圧　殺	産婦母	赤貧のため孫を圧殺
11 年 8 月 3 日	名取郡下増田村	圧　殺	夫　婦	夫婦が嬰児を圧殺、縁の下に埋める
12 年 8 月 7 日	桃生郡	遺　棄	産　婦	生み落とした直後の男児、江合川に遺棄
13 年 6 月 1 日	桃生郡大谷地村	圧　殺	産　婦	情夫の子を圧殺
10 月 10 日	本吉郡入谷村	遺　棄	産　婦	不義の子をフランネルの綿入 2 枚にくるみ小川岸に投棄
14 年 5 月 21 日	塩釜町	投　棄	不　明	嬰児の圧殺死体小川に投棄
15 年 2 月 11 日	本吉郡志津川	遺　棄	産　婦	生後 10 時間程度で山に遺棄
5 月 30 日	伊具郡北郷村	窒　死	産　婦	生後 75 日の嬰児鼻口圧し窒息
6 月 25 日	白石町	圧　殺	産　婦	死産児として医師の診断求めたが圧殺と判明
7 月 27 日	名取郡	圧　殺	産　婦	腰巻で圧殺便所に遺棄
12 月 4 日	桃生郡橋浦村	絞　殺	産　婦	嬰児窒息死
昭和 2 年 1 月 16 日	栗原郡若柳村	圧　殺	産　婦	男児圧殺し寺境内に密かに埋没
6 月 23 日	刈田郡	投　棄	産　婦	列車の窓から嬰児投棄
3 年 4 月 7 日	石巻町	殺害後投棄	産　婦	先夫の子を妊娠後再嫁 3 日目に出産後殺害、便所に遺棄
4 年 2 月 20 日	黒川郡吉岡町	遺　棄	知　人	義理ある娘の産んだ罪の子を殺害、便所に投棄
5 年 12 月 26 日	伊具郡	投　棄	産　婦	始末に困り嬰児阿武隈川に投棄
7 年 5 月 4 日	仙台市	圧　殺	産　婦	不義の子を鼻口おおい窒息死
8 年 5 月 26 日	石巻町	圧　殺	産　婦	不倫の 7 ヶ月早産児、鼻口押え殺害、

年　月　日	地名	殺害方法	殺害者	内　　　容
				やぶに埋める
6月6日	桃生郡鷹来村	圧　殺	産　婦	罪の子を圧殺し産める
6月29日	栗原郡金田村	圧　殺	産　婦	情夫の子産褥で圧殺
9年5月10日	桃生郡	圧　殺	産　婦	寡婦、嬰児圧殺遺棄
9月11日	宮城県白川村	圧　殺	産　婦	不義の子を分娩後直ちに鼻口押えて圧殺、桑畑に埋める。7年前の子も同手段で圧殺
10年6月26日	柴田郡大河原町	圧　殺	産　婦	不義の子を分娩後直ちにバケツに入れ顔面を紙の上から押さえつけて圧殺
8月10日	塩釜町	圧　殺	産　婦	実母の指図で娘が乳房で嬰児圧殺、排水口に遺棄
14年2月3日	仙台市	頸を鋏で切る	産　婦	男児便所で分娩後、鋏で頸部を切り殺害便所に遺棄
2月16日	古川町	圧　殺	産　婦	鼻口を両手で圧し殺害、新聞紙に包み荒雄川に遺棄
3月1日	仙台市	窒　死	産　婦	分娩後便所で窒息死させる
15年3月19日	仙台市花京院	圧　殺	不　明	ゴミ箱に臍の緒付いた女児の死体、鼻口を脱脂綿とネル布で強圧、殺害後遺棄
4月13日	仙台市上杉山通	圧　殺	産　婦	生活困窮により、分娩後嬰児の口中に手を入れ窒息死させ、便壷に投棄
23年4月30日	登米郡新田村	絞　殺	産　婦	生活苦から産児を絞め殺す
5月14日	桃生郡二股村		産　婦	出生の男児殺害後、ブリキ缶に入れ箪笥上に置く
38年12月15日	仙台市	窒　死	産　婦	分娩後窒息死させ、衣類・風呂敷に包み押入れに隠す。13年前から3児
39年9月28日	塩釜市	遺　棄	産　婦	分娩後、共同便所に遺棄

奥羽日日新聞・河北新報より鈴木由利子作成（日付は掲載日）

これらの内容を概観すると、産婦や産婆が出生児を圧殺するものが多く、自宅で出産した時代には産室において、子どもが産まれると同時に行われていたためであろうと思われる。殺児の理由としては、「不義の子」「私生児」と記され婚姻外の子どもであったことや貧困があげられる。

記事にみられる嬰児殺しの方法は、『日本産育習俗資料集成』あるいは『日本民俗地図』をはじめ市町村誌などにもみられる間引きの伝承とも酷似するものでもある。

嬰児の殺害方法の中で、圧倒的多数を占めるのは出生直後の圧殺である。具外的には、嬰児の鼻や口を押える・膝下で圧する・乳房で圧して窒息させるというもので、伝承された間引きの方法と同様である。また、前述した間引きの絵馬や近世期の堕胎・間引きの教諭書にある挿絵などとも共通するものである。

明治二十五年（一八九二）の記事にある、膝下で圧殺し死体を厠内に積み置いた肥料俵に入れた事件、昭和十五年の記事の、嬰児の口の中に手を入れて窒息させる方法は『日本産育習俗資料集成』『日本民俗地図』にある伝承とも共通する。また、手・腿・膝・腰などで鼻口を押さえる、手近な布などにくるむ、鼻口に布や濡れ紙を詰めるなどの方法で呼吸を止める事例は最も多く、これらは典型的な間引きの方法でもある。

また、遺胎の処置方法にも間引きと類似した特徴がみられる例がある。

前述の肥料俵に入れたという例のほか、縁の下、梅の樹の下、桑畑、藪、旧墓地に埋める、海や川あるいは便所に投棄する、山に埋めるなど、堕胎・間引きの伝承と同じである。これらの処置方法には、弔うという行為や意識はみられない。

記事によっては、具体的な殺害方法や遺体の処置方法について詳細に記載されている例がある。

例えば、「女児が産門を出て母体を離れんとする時、左手を以ってその面部に、右手をその後頭部にあて圧殺（明治三十四年・刈田郡）」の記述である。胎児が母体から分離するかしないかの境目で、嬰児の顔と頭を両手で抑えたという。分娩の場で間引きが行われる瞬間とその方法を詳細に示す例である。「分娩後直ちにバケツに入れ顔面を紙の上からおさえつけて圧殺、死産児は従来地方の習慣で何の手続きもなく墓所又は自宅の床下辺へ葬ってしまうのでその通りやった、作為ではないと供述（昭和十年・柴田郡）」との記事も、間引きの方法としては広く一般的な方法であり、この地域においても同様だったことがわかる。そこでの遺胎の処置についても、土地の習わしとして死産した胎児は墓や自宅の床下に埋めることが通常のことなので、作為でそうしたのではないと供述しているのである。そこには、殺児という程の意識がなかったことは明確であろう。

これら新聞記事にみられる嬰児殺しの例は、「育てない」ことを前提として分娩に臨んだことは明らかで、間引きが遺胎の処置方法も含めて伝承されていたことを示すものである。

また、明治四十五年（一九一二）の乳を与えず殺害し病死を装った事件は、ホシコロシ（干し殺し）と呼ばれ、嬰児殺しとは気づかれにくく後々まで行われたとの伝承も聞かれる。

さらに、「分娩後圧迫し殺害し死体をボロに包み、一升樽程の古桶に入れゴザでおおいその上に十文字に縄を以って結び封印を施し、備後ゴザにのせ、前には香炉一個をそへ（三尺屏風を立て廻し居家より東北隅なる三間半より一間半の厠に埋めたるを其筋探知するところとなり捕縛せられたり）（明治三十年・加美郡）」という記事は、胎盤や臍帯を始末する際の胞衣納めの習俗を連想させる例である。

また、「男児分娩後、後産下るを待ち嬰児を産床に敷ける藁の上に納伏せ自己の左膝頭部を其後頭に加へて、押つけ窒息死にいたらしめた（岩手県東磐井郡・大正十年五月十三日付河北）」と、「後産」つまり胎盤が排出されるのを待って窒息死させたとの内容、あるいは、「女児出産後胎盤とともにボロにつつみ、その上を風呂敷でかたくつつみ窒息させ山林に埋没（大正九年・仙台市）」は、嬰児を胎盤と共に処理していることから、胞衣と嬰児を一体のものとして処置したことを窺わせる。ここにあるように嬰児と胎盤を共に山林に埋める例は、山野に埋める、投棄する例と同様に、堕胎や間引きの遺胎の処置として特異なものとはいえない。

昭和十年（一九三五）の実母の指図で乳房により圧殺した記事は、母と娘という親密な関係のなかで伝承され続けていたことを示す例でもある。なお、乳房での圧殺は過失を装った嬰児殺しとして、全国的に多くみられたため、嫌疑がかけられることも多かった。

以上、「間引き」と思われる記事をみると、分娩時の出生直後に行われていることが明らかになる。母体から分離した直後の胎児は、産声を上げ呼吸を開始する以前であり生きて生まれたか死産であるのかも確かではない。言い換えるなら、生きて生まれたとも死んで生まれたとも解釈可能な一瞬である。そのような出生児に対して行われる行為は、当事者にとっては、嬰児殺しの認識をもたずに実行できる一瞬だったともいえる。

そのような遺胎の処置に関しては、生まれ来るわが子に対する愛着や命を絶った子への憐憫の情は見られず、土地の習わしに則った方法で処置したとの印象が強い。

これら明治期から昭和期に至る嬰児殺しの新聞記事からは、近世期・明治期にみられた「間引き」の方法が変化することなく伝承されていたことが明らかになる。そして、それらの方法や遺胎の処置をみると、殺児や死者を葬るとの意識が希薄であったことが指摘できる。

このように新聞に掲載された例は、当然ながらごく一部であると考えられ、人びとの生活の中で密かに行なわれてはいたが、特別な事ではなかった可能性は否定できない。

付け加えると、この時代の新聞には、嬰児殺しをはるかに上まわる数の堕胎事件や死因・身元不明の嬰児死体発見の記事が掲載されている。堕胎罪（明治十三年制定）が機能する社会において、一般の人びとが堕胎薬の購入や堕胎手術を受けることは難しく、伝承された堕胎や間引きの方法での出産コントロールが行われていたことは確実であろう。

2．統計にみる「命の選択」

明治十三年（一八八〇）に刑法堕胎罪が制定（明治十五年施行・四〇年改正）され、堕胎は犯罪として処罰の対象となった。望まない妊娠や出生児に対する堕胎、間引き、嬰児殺しは、具体的にどの程度あったのであろうか。ここでは子どもの出生に関する統計資料を用いて考えたい。

『日本人口統計集成』(64)には、明治三十二年（一八九九）から昭和十五年（一九四〇）まで、「身分別出生・死産」「身分及懐孕月数別死産」「年齢及身分別小児（5歳未満）死亡」の項目で、出生、死産、乳幼児死亡数の統計が掲載されている。

これは「子の身分別」すなわち婚姻内の子である「嫡出子」、婚姻外の子ではあるが父親によって認知された「庶子」、婚姻外の子である「私生子」の「身分」毎に、出生数、死産数、妊娠月数別死産数、生存日数別死亡数が集計されている統計である。それを見ると、それぞれの「身分」の子どもの死についての特徴が鮮明に浮かび上がる。同時に、「子どもの誕生」と「命の選択」に関わる意識も反映されている。ここでは、一九〇〇年（明治三十三）から昭和十五年（一九四〇）まで四年毎の数値を用いた。

(1) 死産にみる「嫡出子」「庶子」「私生子」

表3-3「嫡出子・庶子・私生子の出生および死産」は、「嫡出子」「庶子」「私生子」それぞれの出生数および死産数と死産率である。

表3-3 嫡出子・庶子・私生子の出生および死産（明治33年〜昭和15年まで4年毎）

年代	嫡出子			庶子			私生子		
	出生数	死産数	死産率(%)	出生数	死産数	死産率(%)	出生数	死産数	死産率(%)
1900（明治33年）	1,295,321	109,166	7.8	10,408	223	2.1	114,805	28,568	19.9
1904（明治37年）	1,356,474	114,187	7.8	12,235	390	3.1	121,662	32,460	21.1
1908（明治41年）	1,508,365	122,980	7.5	14,498	416	2.8	139,952	39,261	21.9
1912（明45・大正元年）	1,578,508	113,221	6.7	18,195	406	2.2	140,971	33,902	19.4
1916（大正5年）	1,644,513	108,408	6.2	52,631	983	1.8	107,678	30,592	22.1
1920（大正9年）	1,858,553	111,617	5.7	69,569	2,182	3.0	97,442	30,227	23.7
1924（大正13年）	1,847,123	98,918	5.1	77,765	2,974	3.7	73,632	23,941	24.5
1928（昭和3年）	1,992,645	96,097	4.6	83,136	3,694	4.3	60,071	20,391	25.3
1932（昭和7年）	2,049,201	96,026	4.5	82,794	4,348	5.0	50,747	19,185	27.4
1936（昭和11年）	1,985,224	89,829	4.3	74,888	4,202	5.3	41,857	17,014	28.9
1940（昭和15年）	2,029,047	86,936	4.1	56,846	3,075	5.1	29,974	11,990	28.6

出典 『国勢調査以前日本人口統計集成』『国勢調査以後日本人口統計集成』内閣統計局編より作成

注） $死産率 = \frac{死産数}{出生数 + 死産数} \times 100$

死産率を概観すると「子の身分」による著しい違いが認められる。なかでも「私生子」は一九・四〜二八・九の値を示し、「嫡出子」が四・一〜七・八、「庶子」が一・八〜五・三であるのに対して、異常ともいえるほどの高い値を示している。この「私生子」の死産率の高さは、人為的な命の選択が行われたことを示す数値である。

注目したいのは、「私生子」と同じ婚姻外の子でありながら、死産率が最も低いのは「庶子」である点である。昭和初めまでは、「嫡出子」の値よりも低く年によっては三分の一の値を示している。このような「庶子」の死産率の低さは、たとえ法的に認められた夫婦の間の子どもでなくとも、「認知」という形で子どもの生存権が保障されるならば、子どもは無事に誕生し得たことを示す。

このような「庶子」の低い死産率は、「誕生を承認された子ども」が示す本来の数値であると解釈することも可能である。そのような視点に立つと、「庶子」よりも高い数値を示す「嫡出子」の場合にも、人為的な命の選択が行われた事実を示すものと考えられるが、この点についてはなお慎重な検討が必要となろう。

当時、家の継承者を必要とする場合、不妊は解決しようのない悩みでもあった。婚姻外で子を得る例も少なくなかったであろう。「庶子」の死亡率の低さはそのような社会の在り方を背景としたものでもあったと考えられる。

ここでは、妊娠期間における死産総数と各妊娠月の死産数をもとに、妊娠期間全体に占める各妊娠月の死産の割合を求めた。

表3-4の「嫡出子・庶子・私生子の妊娠月数による死産」は、「子の身分」別の死産を妊娠月数ごとに集計した統計「身分及懐孕月数別死産」をもとに作成したものである。

まず、各年代ともに共通しているのは「子の身分」にかかわらず臨月の死産が非常に多いことである。全妊娠期間の死産のうち臨月の死産が占める割合は、「嫡出子」が三三・四～四〇・三％、「庶子」が二九・六～三九・四％、「私生子」では二七・三～三一・九％であり、死産の三〇～四〇％が臨月である。

さらに、全妊娠期間の死産うち出産前三カ月以降（統計の表記の違いにより大正以前は八～一〇カ月、昭和以降は七～九カ月）の死産が占める割合を合計してみると、「嫡出子」は六六・〇～七六・三％、「庶子」が六一・七～八一・五％、「私生子」では五七・九～七一・七％となり、妊娠後半の死産がおおよそ六〇％を超えていることがわかる。ただし、「私生子」については、臨月の死産・出産前三カ月以降の死産の割合ともに「嫡出子」「庶子」に比べると低く、妊娠初期からの死産が多いことが特徴的である。このような特徴は、「私生子」という性格上、望まない妊娠が多く、妊娠初期から堕胎など何らかの処置がとられた可能性を推測させる。

以上から、妊娠月数別死産の傾向については、当時の社会状況などを考慮に入れたさらなる検討が必要であろうが、どのような身分の子であっても臨月の死産が圧倒的に多いことが明らかになる。しかし、「庶子」の場合は、時として「嫡出子」よりも低く、誕生を承認されることの重要性が指摘できる一方、「私生子」については、

表 3-4 嫡出子・庶子・私生子の妊娠月数による死産（明治 33 年～昭和 15 年まで 4 年毎）

年代	妊娠月数	嫡出子		庶子		私生子	
		実数	月毎の割合	実数	月毎の割合	実数	月毎の割合
明治 33 年(1900)	4 カ月未満	363	0.3%	1	0.4%	112	0.4%
	4 カ月	1,733	1.6%	6	2.7%	508	1.8%
	5 カ月	4,434	4.1%	10	4.5%	1,332	4.7%
	6 カ月	6,988	6.4%	12	5.4%	2,197	7.7%
	7 カ月	12,895	11.8%	24	10.8%	4,161	14.6%
	8 カ月	19,500	17.9%	36	16.1%	5,673	19.9%
	9 カ月	24,823	73.0% 22.7%	45	74.4% 20.2%	6,073	68.5% 21.3%
	10 カ月	35,422	32.4%	85	38.1%	7,792	27.3%
	10 カ月以上	2,841	2.6%	4	1.8%	665	2.3%
	不詳	167	0.2%	0	0.0%	55	0.2%
	総数	109,166		223		28,568	
明治 37 年(1904)	4 カ月未満	300	0.3%	0	0.0%	71	0.2%
	4 カ月	1,773	1.6%	8	2.1%	538	1.7%
	5 カ月	4,757	4.2%	14	3.6%	1,510	4.7%
	6 カ月	6,960	6.1%	15	3.8%	2,311	7.1%
	7 カ月	12,918	11.3%	49	12.6%	4,655	14.3%
	8 カ月	19,856	17.4%	63	16.2%	6,287	19.4%
	9 カ月	26,364	76.3% 23.1%	103	77.2% 26.4%	7,016	71.7% 21.6%
	10 カ月	40,836	35.8%	135	34.6%	9,978	30.7%
	10 カ月以上	387	0.3%	3	0.8%	85	0.3%
	不詳	36	0.0%	0	0.0%	9	0.0%
	総数	114,187		390		32,460	
明治 41 年(1908)	4 カ月未満	279	0.2%	0	0.0%	81	0.2%
	4 カ月	1,942	1.6%	5	1.2%	649	1.7%
	5 カ月	5,218	4.2%	13	3.1%	1,863	4.7%
	6 カ月	7,929	6.4%	22	5.3%	3,051	7.8%
	7 カ月	14,335	11.7%	37	8.9%	5,946	15.1%
	8 カ月	20,308	16.5%	77	18.5%	7,636	19.4%
	9 カ月	27,636	75.6% 22.5%	108	81.5% 26.0%	8,142	70.1% 20.7%
	10 カ月	44,981	36.6%	154	37.0%	11,790	30.0%
	10 カ月以上	335	0.3%	0	0.0%	87	0.2%
	不詳	17	0.0%	0	0.0%	16	0.0%
	総数	122,980		416		39,261	
明治 45・大正元年(1912)	4 カ月未満	265	0.2%	0	0.0%	76	0.2%
	4 カ月	2,157	1.9%	9	2.2%	679	2.0%
	5 カ月	5,662	5.0%	14	3.4%	1,839	5.4%
	6 カ月	7,919	7.0%	36	8.9%	2,840	8.4%
	7 カ月	13,159	11.6%	37	9.1%	5,185	15.3%
	8 カ月	17,912	15.8%	65	16.0%	6,300	18.6%
	9 カ月	23,655	74.0% 20.9%	84	76.1% 20.7%	6,743	68.9% 19.9%
	10 カ月	42,258	37.3%	160	39.4%	10,193	30.1%
	10 カ月以上	216	0.2%	1	0.2%	41	0.1%

年　代	妊娠月数	嫡出子		庶　子		私生子	
		実　数	月毎の割合	実　数	月毎の割合	実　数	月毎の割合
	不　詳	18	0.0%	0	0.0%	6	0.0%
	総　数	113,221		406		33,902	
大正5 (1916)	4カ月未満	216	0.2%	4	0.4%	55	0.2%
	4カ月	2,021	1.9%	19	1.9%	575	1.9%
	5カ月	5,555	5.1%	43	4.4%	1,772	5.8%
	6カ月	7,708	7.1%	80	8.1%	2,719	8.9%
	7カ月	13,081	12.1%	134	13.6%	4,846	15.8%
	8カ月	16,572	15.3%	169	17.2%	5,646	18.5%
	9カ月	21,845	73.5% 20.2%	191	71.4% 19.4%	5,681	67.3% 18.6%
	10カ月	41,203	38.0%	342	34.8%	9,241	30.2%
	10カ月以上	201	0.2%	1	0.1%	53	0.2%
	不　詳	6	0.0%	0	0.0%	4	0.0%
	総　数	108,408		983		30,592	
大正9 (1920)	4カ月未満	162	0.1%	3	0.1%	41	0.1%
	4カ月	1,991	1.8%	30	1.4%	543	1.8%
	5カ月	5,561	5.0%	95	4.4%	1,757	5.8%
	6カ月	8,205	7.4%	194	8.9%	2,780	9.2%
	7カ月	13,928	12.5%	336	15.4%	4,869	16.1%
	8カ月	16,847	15.1%	393	18.0%	5,406	17.9%
	9カ月	21,355	73.1% 19.1%	412	69.6% 18.9%	5,473	66.8% 18.1%
	10カ月	43,367	38.9%	713	32.7%	9,308	30.8%
	10カ月以上	197	0.2%	6	0.3%	48	0.2%
	不　詳	4	0.0%	0	0.0%	2	0.0%
	総　数	111,617		2,182		30,227	
大正13 (1924)	4カ月未満	104	0.1%	3	0.1%	18	0.1%
	4カ月	1,733	1.8%	43	1.4%	448	1.9%
	5カ月	5,116	5.2%	184	6.2%	1,448	6.0%
	6カ月	7,269	7.3%	264	8.9%	2,362	9.9%
	7カ月	11,788	11.9%	432	14.5%	3,713	15.5%
	8カ月	14,655	14.8%	501	16.8%	4,022	16.8%
	9カ月	18,205	73.5% 18.4%	537	68.7% 18.1%	4,275	66.5% 17.9%
	10カ月	39,879	40.3%	1,006	33.8%	7,625	31.8%
	10カ月以上	161	0.2%	4	0.1%	27	0.1%
	不　詳	8	0.0%	0	0.0%	3	0.0%
	総　数	98,918		2,974		23,941	
昭和3 (1928)	3カ月	1,928	2.0%	46	1.2%	452	2.2%
	4カ月	5,446	5.7%	224	6.1%	1,405	6.9%
	5カ月	7,714	8.0%	364	9.9%	2,071	10.2%
	6カ月	11,868	12.4%	597	16.2%	3,114	15.3%
	7カ月	13,776	14.3%	615	16.6%	3,455	16.9%
	8カ月	16,822	71.7% 17.5%	575	66.4% 15.6%	3,359	65.3% 16.5%
	9カ月	38,360	39.9%	1,262	34.2%	6,503	31.9%

年 代	妊娠月数	嫡 出 子		庶 子		私 生 子	
		実 数	月毎の割合	実 数	月毎の割合	実 数	月毎の割合
	10カ月以上	181	0.2%	11	0.3%	30	0.1%
	不 詳	2	0.0%	0	0.0%	2	0.0%
	総 数	96,097		3,694		20,391	
昭和7 (1932)	3カ月	1,946	2.0%	77	1.8%	487	2.5%
	4カ月	6,012	6.3%	244	5.6%	1,465	7.6%
	5カ月	8,322	8.7%	443	10.2%	2,192	11.4%
	6カ月	12,737	13.3%	744	17.1%	3,203	16.7%
	7カ月	14,077	14.7%	706	16.2%	3,246	16.9%
	8カ月	16,300	69.7% 17.0%	740	65.1% 17.0%	2,881	61.5% 15.0%
	9カ月	36,460	38.0%	1,389	31.9%	5,681	29.6%
	10カ月以上	166	0.2%	5	0.1%	29	0.2%
	不 詳	6	0.0%	0	0.0%	1	0.0%
	総 数	96,026		4,348		19,185	
昭和11 (1936)	3カ月	2,272	2.5%	65	1.5%	513	3.0%
	4カ月	6,312	7.0%	282	6.7%	1,484	8.7%
	5カ月	8,523	9.5%	409	9.7%	2,097	12.3%
	6カ月	12,162	13.5%	714	17.0%	2,885	17.0%
	7カ月	13,517	15.0%	738	17.6%	2,754	16.2%
	8カ月	14,631	67.2% 16.3%	679	64.9% 16.2%	2,373	58.8% 13.9%
	9カ月	32,223	35.9%	1,305	31.1%	4,887	28.7%
	10カ月以上	188	0.2%	10	0.2%	21	0.1%
	不 詳	1	0.0%	0	0.0%	0	0.0%
	総 数	89,829		4,202		17,014	
昭和15 (1940)	3カ月	2,239	2.6%	67	2.2%	386	3.2%
	4カ月	6,175	7.1%	228	7.4%	1,170	9.8%
	5カ月	8,833	10.2%	343	11.2%	1,572	13.1%
	6カ月	12,230	14.1%	536	17.4%	1,918	16.0%
	7カ月	13,527	15.6%	497	16.2%	1,925	16.1%
	8カ月	13,999	66.0% 16.1%	488	61.7% 15.9%	1,662	57.9% 13.9%
	9カ月	29,816	34.3%	910	29.6%	3,340	27.9%
	10カ月以上	117	0.1%	6	0.2%	17	0.1%
	総 数	86,936		3,075		11,990	

出典　国勢調査以前『日本人口統計集成』国勢調査以後『日本人口統計集成』内閣統計局編より作成

注）昭和元年より妊娠月数が4箇月を3箇月、5箇月を4箇月と1箇月繰り下げて表記。

妊娠初期からの死産が他の「身分」の子どもに比べて多いことが指摘できる。「私生子」に関して付け加えるならば、その多くが望まない妊娠と推測でき、早い時期から堕胎の対象となった可能性が高いことが指摘できる一方で、数値を見ると圧倒的に妊娠末期の死産が多かったことも事実である。これは、早産あるいは死産を理由とした人為的な操作が行われていた実態を窺わせるものだが、望まない妊娠であるため妊婦として養生しなかったことも一因と考えられる。そうであるなら、それらもまた消極的な意味での養育拒否であると捉えることも可能であろう。

明治末期の『産婆学雑誌』には、民間での堕胎の事例が掲載されていたことは第二章で紹介した。「太さ線香大長さ十センチメートルの竹杵」や「竹箸状の木杵の一端に糸をつけたもの」が母体内に残留していた症例や牛膝を用いた多くの堕胎事件が新聞に掲載されているとの報告は、民間での堕胎が少なくなかったことを示し、統計の数値の実態を示すものである。

先に述べたが、妊娠六、七ヶ月の妊婦に対する堕胎の処置、「子宮内膜と卵膜の間に長さ三寸三分の細いコボウの根二本が挿入されていた」との事例は、当時、産婦人科の医師が早産させる場合にゾンデという一〇センチほどの細い医療用具を用いて行う方法と同様であり、また、妊娠月数についてもそのような処置がなされる時期でもあったという。この体験を語ってくれた産婆は、民間に伝承された堕胎技術の高さに驚いたという。その処置を行ったのは、おそらくトリアゲババであろうとのことであった（聞き書きA）。

この他、伝承された堕胎法としては、ホオズキの根を乾燥させて束ね子宮口に挿しておく方法があった。束ねた根は、水分を吸収し膨張するため子宮口が広がる。それにより陣痛が起きて早産するのである。この方法も、医師が陣痛を起こさせる場合に用いるラミナリアと呼ぶ医療用具と同じ原理に基づくという。これらは、民間で行われた堕胎法としてはそれほど珍しいものとはいえないが、医学的にも理にかなったものであり、伝承された堕胎技術は経験的に獲得した技術であるとはいえ、想像以上に確かなものであったともいえよう。

(2) 新生児死亡にみる「嫡出子」「庶子」「私生子」

出生直後は、子どもにとって最も危険な時期であるが、新生児医療が未熟であった時代にはなおさらであった。産育儀礼において、生後七日目に名付けが行われることは、子どもが七日目まで生きて初めて個人として特定され一人の人間として認められたことを表わすと同時に、出生児がそこまで無事に育つことがいかに大変であったかを示すものでもある。

表3-5「生存日数による新生児死亡」は、出生一カ月未満の子どもの死亡数を生存日数ごとに集計した統計をもとに、生存日数による死亡数が一カ月未満の死亡総数に占める割合を求めたものである。

胎児から新生児へと移行する際には、母体内から外界への急激な環境の変化の中で、子どもの命は危険にさらされる。それは、自宅分娩の時代にはなおさらであった。

表3-5を概観すると、どのような「身分」の子どもであっても、一カ月未満の全死亡のうち少なくともおよそ六〇%多ければおよそ八一%の子どもが、生後一〇日未満に死亡していることがわかる。特に、明治期の「私生子」をみると、八〇%以上が一〇日未満に死亡しており、昭和期に至るまで七〇%前後が一〇日未満に死亡している。

さらに、五日未満の死亡の割合をみると、「嫡出子」が三五・一~四一・〇%、「庶子」が三〇・〇~三八・一%であるが、「私生子」は最も低くても三八・一%、高いと四八・四%が五日未満に死亡している。これは「嫡出子」や「庶子」よりはるかに高い数値である。その原因として考えられるのは、「私生子」は望まない妊娠により産まれた子どもである場合が多く、「私生子」の死産率の異常な高さと妊娠月数による死産の傾向を考え合わせる

表 3-5　生存日数による新生児死亡：嫡出子・庶子・私生子（明治 33 年から昭和 11 年まで 4 年毎）

年代	生存日数	嫡出子	庶子	私生子
明治 33 年 (1900)	5 日未満	36.4%	34.4%	42.4%
	5 ～10 未満	30.2%	30.0%	38.9%
	10 日未満の割合	66.6%	64.4%	81.3%
	10～15 未満	12.4%	12.0%	7.9%
	15～ 1 カ月未満	21.0%	23.7%	10.8%
	総　数	92,708	1,439	18,071
明治 37 年 (1904)	5 日未満	35.2%	38.1%	38.1%
	5 ～10 未満	30.3%	25.4%	42.9%
	10 日未満の割合	65.5%	63.5%	81.0%
	10～15 未満	12.6%	12.8%	7.9%
	15～ 1 カ月未満	21.8%	23.7%	11.1%
	総　数	87,520	1,249	17,675
明治 41 年 (1908)	5 日未満	35.1%	36.0%	39.3%
	5 ～10 未満	30.1%	25.4%	41.6%
	10 日未満の割合	65.1%	61.4%	80.9%
	10～15 未満	12.5%	12.9%	8.0%
	15～ 1 カ月未満	22.4%	25.7%	11.2%
	総　数	103,057	1,252	19,516
明治 45・大正元年 (1912)	5 日未満	36.2%	35.3%	39.7%
	5 ～10 未満	29.0%	24.5%	41.0%
	10 日未満の割合	65.2%	59.8%	80.7%
	10～15 未満	12.5%	13.0%	7.8%
	15～ 1 カ月未満	22.3%	27.2%	11.5%
	総　数	103,168	1,467	19,229
大正 5 年 (1916)	5 日未満	35.7%	30.0%	39.0%
	5 ～10 未満	25.8%	29.8%	33.5%
	10 日未満の割合	61.5%	59.8%	72.5%
	10～15 未満	14.5%	18.8%	15.0%
	15～ 1 カ月未満	24.0%	21.5%	12.5%
	総　数	110,168	4,834	16,962

年代	生存日数	嫡出子	庶子	私生子
大正 9 年(1920)	5 日未満	36.0%	32.1%	41.7%
	5 ~10 未満	24.7%	28.7%	30.5%
	10 日未満の割合	60.7%	60.8%	72.2%
	10~15 未満	14.9%	19.4%	14.9%
	15~ 1 カ月未満	24.4%	19.7%	13.0%
	総　数	118,439	5,877	15,349
大正 13 年(1924)	5 日未満	37.1%	33.0%	42.1%
	5 ~10 未満	22.1%	26.2%	27.5%
	10 日未満の割合	59.2%	59.2%	69.6%
	10~15 未満	13.3%	18.6%	14.9%
	15~ 1 カ月未満	27.5%	22.2%	15.5%
	総　数	107,311	6,427	12,626
昭和 3 年(1928)	5 日未満	38.7%	35.0%	45.3%
	5 ~10 未満	21.6%	24.9%	25.4%
	10 日未満の割合	60.3%	59.9%	70.7%
	10~15 未満	13.9%	18.7%	16.1%
	15~ 1 カ月未満	25.8%	21.4%	13.2%
	総　数	100,011	5,696	9,959
昭和 7 年(1932)	5 日未満	39.1%	36.1%	44.6%
	5 ~10 未満	20.8%	23.3%	25.2%
	10 日未満の割合	59.9%	59.5%	69.9%
	10~15 未満	14.4%	19.7%	17.5%
	15~ 1 カ月未満	25.7%	20.8%	12.6%
	総　数	90,467	5,178	8,914
昭和 11 年(1936)	5 日未満	41.0%	38.1%	48.4%
	5 ~10 未満	20.0%	21.9%	23.3%
	10 日未満の割合	61.1%	60.0%	71.8%
	10~15 未満	13.9%	19.2%	16.7%
	15~ 1 カ月未満	25.0%	20.8%	11.5%
	総　数	88,569	4,334	8,121

出典 『国勢調査以前日本人口統計集成』『国勢調査以後日本人口統計集成』内閣統計局より作成。
注) %は小数点第 2 位四捨五入、昭和 12 年以降は身分毎の記載なし。

と、出産後の嬰児殺しが行われたことを推測させる。また、養育することを望まないための消極的・間接的な嬰児殺しの可能性も否定できない。「私生子」に関するこのような状況は、生存の権利が保障されない子どもは、誕生前も誕生後もその生を全うすることが困難であったことを明らかにする。

一方、生後五日未満の死亡をみると、「庶子」よりも「嫡出子」の数値がやや高い傾向がみられる。この点についてもさらに検討が必要であろうが、「嫡出子」の場合も養育を望まない子どもに対しては、嬰児殺しが行われていた可能性があったことは否定できない。

前述した、明治三十三年（一九〇〇）の『産婆学雑誌』には、「初生児の窒死」と題した報告が掲載されている。そこには東京において「過失」とされた嬰児の窒死が不自然に多く、嬰児殺しの可能性があると指摘されている。また、当時の新聞には、添い寝しながらの授乳中に乳房で窒死させた事故、布団による窒死の事故の例など、「過失」による乳児の死亡例が目立つとの記事もみられる。堕胎罪による堕胎の摘発が多くなったことにより、過失を装った嬰児殺しが行われていたのである。このような状況が統計によっても現れていると考えられる。

以上、統計資料から明らかになるのは、子どもが無事に誕生し養育されるためには、子どもの誕生を認め受け入れる人びとの意思が大きく影響するという事実である。「庶子」のようにたとえ婚姻内の子どもでなくても、子どもの生存権が認められれば子どもは誕生が果たせるのである。一方で、同じ婚姻外の子どもであっても「私生子」のように、出生が望まれず養育を拒否された子どもは、容易に堕胎や嬰児殺し（間引き）の対象となりえたという事実である。

子どもの命は、人びとの育てようとする意思の下に、子どもの生存権が保障されることによって初めて誕生が果たせるのである。

3．産婆・助産婦の聞き書きにみる「死産」

宮城県各地で、産婆・助産婦経験者から聞き取り調査を行うと、自宅分娩時代には「死産にする」として、出生児をあえて生かさなかったという例に出会う。

自宅分娩時代の出産介助者であった産婆や助産婦たちは、出生したばかりの子どもと最初に対面する。出生した子どもが「五体満足であるか否か」をまず確認したというが、出生児が明らかな身体的障害を持ち将来自立した生活ができないであろうと判断した場合、障害のために長くは生きられないであろうと判断される場合、地域社会の中で家にとって負の評価になるであろうと判断された場合などには、産婆や助産婦は「死産である」「死産にする」「死産とする」として、出生児に産声を上げさせなかった。それは「子どもを殺すことにはならない」のだという。つまり、「あえて助けない」「あえて生かさない」ことで「死産とみなす」のである。それは、産婆の瞬時の判断なのだが、妊婦の家族は異論をとなえることがないばかりか了承を得られることであった（聞き書きB・C・H・K・M・O）。

このような場合、産婆・助産婦とその家族の価値観が共有されていることが不可欠であるが、その土地に暮らしそれぞれの家の事情に精通した彼女たちであるからこそ可能になる判断であった。

このような「死産」とみなす例は、柳田が「子供を殺すのではない、育てないのであって、子供にしない」[65]と論じた、子どもの命に対する感覚と完全に重なり合う。

さらに、産婆・助産婦たちは、複雑な事情を持つ女性たちの出産の介助を経験する中で、「子どもと一口に言っても、さまざまな事情を考えると決して生まれて来てはいけない子どもがいることを現実には認めざるを得ないこともある」とも語った。子どもが生まれることにより周辺の人びとに及ぼす影響が大きすぎる場合や、非常に若い未婚者の妊娠、婚姻外の妊娠など事情はさまざまであるという。そのような妊娠の中には、中絶が可能な時期を越えてしまうことがあり、その場合には分娩時「ゆっくり出す」のだという。それを医師に頼むこともあった。ゆっくり分娩が進むと胎児が弱り死産に至ることが多い。中絶の時期を逸したまま出産を迎えた妊婦に対する最終的な手段でもあったとのことだった。そのような場合でも、無事に生まれて来る子どももいて、その時は彼女たちが名前を付けたり養子縁組のために奔走することになった（聞き書きK）。

このように産婆・助産婦は、まさに子どもの命をこの世に取り上げる役割を担っていたのである。子どもの誕生は、周囲の人びとの日常や人生に大きな影響を及ぼす。そのような出産の場面で重大な判断を行ったのが、自宅分娩時代の産婆や助産婦であり、地域の日常の暮らしを熟知していたからこそ可能な判断でもあったのである。

（1）柳田國男・橋浦泰雄　一九七七（一九三五）『産育習俗語彙』、国書刊行会、一九三五、一五頁。
（2）高橋梵仙の『堕胎間引の研究』（一九三六）の他、本庄栄治郎が『人口及人口問題』（一九三〇）・『日本人口史』（一九四一）、関山直太郎が『近世日本の人口問題』（一九五七）において、堕胎・間引きが常習であり江戸時代後期以降の人口停滞現象の原因であったと論じた。しかし、根拠となったつた史料が当時者の記録ではなく伝聞によるものであること人口統計史料の限界などから再検討がおこなわれる。
（3）速水融は『近世農村の歴史人口学的研究』（一九七三）などで歴史人口学の立場から宗門人別帳の分析を行い、堕胎・間引きのみが人口停滞現象の原因であったとはいえないとの一応の結論を出している。このような人口学的研究は、その後の近世の家や家族に関する研究の発端となった。
（4）太田素子編　一九九七『近世日本マビキ慣行史料集成』、刀水書房、七頁。
（5）太田素子編　一九九一「少子化と近世社会の子育て－マビキの社会史」『変貌する家族　家族の社会史』、岩波書店、一七一頁。
（6）太田素子編　一九九七『近世日本マビキ慣行史料集成』、刀水書房、二九頁。
（7）太田素子編　一九九七『近世日本マビキ慣行史料集成』、刀水書房、二九頁。
（8）福田光子　一九九五「家と婚姻の基層を探る」『女と男の時空』、藤原書店、二六六頁。

(9) 沢山美果子　一九九八『出産と身体の近世』、勁草書房、五六頁。
(10) 同書、五六頁。
(11) 飯島吉晴　一九八五「子供の発見と児童遊戯の世界」『日本民俗文化大系一〇　家と女性』、小学館、二四八頁。
(12) 岡田照子　一九九八「誕生と育児」『講座　日本の民俗』六、雄山閣、二二六頁。
(13) 千葉徳爾・大津忠男　一九八三『間引きと水子――子育てのフォークロア』、農山漁村文化協会、一四三―一八三頁。
(14) 同書、一八三頁。
(15) 同書、二三五頁。
(16) 柳田國男　一九七七（一九二五）「日本の人口問題」『定本柳田國男集』二九、筑摩書房、一〇四頁。
(17) 大藤ゆき　一九六八『児やらい』、岩崎美術社、一九頁。
(18) 鎌田久子　一九九六「産婆――その巫女的性格について」『成城文芸』四二、至文堂、五四頁。
(19) 鎌田久子・宮里和子・菅沼ひろ子・古川裕子・板倉啓夫　一九九〇『日本人の子産み・子育て――いま・むかし』、勁草書房、二四六頁。
(20) 同書、五六頁。
(21) 鎌田久子　一九九六「産婆――その巫女的性格について」『成城文芸』四二、至文堂、七五頁。
(22) 鎌田久子・宮里和子・菅沼ひろ子・古川裕子・板倉啓夫　一九九〇『日本人の子産み・子育て――いま・むかし』、勁草書房、六〇頁。
(23) 鎌田久子　一九九六「産婆――その巫女的性格について」『成城文芸』四二、至文堂、八二頁。
(24) 鎌田久子・宮里和子・菅沼ひろ子・古川裕子・板倉啓夫　一九九〇『日本人の子産み・子育て――いま・むかし』、勁草書房、二〇六頁。誕生後三日目に使わせる湯を「産湯」と呼び儀礼の意味を持つとの事例もみられる。
(25) 同書、二三〇頁。
(26) 同書、二三二頁。
(27) 大藤ゆき　一九六八『児やらい』、岩崎美術社、一五七―一六五頁。
(28) 病院での出産時、産道から児頭が娩出した際に介助者は胎児の顔を拭ったり、窒息防止のため鼻腔からの羊水吸引を行うことが大切とされる。その後、胎児は体を回転させながらゆっくり娩出し産声をあげるというのが理想的である。胎児娩出後にも鼻腔、口腔からの羊水吸引が行われる。体の娩出が一気に行われるとスピードショック（一瞬全身をだらんとさせ軽いショック状態）に陥るため、介助者は児頭娩出から全身が娩出するまではゆっくり行うことが重要であるという［島田信宏編　一九九七

（29）『分晩介助テクニック』、メディカ出版、五一―二頁）。胎児娩出後の羊水吸引は、気道確保のために不可欠でありこれにより第
一呼吸が確保される（秋山正・柴田隆　一九九七『早産未熟児のケア』『分晩介助テクニック』、メディカ出版、二五七頁）。
恩賜財団母子愛育会編　一九七五『日本産育習俗資料集成』第一法規　には、恩賜財団愛育会が一九四一（昭和十六）年に
全国を対象に行った調査資料が掲載されている。また、文化庁編　一九七七『日本民俗地図』Ⅴ、および、文化庁編　一九八〇
『日本民俗地図』Ⅶ、国土地理協会　には、文化庁が一九六二（昭和三七）年度から一九六四（昭和三九）年度の三年間にわた
って全国を対象とした調査資料が掲載されている。明治期から昭和期に至る民間での習俗の記録である。

（30）柳田國男　一九七七（一九三五）「小児生存権の歴史」『定本柳田國男集』一五、筑摩書房、三九五頁。

（31）柳田國男　一九七七（一九三五）「小児生存権の歴史」『定本柳田國男集』一五、筑摩書房、三九五頁。

（32）佐々木宏幹　一九九六『聖と呪力の人類学』、講談社、七六頁。

（33）大藤修　一九九六『近世農民と家・村・国家―生活史・社会史の視座から―』、吉川弘文館、二二〇頁。

（34）湯川洋司　一九九〇「七つ前の子どものいのち」『民族学の進展と課題』、国書刊行会、二四一―二四二頁。

（35）文化庁編　一九七七『日本民俗地図』Ⅴ、国土地理協会、二八九頁。

（36）藤井正雄　一九七一「無縁仏考」『日本民俗学』六、日本民俗学会、五六頁。

（37）土井卓治　一九九七『葬送と墓の民俗』、岩田書院、三二八頁。

（38）大藤ゆき　一九六八『児やらい』、岩崎美術社、一五頁。

（39）名嘉真宜勝　一九七九「沖縄・奄美の葬送・墓制」『沖縄・奄美の葬送・墓制』、明玄書房、一一九頁。

（40）後藤義隆　一九七九「山梨県の葬送・墓制」『南中部の葬送・墓制』、明玄書房、三四頁。

（41）小林文夫　一九七八「岩手県の葬送・墓制」『東北の葬送・墓制』、明玄書房、八一頁。

（42）竹内利美・原田伴彦・平山敏治郎編　一九六九『諸國風俗問状答』『日本庶民生活史料集成』第九巻、三一書房、四五三―八
四三頁。

（43）同書『諸国風俗問状答』にみられる「胞衣の納様」には、コノシロ・魚・鰹節・白米・銭金などを添え、炭消壷あるいは鶴
亀・松竹など目出度いものを描いた胞衣桶に入れ、家の床下・ニワ・敷地内・明きの方に納めるとの記述がある。

（44）柳田國男・橋浦泰雄　一九七七（一九三五）『産育習俗語彙』、国書刊行会、一九三五―一五頁。

（45）大藤ゆき　一九六八『児やらい』、岩崎美術社、一六頁。

（46）松崎憲三　二〇〇四『現代供養論考―ヒト・モノ・動植物の慰霊』、慶友社、三九四頁。

（47）千葉徳爾・大津忠男の『間引きと水子―子育てのフォークロア―』、農山漁村文化協会、あるいは『日本の葬送・墓制』全一

〇巻、明玄書房などの事例に詳しい。
(48) 柳田國男　一九七七（一九四六）「先祖の話」『定本柳田國男集』一〇、筑摩書房、一四五頁。
(49) 同書、一四六頁。
(50) 同書、一四六頁。
(51) 柳田國男　一九七七（一九二〇）「赤子塚の話」『定本柳田國男集』九、筑摩書房、二五一頁。
(52) 坪井洋文　一九七〇「日本人の生死観」『民族学からみた日本』、河出書房、一九頁。
(53) 波平恵美子　一九九六『いのちの文化人類学』、新潮社、四五頁。
(54) 文化庁編　一九八〇『日本民俗地図』Ⅶ、日本地理協会、九頁、四六一―四六二頁。
(55) 最上孝敬　一九七〇「沖縄の童墓について」『西郊民俗』三、国書刊行会、一四一〇頁。
(56) 最上孝敬　一九六〇「子墓をめぐって―子供の葬法と墓制―」『民俗』四〇、相模民俗学会、四四二頁。
(57) 大間知篤三　一九三七『民間伝承』一、国書刊行会、三〇三頁。
(58) 丸山久子　一九四八「胞衣を埋める所」『高志路』新第七号（通巻一二三）（戦後版『高志路』第一巻、昭和五十六年）、新潟県民俗学会監修、国書刊行会、三―四頁。
(59) 矢野敬一　一九八七「誕生と胞衣」『列島の文化史』四、日本エディタースクール出版部、一〇〇頁。
(60) 木下忠　一九八一『埋甕――古代の出産習俗』、雄山閣、一七頁。
(61) 新谷尚紀　一九九五『死と人生の民俗学』、曜曜出版、七八頁。
(62) 宮城県黒川郡の事例は筆者の調査による。坪井洋文は、出産の場と土間とが離れがたく結びついてきたことは、先祖たちが抱き続けてきた土への宗教的執着からのものであろう（坪井洋文　一九八五「住居の原感覚―喜怒哀楽の共有空間―」『日本民俗文化大系一〇　家と女性』、小学館、二一三頁）と指摘し、高取正男は、土間にこもることは地面が持つ精霊の力をかりて自己の生命の再生と復活をはかることを意味するとし、産屋が土間であることや土間での出産の習俗がみられることから、土間は新しい生命の誕生に臨むための本来は忌みごもりの場としての意味をもつ（高取正男　一九九三『神道の成立』、平凡社、二九―三七頁）と指摘している。これらは、人が土地を単なる物として認識してきただけでなく、土地と人とが霊的に結びついているという感覚があったことを示し、胞衣や子どもを生まれた土地に埋める感覚との接点が存在すると考えられる。
(63) 一八七七（明治一〇）年「宮城県権令　赤子死体埋葬規則　達甲第百十七号」
(64) 内閣府統計局編、『日本人口動態統計集成』明治三十三年～昭和十五年。
(65) 柳田國男　一九七七（一九三五）「小児生存権の歴史」『定本柳田國男集』一五、筑摩書房、三九五。

第四章　水子供養にみる胎児観の変遷

第一節　水子供養の先行研究

現在、多くの宗教施設で行われている水子供養は、人工妊娠中絶（以下、中絶）によって失われた胎児の霊魂供養として始まった。水子供養が行われるようになったのは、一九七〇年以降で、一九七〇年代半ば以降には徐々に全国的な広がりをみせ、一九七〇年代末から一九八〇年代半ばには流行期を迎えた。この流行期に水子供養を行ったのは、中絶が急増した一九五〇年前後に中絶体験を持った人たちであった(1)。

こうした水子供養を対象とした研究の多くは、主に水子供養が盛んになった時期を対象として行われてきた。はじめに、そのような水子供養に関する先行研究を概観しておきたい。

水子供養研究に関する論考を総合的にまとめたものに、鳥井由紀子による「『水子供養』研究の動向（一九七七―一九九四）」と「『水子供養』関連文献目録――第1群：研究論文・評論・ルポルタージュ等(2)」がある。これらは、水子供養に関する研究を手掛けるにあたって基本となる資料と論考である。

次に、それぞれの具体的な水子供養研究に関しては、これまで以下のような分類がみられる。

まず、新田光子による分類であり、水子供養研究を次のように三パターンに分けている。

第一に「水子供養」の宗教的意味を中心に考察しようとする研究、第二に「水子供養」をより広い社会学的な枠組みの中でとらえようとする研究、第三は、「水子供養」に対して現実的な対処を迫られている宗教団体側の見解や「水子供養」を実践している宗教団体についての報告あるいは批判も含むもので、必ずしも学問的ではないが「水子供養」を考察する上で参考となるものであるとして、宗教者による記述や新聞や雑誌などの記事をあげている(3)。

また、この新田による三分類を基本としながら、高橋三郎は以下のように三パターンに分類した。

第一は、「水子供養」の宗教的意味を考察した研究、第二に、宗教関係者が書いた「水子供養」に対する宗教団体側の見解などを述べた著作、あるいは、フェミニズムなどによる「水子供養」を承認している宗教団体に対する批判を含む論考、第三は、「水子供養」をより広い社会学的な枠組みの中で捉えようとする論考で、たとえば日本人特有の罪悪感、豊かな社会における不安などの社会心理と関連させて論じる研究で、これらは「水子供養ブームについての評論的な記事はここに含まれるが、学問的なものは少ない」としている。(4)

水子供養に関して書かれたものは、学術的研究、水子供養に関わる宗教や宗教者による著述あるいは論考、新聞・雑誌などの記事など多様である。さらに、宗教あるいはフェミニズムなどそれぞれの立場や価値観からの論考、あるいは、水子供養に対する批判的な評論や論考などもみられ、分類の基準を定めることは難しい一面がある。ここでは、新田と高橋が示した分類に則りつつ、以下のような分類を試みた。

第一は、「水子供養」の宗教的意味を客観的・学問的に考察した研究である。

その例として、小野泰博は、仏教的な民間信仰にみられた共同供養を切り口とした考察を行った。かつての民俗社会における共同祈願には、人びとの不安を分散させる機能があった。しかし、共同体が解体した現代社会では、不安が個別化しその中に現れたのが水子供養であると論じた。(5)

また、R・J・ツヴィ・ヴィルブロウスキーによる「水子供養―日本の最も重要な『新宗教』に関する覚書(6)―」は、水子供養を人工妊娠中絶の認可を背景として現れた「新宗教」と捉え、日本仏教における供養の特徴や東アジアの仏教や西欧のキリスト教との比較で論じたものである。

高橋三郎編『水子供養――現代社会の不安と癒し』は、水子供養研究の実証的研究として代表的な論考で、統計学、心理学、宗教学、社会学などの研究者がそれぞれ専門的な視点から水子供養を分析した。特に統計を用い、水子供養流行を支えた年齢層についてのデータ分析は、これまでの水子供養研究で行われて来なかった方法である。また、宗教団体五一〇団体等へのアンケート調査を基にして、各宗教団体の水子供養の有無や水子供養に対する宗教団体の考え方の分析、あるいは、水子供養を行う人に対する聞き取り調査からの分析など、[7]いずれも客観的で説得力のある内容である。

星野智子は、水子供養を行う人への聞き取り調査および水子供養を行っている寺院の調査を行い、水子供養が祟りや因縁を絶つことを目的として行われる傾向にあること、「水子を先祖」と捉える傾向が強いことを指摘した。その上で、現代の都市社会に根付いた苦悩の説明原理としての因縁から解放されるための供養であると、[8]水子供養の宗教的意味を論じた。

一方、近年の研究者として、金律里は、現代日本の水子供養に関するフィールドワークに基づいた実証的研究を行い、水子供養の現状とそこから導きだされる死生観を明らかにしている。奉納された絵馬の調査により「水子が物に近い存在から人間に近い存在へ、また祟る存在から見守ってくれる存在へと変化している」こと、水子が安定した死者として認識され守護者ともいうべき地位を獲得し始めている点を指摘している。[9]

陳宣聿は、日本と台湾の水子供養について実地調査に基づく比較研究を行っている。水子供養に対する意識や方法の相違を明らかにすると共に、祖先祭祀の中でどのように認識され扱われているかを明らかにする研究を行っている。[10]

一方、渕上恭子は、日本の水子供養が韓国社会のなかに受容され、中絶胎児あるいは流産・死産あるいは夭折した子どもの供養として、仏教の中で新しい死者供養として確立する経緯と現状に関して、実地調査に基づいた研究を行っている。[11]

以上、一九七〇年代以降に流行した水子供養を対象として、供養の実態を解明しようとする研究と共に、近年は、韓国や台湾の水子供養との比較研究や水子が祖先祭祀のなかでどのように位置づけられているかなど、かつては水子供養研究で大きな位置を占めていた中絶胎児と祟りの関係性に捉われない研究がみられるようになっている。

第二は、宗教関係者による著述である。ここには、水子供養を肯定、容認する立場だけではなく否定的な立場も含まれる。各宗教団体や教祖などによる水子供養への見解や解釈に関するもので、その数は多い。

代表的なものとしては、水子供養専門寺院紫雲山地蔵寺や生長の家による著述であろう。(12) 近年刊行された『これからの水子供養運営実践講座』(13) や『水子供養次第』(14) などの水子供養に関する解説や具体的供養内容に関するものも含まれる。

第三は、水子供養を女性の権利との関わりで考察する研究で、女性史などの立場からの論考を含む。フェミニズムの立場からの論考が多く、優生保護法や中絶との関連で論じられ、水子供養に対して、結果として批判的な論考が目立つ。水子供養を執行する宗教とは相容れない議論が展開する点は、このような水子供養研究の特徴でもある。

上野輝将は、優生保護法に伴う人工妊娠中絶認可以降の制度や社会変化の中で、出産をめぐる意識変化や女性の権利意識の変化に着目した研究を行っているが、(15) 水子供養についての記述では、水子寺は中絶経験者の罪悪感や日本人の功利主義的な宗教意識を利用した産業であると位置づけた。(16) 溝口明代は、水子供養を「男制社会」において必然的に出現した信仰として捉える。人工妊娠中絶認可により、「産む・産まない」の最終的な決定権は女性によるものとなったが、一方では、そこに中絶の罪悪感や母性が強調され、また、不幸を及ぼす「水子霊」が設定されたことにより水子供養は「膨大な慰霊産業」を生んだと論じた。(17)

ヘレン・ハーデカーによる一九九七年の著書の全訳『水子供養　商品としての儀式』は、ジェンダーの立場からの著書である。内容をみると、日本家族計画連盟が発行した『悲しみを裁けますか——中絶禁止への煩悶』に掲載された男女の中絶体験者による手記、水子供養を行う霊能者・新宗教を含む宗教団体による刊行物や寺院の調査による資料が本の大半を占めるが、それらの選択基準は明白ではない。結論としては、人工中絶認可によって胎児中心主義的なレトリックが登場し、中絶は人殺しとみなされ、女性は「霊障」で罰せられことになるが、それらの「問題」の「回答」として現れたのが水子供養であると捉え、水子供養は宗教者による商業化された儀礼であると論じた(18)。

第四は、新田、高橋の示した分類と同じく「水子供養を社会学的な枠組みから捉えようとする研究」である。日本社会の在り方や日本人の考え方などを背景にみながら、水子供養の構造・要素を考察する研究である。そこには、高度経済成長期がもたらした物質的豊かさと精神的不安、中絶に対する罪悪感と中絶胎児の祟りなどに注目した考察も含まれる。

ウィリアム・R・ラフルーアは、『水子　〈中絶〉をめぐる日本文化の底流』において(19)、日本の歴史や文化、特に日本人の仏教的影響のもとにある思考法に注目しながら、日本社会や日本人の特質のなかで中絶が受容されたこと、水子供養を出現させた要因について論じた。同時に、水子供養が罪悪感に対する癒しの効果をもたらす点にも言及している。

森栗茂一は、週刊誌記事の分析や絵馬調査、奉納された水子地蔵を通して、水子供養の実態を考察した。中絶認可間もない時期に中絶した女性たちが水子供養流行の担い手となっていたこと、その背景に中絶胎児の祟りを宣伝する水子供養専門寺院の存在があったことなど、水子供養の主たる要素を指摘した(20)。

松崎憲三は、近世の堕胎・間引から中絶への歴史を連続的に捉え、近世期の間引き絵馬や教諭書を例として罪への認識や「祟り」の意識が存在したことを指摘した。その上で、水子ブームは、近代医学における胎児生命への変化などのさまざまな要因によると推測している[21]。

荻野美穂は、堕胎や間引き、水子供養に関する歴史の論考を検討することにより、水子供養を論じた。水子は、人格化されつつも供養の対象となっている物や動物とも大差ない「やむを得ぬ犠牲」として存在し、「納得の回路」として水子供養が成り立っているのだと論じた。また、荻野は海外での水子供養についても注目している[22]。

以上、水子供養に関するこれまでの研究を概観し分類したが、一つの論考にさまざまな要素と結論が含まれる点も付け加えておきたい。

このような水子供養研究の意義に関して、高橋三郎は次のように記している。「水子供養は一見すると多くの問題を含んだテーマにみえるが、研究対象として取り組むと解釈の幅が見えてしまう」、「風俗としての側面を強調するか、宗教行為としての側面を強調するか、あるいは両側面をうまく結びつけるかになってしまう」と、水子供養研究は新しい視点を生み出し難いテーマである[23]と記している。

筆者が水子供養の調査を始めたのは二〇〇〇年前後であるが、水子供養研究は既に答えの出ているテーマではないかとしばしば言われた。水子供養をテーマに学会発表した際には、水子供養は信仰とはいえないとの指摘もあった。

水子供養は、「中絶体験を持つ女性」、「中絶胎児の祟り」、「水子供養から利益を得ようとする産業化・商業化した寺院」という関係性のみが注目されていたためである。また、水子供養研究においても、中絶体験をもつ女性、水子霊、水子供養を行う寺院の関係の中でのみ展開していた。そこでは、中絶胎児の霊魂や生命に関して論じられたとしても、胎児観に関わる十分な客観的資料が示されることはなかった。

しかし、筆者は、水子供養にとって重要な要素の一つは「胎児観」であると考える。どんなに中絶胎児の祟りを説かれようが、供養の場を提供されようが、胎児に命や霊魂を認識しなければ人は供養のために動くことはない。

民俗調査の中で出会った多くの高齢女性たちは、妊娠や出産あるいは子育ての経験を語るなかで「おちればいい」「おりてくれればいい」と思いながら、重い荷物を背負って高所から飛び降りたり、重労働をしたりして堕胎を試みたことや、中絶手術を受けたことを「とってもらった」とあっけらかんと語る。その一方で、地域の寺院での水子供養祭に参加し、「かわいそうなことをした」とも言う。「胎児」への感覚は、「過去の価値観」と「現在の価値観」の間を行きつ戻りつするが、そのどちらもが「本心」である。

胎児に確かな命を認識するようになった現在とは、明らかに異なる認識があったこと、その一方で、そう認識した時代がそれほど遠い過去のことではなかったことがこれらの語りから示される。

このような調査を続ける中で、胎児観の変化を明らかにしたいと思うようになった。筆者にとって水子供養は、胎児観の変遷を明らかにするための手がかりなのである。

水子供養の調査を行ううちに、水子供養は、一つの信仰形態が芽生えて定着するまでの過程を追うことができる稀有な対象でもあると気づいた。同時に、それは従来の胎児観が大きく変化する転換点に位置していることにも気づいた。

戦後の人工妊娠中絶の認可により生み出された中絶胎児が、供養すべき対象となったことについて、二〇〇七年の論考で星野智子は、「供養者は胎児を人間（のようなもの）として認識しているのではないか」「現代日本社会では胎児を赤ん坊・人間（のようなもの）として供養者たちは認識していることが分かった」と記した(24)。

現在、胎児は出生児と同じく確かな「人の命」であるという認識が一般的なものとなった。「胎児」が「人」として意識されなかった時代から、星野が指摘した「人間のようなもの」と意識し始めた時代へ、そして、胎児を確かな「人の命」とみなす現在への変化を、水子供養を一つの材料として考えてみたい。

第二節　「水子供養」成立以前の胎児供養

1. 近世の水子塚

水子供養の起源とみなされることが多いのが、東京都墨田区両国にある回向院境内の「水子塚」である。これは、方形の石の台座の上に、「水子塚」と刻まれた縦型の竿石がのっている墓石の形をした石碑で、松平定信の命によって建立されたと伝えられている。その根拠となるのが、定信の自叙伝『宇下人言』の記述にある、「のちのちおもひあたりてよろこび侍らんは、予がはからひしうちにも、深川本所の水塚、この社倉の米穀、町々の火除地なんどは、時々思ひあたることあるべし」の一文中の「水塚」が、この「水子塚」にあたるとされているからである。(25)

竿石の正面に「水子塚」と刻まれ、その左側面には「寛政五癸丑年五月廿八日　國豊山回向院十二世　見蓮社譽巌龍建」と、回向院十二世住職が建立したことが記されている。もう一方の右側面には、建立の経緯に関する内容が以下のように刻まれている。

> 堕胎死胎夭殤之霊埋瘞於此凡一萬人寛政五年癸丑五月建修法要薦福幽魂募以百八念珠點窠之圖使緇素唱寶號随乎根機十念百念或千萬念彩填一顆以為功徳竟以圖勒石墳土日夭亡塚永世以夭亡骸□於此等令幽魂潤乎法澤云爾

写真 4-1　水子塚、回向院、2008 年 11 月撮影

と、堕胎児の供養であることがうかがえる。また、台座の石には、

稲葉氏先祖代々一切精霊、本相常源菴主根室貞大姉、川島氏先祖代々一切精霊、昴應浄心有無両縁諸精霊、村上氏先祖代々一切精霊、賞智道運信士見阿妙鏡信女、稲田氏先祖代々一切精霊、後藤氏先祖代々一切精霊、法音院樂譽妙全大姉遠州南蔦村川嶋氏俗名たま　本珠艶光大姉眞法信士、法西靈九月十四日精霊、鳥羽村六月初三日精霊、於カン於イワ於ヨキ、俗名　於サン於ユワ万吉於トヨ　於千代於シナ佐七　釋惠近、水子二靈

と多様な身分の人びとの名前が刻まれている。これらの名前に関して、大森志郎は、水子塚建立時に浄財を寄附した者であろうと推測している。(26)

台座に刻まれた「水子二霊」は、「水子」が仏教の位号であり死児の供養を示すが、胎児であるのか出生児であるのかは分からない。

回向院で、現在行われている水子供養と水子塚についてうかがうと、「水子塚」は現在「ミズコヅカ」と呼ぶが、毎月営まれる水子供養の際には、僧侶は「ミズコヅカのスイシたち」と唱えるということであった。「スイシ」は幼い子に授与する位号であること、現在、定期的に行われている水子供養は、水子供養が一般化して以降に浸透したとのことでもあり、水子塚をミズコヅカと称するのは、水子供養が一般化して以降とも考えられるが詳細は不明であった。回向院のミズコヅカの呼び方がいつからのものであるか、今後、水子供養流行との関係で検討する必要もあると思われる。

いずれにしても、回向院では、水子塚が建立されてから現在まで、供養が継続的に行われて来たが、一般の人びとに周知され個人による水子供養が行なわれるようになったのは、水子供養が一般化して以降であり、現在の水子供養の起源と直接結びつくものではないといえよう。

現在、「水子塚」の周囲には、個人の参詣者による石地蔵や風車付の塔婆が奉納されている。回向院では、参詣者の個別供養に対応すると共に、月一回行われる定期的な水子供養を行っており、「水子塚」は、水子の供養の場として認知され機能している(27)。

2. 胎児供養の始まり　―人工妊娠中絶と中絶胎児の供養―

昭和二十三年（一九四八）の優生保護法制定により中絶が認可された。翌二十四年（一九四九）には、中絶認可の条件に経済的理由が追加され、さらに昭和二十七年（一九五二）には手続きが簡略化された。このような経緯の中で、中絶認可以降の中絶手術の届け出件数は急増して行ったが、それは、人びとの間に子どもの数を制限したいという欲求が非常に強かったことを示す。

筆者がこれまで行ってきた自宅分娩時代の出産に関する聞き取り調査において、中絶急増時代に子どもの数を制限するために中絶した人は多く、彼女たちが中絶することを「とってもらう」「とってもらった」と表現する場面が少なくなかった。さらに、「一回とってもらった」「二回とってもらった」など、手術やその回数についても皆であっけらかんと話す場合もあった。そこには、わが子の命を絶ったという意識は微塵も感じられず、むしろ、腫瘍などのデキモノを取り去ったという感覚に近く、母体内で育っている「胎児」「胎児の命」との意識はないかのようだった（聞き書きO）。

さらに、当時は、中絶手術を行った医師や助産婦など医療関係者自身にも、そうした意識が希薄であったことは聞き書きからも明らかになる（聞き書きC・K・L・O）。

第二章でも述べたように、中絶は、戦後の急激な人口増加を抑制するための手段として認可され、子どもの数を少なくすることが豊かで充実した家庭生活を実現するのだとして推奨された。それによって、人びとは子どもの数を二、三人に抑えるために、中絶をさほどの抵抗感なく受け入れたのである。

それに対して、当初の国の想定をはるかに超えて急増した中絶に伴う母体への弊害を問題視した国は、妊娠を防止する受胎調節、つまり避妊を浸透させる方向へ方針を転換する。その前提として、国立人口問題研究所が全国に受胎調節モデル村を設置し、避妊指導を試験的に実施し、その成果を確認して全国的な指導を展開して行った[28]。その実地での指導者となったのが保健婦や助産婦たちで、彼女らは県単位で行われた講習を受けて受胎調節実地指導員の資格を取得し、昭和二十七年（一九五二）以降、全国で一斉に受胎調節実地指導を開始した。地域単位で、あるいは国鉄、日通、新日鉄など企業単位でのきめ細かい指導が行われて行った。

毎日新聞社で行った「全国家族計画世論調査」では、昭和四十年（一九六五）の避妊実行率は五五・五％と過半数を占めることが明らかとなった。これは、この頃になると「子どもはつくるもの」と認識されるようになり、計画的な出産が実現可能なものと考えられるようになったことを示す。望んだ時期に望んだだけの数の子どもをつくることが可能になったのである。

中絶から避妊へと変化する時期には、中絶胎児に対する供養も行われていた。それら供養の開催年、名称、場所、主催者について、現在まで明らかになったものをまとめたのが表4－1「『水子供養』以前の中絶胎児供養」である。

供養の主催者をみると、中絶手術を担当した産科医、中絶の現場を知る助産婦、中絶胎児の遺胎の処置を行った胞衣業者、宗教者で、それぞれの立場で中絶胎児の供養を行っていたことがわかる。

つまり、中絶手術の現場を担い、中絶された胎児の命を認識せざるを得ないような立場の人びとによって供養が始まっていたのである。そして、それらの中絶胎児は「水児」「胎水児」など主催者によりさまざまな名前で呼ばれていた。供養の名称についても「死産胎児供養」「胎児葬」「人工中絶未成児慰霊祭」「未成児慰霊祭」など、多様な名称で執行されていたことも明らかになる。それら供養の例を以下に取り上げる。

(1) 胎盤処理業者による供養

昭和三十六年（一九六一）発行の『婦人公論』には「特集・堕胎天国ニッポン」と題した記事が掲載され、そこには「死産児処理業者としての私」と題する記事がみられる[29]。この内容は、昭和二十七年（一九五二）、中絶胎児の遺胎処置一切を行う団体として設立した「日本慈恵協会」に関するもので、設立者であり会長である竹中和代が、協会設立の経緯を語ったものである。

それによると、中絶認可以後、死産胎児の遺胎の遺棄が多いことに心を痛めた竹中は、葬り手のない中絶胎児の遺胎を引き取り、役所の手続き・火葬・遺骨の埋葬など、一切の手続きの代行を請け負う会社を設立した。東京都内約八〇〇の産婦人科病院と提携し、中絶された妊娠四カ月以上の胎児の遺胎を引き取り火葬した後に、雑司ケ谷の法明寺境内にある納骨堂に埋葬するという一連のシステムを作って業務を開始した。そして、春秋の彼岸に、中絶胎児を「水児」あるいは「胎水児」と称して、それらの霊魂を弔うための「死産胎児供養」を行なっ

表 4-1　「水子供養」以前の中絶胎児供養

年代	名称・場所	主催
1951 年（昭 26）	堕胎児の慰霊祭：総持寺（神奈川県鶴見区）	*森山豊他 200 余名産科医
1952 年（昭 27）	死産胎児供養・水児・胎水児	日本慈恵協会（胞衣業者）
1953〜1960	水子供養第 1〜8 回：増上寺（東京都港区）	法悦協会（母性保護医協会）
1955（昭 30）	胎児葬：正受院（東京都北区）	*東法協会（胞衣会社）
1957（昭 32）	愛護地蔵建立：東京都千束	**（個人建立）
1959（昭 34）	人工中絶未成児慰霊祭：久昌寺（岩手県盛岡市）	岩手県助産婦会、盛岡市、婦人会連合
1960（昭 35）	未成児慰霊祭：長源寺（山形県山形市）	山形県助産婦会
1961（昭 36）	水子地蔵尊建立・供養祭（宮城県大崎市鳴子）	鳴子熱帯植物園（観光業者）
1965（昭 40）	子育ていのちの地蔵尊建立・供養祭：清源寺（東京都）	子育ていのちの地蔵建立発起人会
1967（昭 42）	初地蔵供養：清源寺（1 月）	清源寺、子育ていのちの地蔵尊奉賛会
1967（昭 42）	全国流産児無縁霊供養塔：宇治別格本山（京都府宇治市）	生長の家
1971（昭 46）	紫雲山地蔵寺・水子地蔵尊建立・供養祭（埼玉県秩父郡）	紫雲荘橋本徹馬

※　昭和 43〜46 年の間に清源寺で「水子供養」として開始（清源寺「地蔵盆案内葉書」開催日時「8 月 24 日」「清源寺・子育ていのちの地蔵奉賛会主催」

* 印は荻野美穂 2008『家族計画への道』、** 印は清水邦彦 1994「昭和四五年以前からの水子供養」『西郊民俗』148 より。それ以外は、鈴木由利子 2009「水子供養に見る生命観の変遷」『女性と経験』34 による

ていることが記されている。

中絶胎児の供養については、荻野美穂が、中絶された遺胎の供養を行なう胞衣会社の団体である東法協会が東京都北区王子正受院において、昭和三十年（一九五五）から始めた「胎児葬」があったと報告し、これが水子供養の発端であるとしている[30]が、日本慈恵協会による供養は、正受院の「胎児葬」より早い時期であり、供養の起源に関しては今後も資料が発掘されることにより変化する可能性があると思われる。

ここで、中絶認可と中絶胎児の遺胎処置に関する法律をみてゆく。

昭和二十三年（一九四八）の優生保護法制定（同年九月施行）に伴い、中絶が認可されたが、これ

と同年「墓地、埋葬等に関する法律」（墓埋法）が制定され、中絶認可当時にはすでに施行されていた（一九四八年六月施行）。そこでは「妊娠四箇月以上の死胎は埋葬しなければならない」と規定されたのである。

一方、当時は、中絶手術可能時期についての具体的な妊娠月数の規定はなく、「胎児が母体外でその生命を保続できない時期」とのみ規定されていた。当時、「母体外で生命を保続できない時期」、つまり早産で生れた嬰児が、医学的にどのような手を尽くしても生きられないとみなされる妊娠月数は概ね八カ月までとされており、その期間内であれば中絶は可能であるとされていた。そのため、妊娠後期になってからの中絶も少なくなかったという。

その一方で、墓埋法では、妊娠四カ月以上の胎児は、埋葬しなければならなかったのである。そのため、例え中絶した胎児であっても埋葬する必要があり、死産証明書や埋葬許可証が発行されたのである。従って、病院では、妊娠四カ月以上の中絶の場合には、中絶胎児の遺胎を必要書類と共に中絶した本人に引き取ってもらっていたのである。しかし、中絶した本人にとっては、そのような遺胎は渡されたところで埋葬するすべもなく、遺棄されることが多かったのである。

実際、筆者の聞き取り調査においても、妊娠四カ月以上の中絶の場合は、その遺胎を小さな箱に入れて中絶した本人に渡していたという（聞き取り調査Ⅰ・L）。さらに、その当時、仙台市内の人通りの多い場所のごみ箱などにも遺胎が遺棄されているのを目にしたことを記憶している助産婦もいた（聞き取り調査G）。

中絶した遺胎が、病院を通じて業者に渡され埋葬される形が確立される以前は、どこでもこのような状況がみられたのであろうし、このような状況が、中絶胎児の遺胎に関する一切の手続きを引き受け、火葬や埋葬を代行する業者の設立につながったのである。

胞衣業者は、分娩後に排出される「胎盤及びその附属物」つまり「産褥汚物」「産汚物」などと称される胞衣の処理を行なう業者であるが、それら胞衣業者が、妊娠四カ月に満たない胎児を胞衣同様に処置すること自体は法的に問題とはならない。そのため、妊娠四カ月に満たない胎児は、胎盤などと同様に処置された。一方で、たとえ妊娠四カ月以上であっても行き場のない中絶胎児の遺胎は、四カ月に満たないとみなして胞衣と同様に処置する場合もあったという。

以上のように、出生児とさほど変わらない姿の胎児を中絶していた時代でもあり、このような状況を背景として、中絶の現場を知る人びとによる供養が始まったのである。

⑵ 産科医による供養

前述したように、中絶が認可された当初は、中絶可能時期について明確な月数の規定がなかったため、妊娠後期の中絶もみられた。そのため、中絶手術後に娩出した胎児が産声を上げるということも珍しくなかったという。そのような場合、助産婦などが濡れたガーゼを胎児の顔に被せる役割を任せられたり、胎児を放置して命が絶えるのを待つことが日常的に行われたという。医師たちは日常会話をしながら中絶手術をし、看護婦や助産婦は中絶した胎児の顔にガーゼを被せる役割を担ったという。ガーゼを赤ん坊にかぶせた時の手の感覚が忘れられないと語る助産婦たちもいる（聞き書きL・M・N）。

当時の産婦人科学会誌には、中絶後の胎児の生存に関する報告がみられる。妊娠第七月以降の中絶児娩出後の死産は八六・八％であるが、それ以外は生活能力が存在するとの報告である。[31] つまり、七カ月以降の中絶において一三・二％の胎児は、生きて娩出したのである。このような状況は、医師や助産婦たちに大きな精神的負担を及ぼしたであろうことは推測できる。

中絶の多い時代を経験したある産科医は、当時、中絶手術で子どもの命を絶つ罪悪感にさいなまれ精神を病んだキリスト教信者の産科医がいたと語った。このように当時の中絶手術は、その現場を担う医師や助産婦たちにとって大きな心理的負担を伴うものであったのである。しかし、その一方で、中絶手術は当時の産科医の大きな収入源であったことも事実だったとこの産科医は語った。

中絶手術の現場で、胎児の命を絶つ役割を担った医療者等によって執行された中絶胎児の霊魂供養は、このような状況のもとに始まったのだが、これは当時の中絶した人びと自身による中絶児の供養よりもはるかに早い時期であった。

以下は、医療者らによる供養の例である。

増上寺―東京都港区―

日本母性保護医協会の『二十周年記念誌』には、増上寺において昭和二十八年（一九五三）から昭和三十五年（一九六〇）まで毎年一回、第八回まで行われた水子供養祭の記録がある(32)。この供養について増上寺で次のような話をうかがった。

水子供養を行っている増上寺安国殿の事務所には、表紙に『永久納骨帳　法悦協会』と墨書された書類が保管されている。書類は、中絶に関する病院関係の書類と死産証明証および死胎火葬許可証などの埋葬に関する綴りである。同様の書類は、一九五三年から一九六一年頃まで数冊保管されているとのことであった。内容は非常にプライベートなものであることから、当然、閲覧は許可されない。この台帳の年代は、『二十周年記念誌』に記述された水子供養祭の時期と重なり合うことから、台帳にある中絶胎児を対象とする供養であったと考えて間違いないであろう。

当時を知る僧侶から伝えられた話として、増上寺の納骨堂には、都内の産婦人科病院で中絶された胎児の火葬骨が納められたこと、『永久納骨帳』の表紙に記された「法悦協会」とは、都内の産婦人科医たちが中心となった団体であったらしいということが語られた。また、当時、病院によっては、中絶手術を受けた人に、胎児の遺骨が増上寺納骨堂に埋葬されることを伝えていたようで、中絶された兄弟姉妹の遺骨が増上寺に納められているとのことを高齢の母親から聞いたとのことで、供養に訪れる中高年者がいるとのことであった。

中絶胎児の遺骨が納められた納骨堂は、中絶胎児の納骨専用ではなく「百萬霊供養塔」と称されている巨大なドーム状の建物で、地下が大納骨堂になっている。ここには、現在も全国から多くの人が分骨や納骨を行う場所でもある。

荻野美穂は、増上寺の水子供養に関して、法悦協会理事の吉岡羽一が医師たちに呼びかけて昭和二十八年（一九五三）から水子供養を始めたと記しており[33]、増上寺の記録にある「法悦協会」は、産科医たちの会であったと断定してよいであろう。

増上寺によると、中絶体験者自身がかつて中絶した胎児の供養を始めたのは、昭和五十年（一九七五）頃からであったという。西向観音近くに、参詣者が個人的に水子供養のための石地蔵を奉納し始めたのが始まりで、それをきっかけに奉納数は増加していった。地蔵群の入り口の石柱には「千躰地蔵尊」と刻まれているが、寺院においてはこれを通称「子育地蔵尊」と呼ぶということであった。一方、増上寺発行のパンフレットには「招福地蔵」とも記されている。これに対して一般の人びとは、「水子地蔵」と呼び習わしている。このように、現在、これらの地蔵は単一の名称で呼ばれてはおらず、地蔵にどのような意味や機能を見出すかによって呼び方が異なっていることをうかがわせる。

森栗茂一は、増上寺に奉納された水子地蔵尊の建立年代の悉皆調査を行い、地蔵奉納は、中絶した子どもの供養のために昭和五十一年（一九七六）から建立され、数年で千体を超したことを明らかにした。さらに、森栗は、奉納された石地蔵に記された奉納者の名前の世代的な特徴から奉納者の年代についても推測し、中絶認可直後に中絶を体験している人びとによる奉納が多いと指摘した。(34)

以上のように、増上寺では、昭和二十八年（一九五三）以降、産科医たちによる中絶胎児の供養が行われたが、そこは都内の産科で中絶された胎児の納骨の場所でもあった。その後、一九七〇年代半ば以降には、中絶体験者自身による中絶胎児の供養の場にもなり、石地蔵の奉納が盛んに行われるようになった。

このような増上寺での胎児供養の変遷から明らかになるのは、中絶認可後の早い時期から、産科医たちは、中絶された胎児の生命を認識せざるを得ない立場にあり、供養を実行していたことである。それに対して、中絶体験者たちが供養を始めるのは、これよりもはるかに遅く、一九七〇年代半ば以降である。後述するが、それは一般の人びとが胎児の命を意識し始めた時期とも重なり合う。

このように増上寺の水子供養の変遷をみると、産科医など医療関係者と一般の人びとの胎児生命をめぐる認識に差があったことが明らかになる。

現在、寺では水子供養を行うことを掲示して、時間を決めて一日数回の個別供養を常時執行している。なお、『二十周年記念誌』には、「水子供養」と表記されているが、当時からの名称であったか否かは不明である。

総持寺梅寿庵―神奈川県横浜市鶴見区―

総持寺では、増上寺と同様に、最初は医師による中絶胎児の供養が始まり、以下の経緯を経て現在に至っている。

総持寺では、昭和二十六年（一九五一）八月に、森山豊他二〇〇余名の産科医による堕胎児の慰霊祭が開催された[35]。その後、二〇年の歳月を経て水子供養像が設置されたのだが、それに関して『鶴見総持寺物語』には次のような記述がある。

戦後の中絶激増を背景として当時中絶したわが子の供養を願う女性たちが増えたため、昭和五十一年（一九七六）に、梅寿庵が再建され、同年水子地蔵像が建立されて開眼供養が行われた。この水子地蔵像は唐金製で、大阪の実業家らにより奉納されたものだという[36]。

この唐金の地蔵は、右手に釈杖を持ち左手には赤子を抱いており、その足元の蓮台には二人の幼子像が寄り添う形式である。地蔵像の石の台座には「水子地蔵尊」と刻まれ、台座の背後には納骨のためか扉が付けられている。地蔵像の後方には、昭和五十一年（一九七六）一〇月二〇日に建立された納骨塔も設置されている。この納骨塔の後方にも、幼子を伴った石製の水子地蔵像が建立されているが、それには建立者や建立年代は記されていない。これら地蔵の周囲には、個人で奉納したとみられる石製の小さな地蔵が複数奉納されている。

梅寿庵では、個人の依頼に応じて常時水子供養を行うほか、毎月二十四日の地蔵の縁日には水子供養が営まれている。また、供養の場としてだけではなく納骨することも可能で、庵内の棚には、掌にのるほど小さな容器に入った遺骨が納められており、これらは定期的に納骨塔に納められる。この棚には、遺骨のみならず、超音波写真などの子どもの記念物も納められ、おもちゃやお菓子なども供えられている。

(3) 助産婦による供養

昭和三十四年（一九五九）、岩手県盛岡市の久昌寺において盛岡市・岩手県助産婦会・婦人会連合会共催で「人工中絶未成児慰霊祭」が執り行われた[37]。この時の助産婦代表による挨拶では、「家族計画の犠牲あるいは優生保護法の犠牲とはいえ、いまここに眠る多くの未成児にたいし、私たちはなんといって詫びたらいいかわかりません」と、中絶胎児に対する贖罪と慰霊の言葉が述べられた。当時、中絶された胎児が、家族計画、優生保護法の犠牲者であると認識され始めたことを示す。人びとに中絶を推奨した立場の助産婦たちが、そうしたことを自身の罪として受け止め、中絶胎児に対するお詫びの言葉を述べているのである。その翌年の昭和三十五年（一九六〇）には、山形県助産婦会においても「未成児慰霊祭」と称して、同様の慰霊祭が行われた。(38)

戦後、子どもの数を抑制する国の方針の中で、地域で自宅分娩を扱った助産婦たちはお産介助のみならず中絶手術の相談を受けたり、病院を紹介したりするなどの役割も担っていた。また、病院勤務の助産婦たちは、中絶手術において胎児の命を絶つ現場に立ち会った。

そのような助産婦たちは、中絶認可直後は、中絶に罪悪感を抱くというよりも、いかに子ども数を減らして人びとの生活を豊かにして行くかを目標としていたため、中絶を必要なことと認識していた。しかし、まもなく想定をはるかに超えて増加した中絶に対して、中絶を推奨し、容認したことに自責の念を持ち始める。彼女たちは、中絶が増加の一途をたどる中で、徐々に罪悪感を強くしていったのである。ある助産婦は、中絶するための病院を紹介した過去を振り返り、「自分は、昔、間引きを行なったコナサセババと同じことをしていた」と思うようになったと語った（聞き取り調査C）。

このように中絶の現場近くにいた助産婦たちもまた、胎児生命に早期に気づいた人たちであった。助産婦たちが行った慰霊祭は「人工中絶未成児慰霊祭」「未成児慰霊祭」などと称され主催した県の助産婦会独自の名称が用いられた。

以上は、中絶体験者自身が中絶胎児の供養を開始するはるか以前に、産科医や助産婦、胞衣会社が主催して開始された中絶胎児の供養の例である。中絶手術の現場で胎児の命と向き合わざるを得なかった人びとが、いち早く中絶された胎児の命を意識し霊魂供養の必要性を実感し実行したのである。そして、これら供養の場となったのが仏教寺院であった。

なお、表4-1にある鳴子熱帯植物園の水子地蔵建立に関しては、植物園経営者からの聞き取り調査によると、観光業の一端として考案したという。中絶の多い時代に中絶体験者でもあった嫁たち世代の来園を期待して、中絶した胎児を供養する場として建立したという。建立にあたって寺の住職に相談すると、中絶胎児の供養が未だみられなかった時代であり賛成されたという。住職と相談し「水子地蔵」と命名することにし、「水子」を仏教の位号であるスイシと読むことを前提としたが、「水死」を連想するためにミズコと呼んでも良いことにしたという(39)。

第三節　水子供養の萌芽――清源寺「子育ていのちの地蔵尊」の事例

昭和四十（一九六五）年に建立された、東京都の清源寺境内にある「子育ていのちの地蔵尊」建立の経緯には、水子供養の萌芽ともいうべき要素がみられる(40)。この地蔵については、清水邦彦が「昭和四五年以前からの水子供養」(41)のなかでその存在を報告したが、水子供養との関係は薄いと記し、研究対象としての価値を見出さなかった。しかし、建立された時期と地蔵の名称は、社会のなかで中絶の是非が問われた時代背景との関係性を推測させ、当時の社会状況を反映したものではないかと思われた。そのため、建立の経緯について寺院に尋ねたところ、地蔵建立に関する資料が大切に保管されており、快くその全てを閲覧させて頂き、公にすることについても快諾していただいた。

これら一連の資料は、水子供養の萌芽ともいうべき供養であることを明らかにするものである。

1．中絶胎児供養への動向

『清源寺の歩み』[42]によれば、浄土宗寺院浄国山清源寺は文明元年（一四六九）に創建された清浄庵を起源としており、寛永四年（一六二七）年に浄土宗の寺院となったことで今日の基礎が築かれた。今日まで、さまざまな時代の波に翻弄されながらも歴史を刻み現在に至っている。

境内に「子育ていのちの地蔵尊」が建立されたのは、昭和四十年（一九六五）のことであるが、そこには現在一般に行われている水子供養の萌芽ともいうべき要素が散見される。

地蔵が建立された時代は、一九六〇年代から始まった、優生保護法改正とそれに伴う人工妊娠中絶認可条件の厳格化を目指す国の方針と、それに対して反対を唱える団体の間で中絶の是非をめぐる対立が表面化した時代であった。

清源寺の地蔵建立にあたって作成された趣意書には、当時、人工妊娠中絶反対の立場をとる中心的な人物であった人口問題研究所の篠崎信男の名が記されている。また、建立資金を確保するための募金活動が、人工妊娠中絶認可の廃止を求める「いのちを大切にする運動」の一環として行なわれたことが明記されている。つまり、地蔵尊建立は、当時の優生保護法改正と中絶廃止の運動と連動して展開されて行ったのである。

地蔵尊が建立されたのは、第二十一世住職櫻庭俊海和尚の代であり、『清源寺の歩み』の記述によれば、建立に関しては「二千余人の協力と、厚生省人口問題研究所の篠原氏（ママ）の後援によって子育て命の地蔵尊を造立し、以来、毎年五月五日（子どもの日）に地蔵会をもよおしています」と記されている。「篠原氏」とされているが、趣意書の記載や公的記録には「篠崎信男」とあり誤植と思われる。また、第二十一世住職夫人静江氏の娘さんによると「五月五日だった地蔵様の祭りは、後に四月二十四日になった。その祭りには笹塔婆を燃やして供養し、人形供養や御札の供養も行った」とのことで、『清源寺の歩み』刊行時の昭和五十三年（一九七八）以降に祭日が変更されたと考えられる。二十四日が地蔵の日であるための変更であろうか。

荻野美穂によれば、昭和三十八年（一九六三）八月四日に「いのちを大切にする運動」第二回東京大会の開催日に、清源寺でも「無縁仏水子供養祭」が開催されたとある(43)。清源寺ではそれに関する資料はみられないが、昭和三十八年は地蔵建立の二年ほど前であるが、根拠となる資料が示されていないことからその詳細については不明である。

以下、清源寺に保管された資料から「子育ていのちの地蔵尊」建立の経緯を追ってみたい。

地蔵尊建立の最初の趣意書は、地蔵の名称を「生命地蔵尊」とする『生命地蔵尊建立趣意書』が、和綴じ六ページにわたり以下のように墨書されている。

生命地蔵尊建立趣意書

昭和三十七年　生命軽視の風潮、特に水子流産児の年々百万件を数える事実　また交通事故死、自殺等、死因の第一位を占めている事実にかんがみて「いのちを大切にする運動」を起こし、昭和三十八年は東京大会のみに止らず　大阪にても本大会が開催されるに到った。更に大阪方面に於ては数年前より水子燈籠流しを始め、流産児供養は盛大に行われて来ているが東京では今回はじめて清源寺において第一回の供養が行われたに過ぎない。今日、日本国民に最も必要な滋養は物質的な要素ではなく、心の栄養となる要素である。斯くの如き眼に見えざる魂の問題についてこれを育成することは多数の人々の信仰態度によって開発される處大である。従って現今まで二千万になんなんとする胎児無縁佛を弔うとともに、生命の尊厳を自覚せしめるため、此處に生命地蔵尊の建立を「いのちを大切にする運動」の一環として悲願し、多くの人々の一善の余徳を以って成就せんことを期する所存である。心ある多くの人びとの一燈を本事業に奉仕されることを節に期待し、相互に神佛の大道のこの世に具現せられんことを乞ふ次第である。

附　記

一、工費目標額　　壱百万円
一、建設場所　　清源寺　　以上

各位

発起者
「いのちを大切にする運動連合」
中央常任委員長　厚生省人口問題研究所　篠崎信男
副委員長　生長の家白鳩会　上條たか
副委員長　紅卍会　小田秀人
常任委員　結婚センター　田辺治子
常任委員　日本キリスト教婦人矯風会　宗像正子
常任委員　清源寺　櫻庭静江
（以下、個人の協力者三名につき省略、※波線は筆者）

この趣意書に年月日は記されていないが、後述する募金活動の際の印刷物「子育ていのちの地蔵尊建立趣意書」に「昭和三十八年九月」と記されていること、さらに上記文中に昭和三十八年（一九六三年）に東京大会が行われていることが記されていることから、「生命地蔵尊建立趣意書」も同時に作成されたと考えられる。

趣意書で注目したい点は、以下の七点である。

①趣意書が書かれた時には、清源寺において既に第一回供養が行われていた。
②中絶によって命を絶たれた胎児を「水子流産児」「胎児無縁佛」と表現している。
③生命地蔵尊建立は、水子流産児のみならず交通事故死者、自殺者の供養を含んでいた。
④昭和三十八年に「いのちを大切にする運動」の東京大会・大阪大会が開催された。
⑤大阪方面では、数年前から水子燈籠流し・流産児供養が盛大に行われていた。
⑥発起者筆頭に、人口問題研究所篠崎信男が「いのちを大切にする運動連合」中央常任委員長として名を連ねている。
⑦生長の家白鳩会、紅卍会、日本キリスト教婦人矯風会、清源寺住職夫人櫻庭静江の名がある。

以上を整理すると、第一に、清源寺においては趣意書作成以前に一度供養が行われていたことが分かる。また、「いのちを大切にする運動」東京大会・大阪大会が開催される予定との記述は、後述する紅卍会の会報に、第三回東京大会、第二回大阪大会が昭和三十九年（一九六四）年八月開催予定と記されていることから、清源寺での第一回供養は、第二回東京大会、第一回大阪大会であったことがわかる。

これ以前の昭和三十七年（一九六二）には、篠崎信男が「水子祭り」を計画していると週刊誌の取材で語ったこと、いのちを大切にする運動連合のしおりに「闇に葬られてきた胎児の霊を弔う水子供養を発意」したとあること、(44)前述した荻野の記述に一九六三年とあることなどにより、清源寺と篠崎との繋がりが推測できるものの、その詳細は不明である。篠崎がどのような経緯で「水子」「水子供養」の語を使用したのかについても不明であるが、「中絶」と「水子」「水子供養」の語がここで結びついて用いられたことになる。

このように清源寺の第一回目の供養は、第二回東京大会時に行われたと考えることができる。

第二は、生命地蔵尊建立の目的が、中絶胎児のみならず交通事故死、自殺等の供養であった点である。これは後に新たに作成された「子育ていのちの地蔵尊趣意書」においても同様で、供養対象は中絶胎児のみに限定してはいなかったのである。

第三に、大阪方面において数年前から「水子燈籠流し」「流産児供養」が行われていたとの記述である。現在、これらがどのように行われたかについては資料が見つからず不明であるが、中絶胎児を「水子流産児」「胎児無縁佛」とする表記については、名称が未だ統一されていないことを示すものであり、一九七〇年以前に共通した呼称が見られない点は注目したい。

第四は、趣意書の「発起者」が、宗教を超えて多様である点である。当時を知る「生長の家」の長老楠本加美野氏は、「いのちを大切にする運動」が活発に行なわれた時代、多くの宗教団体や各種団体が参加して運動が繰り広げられていたと語る。その話を裏付けるように趣意書にある発起者名は、生長の家、キリスト教、紅卍会など宗教の垣根を越えたものである。

静江氏の娘さんによれば、建立当時はご自身が高校生だったため詳しいことは分からないとしながらも、静江氏を始めとする大人たちが非常に熱心に活動していたことや、銀座でタスキ掛けの街頭募金などを行っていたことを記憶している。さらに、静江氏がこの運動に関わるようになった経緯として、静江氏が中絶の盛んな周囲の状況を見て、闇に葬られる子どもたちの命に心を痛めていたことも記憶している。また、篠崎氏との関係については、定かではないが、篠崎氏が通勤時などに清源寺の前を通ることがあり寺に相談がもたらされたようだとのことであった。

このように清源寺の「生命地蔵尊建立」は、「いのちを大切にする運動」を背景として、篠崎が清源寺と接触したことがきっかけとなり実現したものであった。

2. 地蔵尊建立と「いのちを大切にする運動」

次に、趣意書と「いのちを大切にする運動」に記された「発起者」との関係を見たい。

趣意書の筆頭に記された篠崎信男は、人口問題研究所所長を務めた人物で、受胎調節実地指導、家族計画運動の中心的な推進者の一人でもあった。いわば、中絶による子ども数の抑制から妊娠そのものを防止して子どもの数を抑制して行こうとする動きの渦中にいた人物である。

前述したが、受胎調節の指導を行うに先立ち人口問題研究所では、全国に受胎調節のための計画モデル村を設置し、避妊指導を行いその効果を確認して後に、全国的な受胎調節実地指導を展開した。

その頃の『人口問題研究所年報』には、受胎調節や家族計画に関する篠崎信男の論考がみられ(45)、篠崎が避妊による出産コントロールに力を注いでいたことが窺える。また、紅卍会発行の会誌には、篠崎信男が「いのちを大切にする運動」を提唱し牽引役であったことも記されている(46)。荻野も、篠崎が「いのちを大切にする運動」の発起人であると記しており(47)、彼が運動の中心的役割を担っていたことは間違いないであろう。清源寺の地蔵建立にあたって、このような立場にあった篠崎の意思が強く働いたと考えられる。

趣意書にある紅卍会(48)の会報『日本卍会月刊』（昭和三十九年五月）によれば、紅卍会の「いのちを大切にする運動」への関わりに関して、「理事会にかけて決議したうえで大嶋会長を先頭にこの運動に率先協力している」「本会も参加協賛団体としてその一翼を担っている『命を大切にする運動連合』」とあり、運動の「参加協賛団体」として参加していたことは間違いない。趣意書の署名にある小田秀人は、当時、紅卍会の代表的な人物の一人でもあり、地蔵建立も会として支持していたことは明らかである。

「生長の家白鳩会」は、宗教団体生長の家の婦人たちの会である。土屋敦によれば、生長の家は一九五〇年代末から一九八〇年代にかけて、人工妊娠中絶反対の立場をとり、中絶認可の条件の一つである「経済的理由」の撤廃を求めて活動していた。昭和三十四年（一九五九）には、「生長の家白鳩会」が中絶防止啓蒙運動としての「生命尊重運動」を開始し、昭和三十六年（一九六一）にはこの運動が生長の家全体の運動となり、中絶防止のための署名活動が展開されていった。(49)

このような経緯をみると、趣意書が作成された当時は、白鳩会の活動がまだ生長の家全体の運動となる以前であったといえると同時に、生長の家としての運動となる契機となったことも推測できる。

生長の家では、昭和三十六年（一九六一）に宇治別格本山に「全国流産児無縁霊供養塔」を建立した。これは全国の中絶児の供養を主な目的としてはいたが、別格本山敷地内にあることから、実際の参拝者は信者に限られており一般の人びとに知られていたとは言い難い。しかし、中絶胎児供養に対する具体的な場を設置した点では注目すべき場所でもある。

生長の家では、人の命の始まりについて「受胎の瞬間から人の命」としており、人はこの世で果たすべき役割をもって命を授かる。従って、中絶は殺人であるという立場をとる。

生長の家では、中絶が問題視されるようになった初期の段階では、当時、多くみられ原因が解明されていなかった小児麻痺と中絶の因果関係を説いた。しかしその後は、家庭内のさまざまな望ましくない問題と中絶の因果関係を説くようになっていった。

中絶された胎児とその「祟り」に関する生長の家の根本的な考え方をみると、中絶胎児は親から愛されることを望んでおり、自分が忘れられていることを知らせる手段として、親や兄弟姉妹にとって望ましくない問題を生じさせている。しかし、それら望ましくない問題は「たたり」や「怨念」ではなく、あくまでもそれらを通して親に知らせているのだと説く。そして、そのような望ましくない問題を解決するために、次のような具体的な供養法を示す。まず、大切なのは位牌を作ることで、厚紙などで良いので「昭和〇〇年〇月〇日帰幽～童子之霊」と書く。性別が不明であるなら男女に共通する名を付ける。この位牌を仏壇あるいは清浄な場所に祀り、朝夕時間を決めて聖経「甘露の法則」を唱えるというもので、あくまでも信者が対象であるが、胎児生命や中絶胎児に関する位置づけは明確である。

次に、紅卍会と「いのちを大切にする運動」に関して見て行く。

紅卍会の会報（昭和三十九年五月発行）には、「いのちを大切にする運動大会迫る」の見出しで、「いのちを大切にする運動連合」が昭和三十九年（一九六四）八月六日、新宿厚生年金会館において第三回東京大会を開催する予定であること、その後、九日には第二回大阪大会が、一〇日には第一回名古屋大会が開催されること、さらに、秋には金沢で北陸大会を開く予定であることが記されている。

また、「一昨年六月、厚生省人口問題研究所資質部長篠崎信男理学博士が人口資質の問題から生命軽視、就中堕胎の弊害が、宗教道徳を超えた日本民族の消長に関する一大事であることを痛感して、各種団体に呼びかけて協力をもとめたのに端を発したものである」「現在では厚生省、文部省、労働省、厚生年金会館、国鉄等の後援の下、カトリック、生長の家、修養団、全国師友会、日本紅卍会等その他五十有余の協賛参加団体を抱擁する一大国民運動となりつつある」と、宗教を超えた運動が展開されつつあることについても記述している。

以上、趣意書に名を連ねた「発起者」を中心に考察すると、清源寺の「生命地蔵尊建立」は、宗派を超えた宗教団体やその他の多様な団体によって支えられていたことが分かる。

また、前述した紅卍会の会誌には「いのちを大切にする運動の最近の動き」と称し、以下の記述がある。

一、本年五月三日午前十一時より、東京銀座街頭その他五ヶ所で、ロボットを駆り出しての生命尊重の一大デモンストレーションを行い、黄色いいのちの小旗を手渡して道行く大衆に訴えた。

一、五月八日午後一時半より
優生保護法（堕胎法）改正国民決起大会を生長の家本部講堂で開催した。席上現職の小林厚生大臣はこの悪法を批判し、次国会では必ず改正すると確約した。

一、八月六日午後一時─四時半第三回東京大会
（プログラム）
第一部　失われたいのちへの黙祷
第二部　大会
総裁あいさつ　鳩山薫子夫人
祝辞　厚生大臣　神田博氏、生長の家総裁　谷口雅春氏、日本家族計画連盟会長　古屋芳雄氏、日本紅卍会々長　大嶋　豊氏、
いのちの運動のあゆみ　篠崎信男氏
第三部　いのちをたたえる
「いのちを守る政治」を語る
労働大臣　石田博英氏、元厚生大臣　小林武治氏、
社　会　党　河野　密氏・加藤シズエ氏、民　社　党　伊藤卯四郎氏
第四部　歌の風車（協力NETキングレコード）
出演　ペギー葉山、梓みちよ、山田寛一、檜晋樹
演奏　スマイリー小原とスカイライナーズ

一、八月九日　　大阪大会（大手前会館）
一、〃　十日　　名古屋大会（市公会堂）
一、〃　十一日　　金沢準備委員会（大和百貨店）

以上の資料に開催年の記載はないが、記述内容と会誌発行年を参考にすると昭和三十九年（一九六四）と考えられる。大会プログラムには、総裁に鳩山薫子夫人、各地区の会長に知事夫人が、また顧問に蓮沼門三、安岡正篤、橋本徹馬、谷口雅春、大嶋豊等の当時の著名人の名もみえる(50)。さらに「篠崎信男が中央常任委員長として一切の采配を振るっている」とある。

このように、「いのちを大切にする運動」は昭和三十七年（一九六二）に篠崎信男の呼びかけに応じた各種団体が協賛・参加し、厚生省以下各省が後援となり展開したことがわかる。そして、この運動の中心にいたのは篠崎信男であり、鳩山夫人を総長として政治とも密接な関係を持っていたこと、厚生省、文部省、労働省、国鉄などの公的機関からの後援、さらには宗教団体の協賛を得て展開し始めたことを示す。

プログラムには、「第1部　失われた命への黙祷」とあり、中絶胎児の命に対して黙祷している点は、供養へと展開してゆくことをも暗示させる。

厚生省人口問題研究所は、受胎調節に関する中心的な研究機関であったが、国鉄などの公的な企業もまた、国の方針を受けて、受胎調節指導や家族計画指導に会社全体で取り組んでいた。

また、顧問として名を連ねた谷口雅春は、言うまでもなく生長の家の総裁であり、中絶廃止の活動は生長の家全体の活動として展開してもいた。また、橋本徹馬は、政治運動家として佐藤栄作首相の相談役の一人でもあり、昭和四十六年（一九七一）に、埼玉県秩父郡に中絶胎児を専門に供養する「水子供養」専門の寺院紫雲山地蔵寺を開山して初代住職となった人物である。

3.「子育ていのちの地蔵尊」建立と水子の供養

清源寺では、昭和三十八年（一九六三）になると改めて趣意書が作成され、印刷物として配布された。以前の趣意書には、「生命地蔵尊」とあったが、新たな趣意書では「子育ていのちの地蔵尊」と改称され、「いのちを大切にする運動」の影響が窺える。趣意書は、以前の趣意書を踏襲したもので、以下がその全文である。

昭和三十七年　生命軽視の風潮、特に水子流産児年々百万件を数える事実　また交通事故死、自殺等、死因の第一位を占めている現状にかんがみて「**いのちを大切にする運動**」を起こし昭和三十八年は東京大会のみに止らず　大阪にても本大会が開催されるに到りました。更に大阪方面に於ては数年前より水子燈籠流しを始め流産児供養は盛大に行われて来ています。東京では今回はじめて清源寺において第一回の供養が行われました。

今日、日本国民に最も必要な滋養は物質的な要素よりも、心の栄養ではないでしょうか。斯くの如く眼に見えざる魂の問題についてこれを育成することは多数の人々の信仰態度によって開発されるところと信じます。従って現今まで二千万になんなんとする胎児無縁佛を弔うとともに、生命の尊厳を自覚せしめるため此處に子育ていのちの地蔵尊の建立をはかり「**いのちを大切にする運動**」の一環として多くの人々の一善の余徳を以って成就されるよう念ずる次第であります。

心ある多くの方々お志を本事業に奉仕されることを切に念願し相互に神佛の大道のこの世に具現せられん

ことを乞ふ次第であります。
更にこの世に生を受けし幼き「**いのち**」が健やかに成人するよう子育ての祈りをもこめて本地蔵尊にともに発願し諸事万端善男善女人のお力によって成就を期するものであります。
よってこれを「**子育ていのちの地蔵尊**」と命名します。

附　記

一、工費目標額　　壱百万円
一、建設場所　　東京都新宿区戸山町三十二番地　清源寺境内

発起人
いのちを大切にする運動連合中央常任委員長　厚生省人口問題研究所　篠崎信男
生長の家白鳩会　上條たか、紅卍会　小田秀人、結婚センター　田辺治子、芝学園理事長芝中・高等学校長、佛教政治同盟委員長　松本徳明、財団法人日本科学振興会副会長、株式会社鉄道会館常務取締役　芳賀達雄、田中工務所社長　田中一男、清源寺　櫻庭静江
右主意に御賛同賜り協賛者として御協力の程お願い申し上げます。
昭和三十八年九月
各位様

（※文中の太字は原文による）

こうして地蔵は正式に「子育ていのちの地蔵尊」と命名され、建立資金として浄財の寄附の呼び掛けが開始さ

れた。趣意書には、中絶胎児の供養のみならず、交通事故死者や自殺者の供養さらに子どもの健やかな成長を願う地蔵であると記されている。

その後、昭和三十八年（一九六三）一一月一八日付けで東京都に対し「金銭物品等の寄付募集に関する許可申請」を住職夫人名で提出し、東京都知事名で一九六四年まで一年半の許可が出ている。募金目的・方法は「いのちを大切にする運動として水子流産児、不慮の事故死者の供養のため、またこの世に生を受けて幼き『いのち』の健かに成人するよう子育ての祈りをこめて『子育ていのちの地蔵尊』を建立のため、その資金を善男善女人より仰ぎて成就を期するもの」とある。

使途明細として、唐金地蔵尊（型代共）五八五、〇〇〇円、土台周囲一切二四九、〇〇〇円、除幕・開眼式費七〇、〇〇〇円、募金に要する諸費九五、四〇〇円の合計九九九、六〇〇円が計上されている。これに対する東京都知事名の許可書には、募金の名称「『子育ていのちの地蔵尊』建立資金募金」、募金の目的『「子育ていのちの地蔵尊」建立資金調達』、募金の方法「一般有志に趣意書を配布し、賛同者から任意の寄附を募る」、募金の総額「一、〇〇〇、〇〇〇円」、募金の区域「東京都全域」と記されている。こうして地蔵尊建立へ向けての具体的動きが始まった。

一方、檀家の総意として、清源寺境内に地蔵尊像を建立する旨の「承諾書」（昭和三十八年一一月一八日付）が、寺の代表役員・責任役員名で作成されている。

ここで興味深いのは、墨書した地蔵像のスケッチが残され、杖を持ち蓮台に立つ地蔵像が描かれているが、実際に建立された唐金の地蔵像は、右手に子どもを抱き左手に宝珠を持つ立像で、スケッチとは異なる。地蔵像の注文を受けた仏具店に尋ねると、鋳造は高岡市であろうとのことで調査に訪れた。

古くから仏像製作を行う鋳造所の一つであるS製作所を紹介され、持参した清源寺の地蔵像の写真を見てもらうと、偶然であったが、この製作所で鋳造された像であることが分かった。経営者S氏は、昭和三十九（一九六四）年に鋳造したことを鮮明に記憶されており、原型が故道具氏作であったこと、それまで赤子を抱く姿の地蔵像を見たことがなかったので印象的だったとのことであった。仏具店の見積書には「S先生原型代」とのメモ書きがあり、原型が「S先生」によって造られたものと推測していたが、S製作所を意味していたことが明らかとなった。しかし、どの時点で赤子を抱いた様式に変化したのかについては不明である。

また、募金については『子育ていのちの地蔵尊建立協賛芳名簿』から知ることができる。これには、総数二二六七名の署名が寄附金額と共に記録されている。寄附金額は一件五〇円から三万円で、合計一、二二六、三九六円の浄財が集まっている。名簿の住所は、清源寺町内を始めとして都内とその周辺部が多い。これらの浄財によって、地蔵建立と開眼供養が執行されたが、関係する領収書一式の内容は以下である。

唐金地蔵尊　四八〇、〇〇〇円、土台石　一〇、〇〇〇円、土台下カロート　九、〇六〇円、水道工事　七、四八〇円、電気工事　九、九三〇円、造園工事　二二、五〇〇円、水鉢代金一八、〇〇〇円、セメント　一四、〇〇〇円、穴掘りカロート内　五、五〇〇〇円、石材運搬　二、〇〇〇円

他に募金関係の必要経費として、印刷費、通信費、交通費などの明細、開眼供養関係の費用として、広告用短冊、稚児申込書、御姿御守申込書、お守袋、パンフレット、案内状、ポスター、切手、模擬店、記念品、記念菓子、線香、供物、酒、出僧料、食器使用料、会場設備費、等々の記録がある。結局、差引き一七、二九八円の赤字で、不足分については清源寺が地蔵に奉納する形で収支を合わせている。

建立された地蔵尊の傍らには「子育ていのちの地蔵尊由来」の碑があり、その文言は静江氏によるという。以下がその全文だが、注目したいのは中絶胎児を「水子」と表現していることであるが、当初は、位号としてのスイシで呼んだのかミズコと呼んだのかは不明である。

生きとし生きるものすべてその生を全うするは極めて難しこの世に生を得たるも水子としてはかなく去るもの戦後二千万ようやくにして世に出でたるも不慮の事故による死者その数を知らず人のいのちはかなきこと限りなし
　本地蔵尊はいのちを失いし人びとの霊を供養しこの世に生まれ出でし幼子すべてすこやかに育ち世の平和をつくれよと二千有余の人々の人のいのちの尊さを思う祈りをこめて建立せられたり依って子育ていのちの地蔵尊と命名す
昭和四〇年四月吉日　清源寺

写真 4-2　子育ていのちの地蔵尊、清源寺、2011 年 7 月撮影

さらに、保管された資料には、「清源寺子育ていのちの地蔵尊奉賛会」の名で八月二三、二四、二五日に「地蔵盆ご案内」の葉書が保存されている。そこには「地蔵盆供養・水子供養・延命息災祈願執行いたします」とあり、初めて「水子供養」の語がみられる。案内状には年代が印刷されていないが、葉書が七円、郵便番号枠が五桁であることから昭和四十一年（一九六六）七月以降昭和四十六（一九七一）までに送付されたものと分かる。この期間に地蔵盆供養、延命息災祈願と同日に水子供養が行われるようになったと考えられる。

　以上のように、清源寺における地蔵尊建立は、

「いのちを大切にする運動」を背景として進められ、中絶胎児を供養する具体的な場所と参詣対象を提供したのである。このように「子育ていのちの地蔵尊」は、中絶経験者自身が、中絶により命を絶った胎児を供養する場として設置されたのである。この点で、「子育ていのちの地蔵尊」は、水子供養の萌芽ともいうべき重要な位置を占めていると考えられる。

清源寺での水子供養は、現在まで毎年行われ今も一〇〇人程の参加がみられるが、設置以来、地域を超えて広く周知されるまでには至らなかった。水子供養が、全国的に展開するのは、昭和四十六年（一九七一）に水子供養専門寺院として紫雲山地蔵寺が開山して以降のことになる。

第四節　水子供養の成立

ここでは、水子供養専門寺院としての先駆的役割を果たした紫雲山地蔵寺の水子供養について見て行く。合わせて、水子供養が全国的流行を生んだ一九七〇年代から八〇年代の社会背景について考察したい。

1．水子供養専門寺院の誕生　―紫雲山地蔵寺―

地蔵寺が提示した水子供養の在り方は、短期間に全国的な広がりをみせていった。それは、地蔵寺が提示した供養が、多くの人びとに支持され受容されたためであるが、そのような地蔵寺の水子供養について、当時の社会背景とともに考えて行きたい。

昭和四十六年（一九七一）、埼玉県秩父郡小鹿野町に水子供養を専門とする紫雲山地蔵寺が開山した。寺を創建し初代住職となった橋本徹馬（一八九〇〜一九九〇）は、大正十三年（一九二四）に政治結社「紫雲荘」を創立、全国主要都市で定期的に講演会を開催する政治運動家であった。前述したように、橋本は「いのちを大切にする運動」の協賛者でもあり、首相佐藤栄作の政治的相談役の一人でもあった。

当時を知る地蔵寺関係者によると、橋本が各地で行っていた講演会開催後には、参加者を対象とした個別の人生相談を行っていた。それらの相談を受ける中で、中絶と家庭内の不幸が関係していることに橋本自身が気づいたことで、水子供養を発願したとのことであった。

確かに、その話を裏付けるように、昭和三十五年（一九六〇年）の会誌『紫雲』の記事には、相談者が「婦人科系の病気になったのは、中絶した子どもがいるためではないか」「妻が患う息苦しさの原因は、中絶した子どもの影響ではないか」と、橋本に語り相談している例がみられるが、この時点で橋本は、中絶が病気の原因であるとは断言してはいない(51)。しかし、その後、昭和三十九年（一九六四）の会誌では、人工妊娠中絶の弊害を説くようになる。この時期は、「いのちを大切にする運動」を背景として「子育ていのちの地蔵尊」建立に向けた活動が始まった時期でもあり、前述したように橋本は「いのちを大切にする運動」の顧問としても名を連ねている。

橋本が人生相談を行う中で、中絶と不幸の関係を相談者から問いかけられたことに加えて、「いのちを大切にする運動」との関わりの中で、中絶された胎児の供養の必要性を感じ始めていたといえよう。これらが契機となったことで、中絶胎児の供養の場として地蔵寺を創建したと考えられる。

地蔵寺創建の前提には、橋本が宗教者としての側面をもっていたことも要因として考えられる。橋本は、二〇歳代から各地で宗教的な修行を続け、昭和三十三年（一九五八）以降は、紫雲荘主催による秩父・坂東・四国の各霊場の巡礼などの宗教的活動も行っている(52)。

橋本に関しては、「霊能者」であるとの記述がみられるが、地蔵寺では、橋本徹馬を霊能者とは位置付けては

写真 4-3　水子地蔵尊、紫雲山地蔵寺、2011 年 8 月撮影

いない。

昭和四十六年（一九七一）に地蔵寺が開山する。開山に当たって、中絶認可の条件を厳格化することに肯定的であった首相佐藤栄作、荒船衆議院副議長をはじめとして、埼玉県知事、同副知事、小鹿野町町長等が参列し町をあげての大きな行事となった。

そこには、地蔵寺の創建にあたって、地蔵寺を観光資源とすることで町を活性化しようという行政の期待があったことは事実のようである(53)。

地蔵寺は、中絶胎児を「水子」をミズコと呼び、水子の霊魂供養を「水子供養」と称して、水子供養の必要性と具体的な供養法を提示した(54)。

地蔵寺本堂には、水子地蔵尊が本尊として祀られており、道路に面した境内にも巨大な唐金の水子地蔵が設置され、その台座には「水子地蔵尊」と大きく刻まれている。

この地蔵の原型は、彫刻家後藤白童が地蔵寺のために作製したもので、幼子一人を腕に抱き地蔵の足元に数人の幼子が寄り添う形式で、現在、いわゆる水子地蔵・水子観音として周知されている様式の仏像である。

白童氏のご遺族からのお話によると、白童氏と橋本は公の会合で知り合ったことが縁となり、本尊を作製することになったという。保存されている製作過程を写した写真には、この地蔵像がいくつもの試作を繰り返して現在の様式となったことが窺える。また、現地蔵寺ご住職によると、地蔵像は名古屋の鋳造所で鋳造されたということであった。

地蔵寺は、秩父観音霊場第三十一番観音院への道筋にあたっており、地蔵寺は霊場巡りの大型観光バスが休憩できるような駐車場とトイレなどを設置して提供した。休憩のためにバスを降りた巡礼者がそこで目にするのは、地蔵と幼子の関係を一目で印象付ける巨大な水子地蔵像である。水子供養を印象付けるのには、十分な効果があったろう。

橋本は、中絶と水子供養に関して次のように説明している。受胎の瞬間から人の命であり、従って中絶は殺人である。中絶の決定権は、最終的には母にあるので母の責任は大きい。「中絶された胎児は非業の死であるうえに、墓にも仏壇にも祀られぬ」ため、「霊界に入ることもできない中有（霊界と現界の中間）に迷って」いる「悲しい、尽きぬ恨みをもつ霊魂」である。それら恨みを持ち迷っている霊魂は、社会に「犯罪」「心身障害者」が激増している最大原因である。そのような「闇の子の苦しみと恨み」は、父母あるいは中絶を免れた同じ親の子にかかり、問題行動や病気・怪我を引き起こす[55]と説明した。

橋本は、それらの具体的な例として、一九七〇年代に社会問題となっていたノイローゼ、親への反抗、登校拒否、暴走族、学生運動を上げ、さらに、病気や学業成績低下などの原因は、供養されない中絶胎児の霊魂「水子」の影響であると断じた[56]。

戦後の目覚しい経済発展と価値観の変化は、人びとに物質的豊かさをもたらした反面、急速な変化は、人びとの生活に負の影響もたらしていたのである。そのような時代にあって、橋本は、家や家族が抱える解決し難い不幸を水子の影響であると説明したのである。その上で、水子供養の具体的方法を提示した。それは「お詫び」「償い」「供養」の三点を柱として、中絶した我が子に、まず「お詫び」をし、位牌代わりに仏壇に地蔵などを祀ることを奨めた。さらに、その家の菩提寺や墓所あるいは地蔵寺に水子の墓として石地蔵を祀ることも薦めた。

写真 4-4　奉納された石地蔵、紫雲山地蔵寺、2011 年 8 月撮影

また、毎日百円程度のお金を供え水子供養のために使うことが「償い」であると説き、地蔵寺やその家の檀那寺に供えたお金を納めることを推奨した。

そして、このような「お詫び」と「償い」をすることによって、水子は初めて「供養」を受け入れるのだと説いた[57]。

このような地蔵寺の具体的で明確な説明と供養の方法は、橋本が全国で行っていた講演会や地蔵寺が作成した水子供養に関するパンフレットの配布、あるいはメディアなどを通じて紹介され[58]、短期間のうちに全国に知られるようになった。

詳細については後述するが、地蔵寺が開山した一九七〇年代は、産科医療機器の進歩により母体内の胎児が可視化された時代である。そのような中で、人びとはかつて中絶した胎児を、「わが子」あるいは「わが子の命」として認識するようになった時期でもあり、中絶した「わが子」の霊魂を個別に供養することが求められる時代になっていたと考えられる。

そのような時代にあって、地蔵寺は、前述したように参詣者の個別の供養に応じ、中絶された胎児を個別に供養するための石地蔵の奉納も提示したのである。中絶体験者自身が奉納した石地蔵は、わが子を守り救う地蔵菩薩の姿であると同時にわが子の姿あるいは墓ともみなされた。二〇〇〇年時点で、地蔵寺境内には全国から個人や団体名で奉納された石地蔵が一万四千体余設置されている。

水子供養の祈願対象となっている水子地蔵菩薩や水子観音菩薩の仏像生産地である高岡市のS製作所によると、水子供養のための大型仏像が大量に生産され始めたのは、昭和四十七年（一九七二）以後のことであったという。水子供養は、一九七〇年代半ば以降に流行期を迎えたが、仏像生産は、水子供養流行よりわずかに先行していたようである。水子地蔵尊像や水子観音菩薩像という水子供養専用の参拝対象が祀られ始めたことも、大きな流行を生んだ要因であったろう。

2. 地域に誕生した水子供養 ―宮城県の事例から―

宮城県大崎市の禅月山慈明寺は、三七〇余年の歴史を重ねる臨済宗の寺院であり、現在、檀家約千件を数える地域に密着した寺院である。

筆者が、慈明寺に水子供養の調査で伺ったのは、二〇〇〇年のことである。水子供養祭にも何回も参加させて頂き、何度もお話をうかがった。また、保管された資料の分析や、子どもの戒名に関する調査にも快く応じて頂いた。本書に寺院名を明らかにして記述することを快く了解して頂いたことを心から感謝申し上げたい。

この寺で水子地蔵尊開眼法要・第一回水子供養祭が行われたのは、昭和五十六（一九八一）七月二四日のことであった(59)。この時期は、全国的な水子供養の流行期でもある。

この寺の水子供養は、中絶認可後の早い時期から地域住民の中絶の多さを目の当たりにした第九世住職（一九一一～一九七五）が、中絶胎児の供養を模索していたところ、昭和四十年代半ばに、前述した鳴子熱帯植物園の水子地蔵を目にしたことで、具体的な供養を発願したことに始まる。住職は、地域住民や助産婦などに地蔵建立を持ち掛けたものの、当時、助産婦をはじめとする地域住民は、中絶胎児に対して供養の必要性を感じてはおら

写真 4-5　水子地蔵尊供養祭、慈明寺、2000 年 7 月撮影

ず（事例C）、実現できないままに住職は遷化する。その後、第十世住職がその遺志を継いで働きかけを続け、ようやく人びとの賛同を得て水子地蔵尊建立が実現したのである。この時期になると多数の人びとが水子供養に賛同し、一年足らずの間に水子地蔵像尊建立と第一回供養祭が実現した。

　当時、趣旨に賛同した発起人たちは、当時の檀家約八〇〇戸を中心に檀家以外の個人・団体・病院などに出向き寄付を募った。発起人によると、地蔵尊建立に異議を唱える人はほとんどおらず、呼びかけに応じて宗教・宗派を越えて浄財が集まったと語る。発起人たちは浄財を依頼する活動を通じて、かつての中絶が人びとにとっていかに大きな精神的負担となっているかを痛感したと語る。

　現在、発起人の大半は既に亡くなっているが、その当時を知る人たちは「檀家の人たちを始めとして皆おしげもなく寄付してくれた」「発起人会会長を始め発起人たちが一丸となって寄付集めに奔走した」「あんなに一生懸命になったことはなかった」「非常に情熱的な活動だった」と口を揃える。

　結果として、賛同者が一、一二〇名と三団体を数え、合計六、六五一、〇〇〇万円もの浄財が集まった。これらの記録は『禅月山水子地蔵尊建立協力者名簿』として寺院に大切に保管されている。

表 4-2　水子地蔵尊建立寄付者数

	男	女	団体
協賛者数	915	205	3
合計	1120		3

『禅月山上水子地蔵尊建立協賛者芳名簿』より鈴木由利子作成

グラフ 4-1　水子地蔵尊建立男女・団体別寄付者

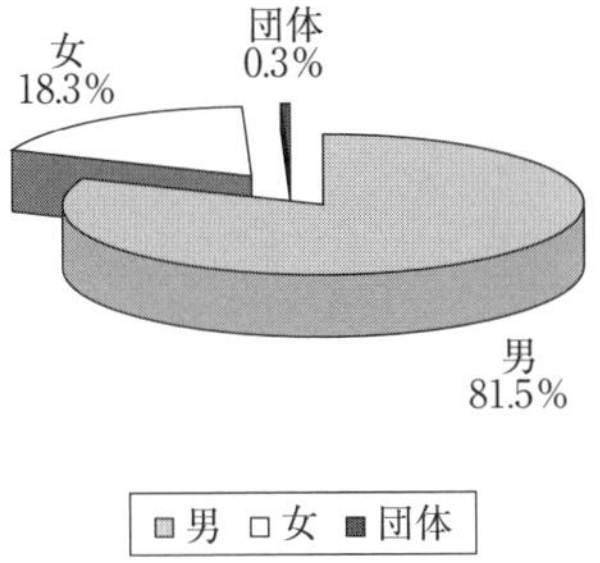

表 4-3　水子地蔵尊建立寄付者地域別人数

地域	人数	団体
鹿島台町（志田郡）	1070	0
松山町　（志田郡）	1	0
南郷町　（遠田郡）	27	3
小牛田町（遠田郡）	1	0
松島町　（宮城郡）	3	0
仙台市	12	0
古川市	2	0
宮城県外	4	0
合計	1120	3

『禅月山上水子地蔵尊建立協賛者芳名簿』より鈴木由利子作成

グラフ 4-2　水子地蔵尊建立寄付者地域別人数

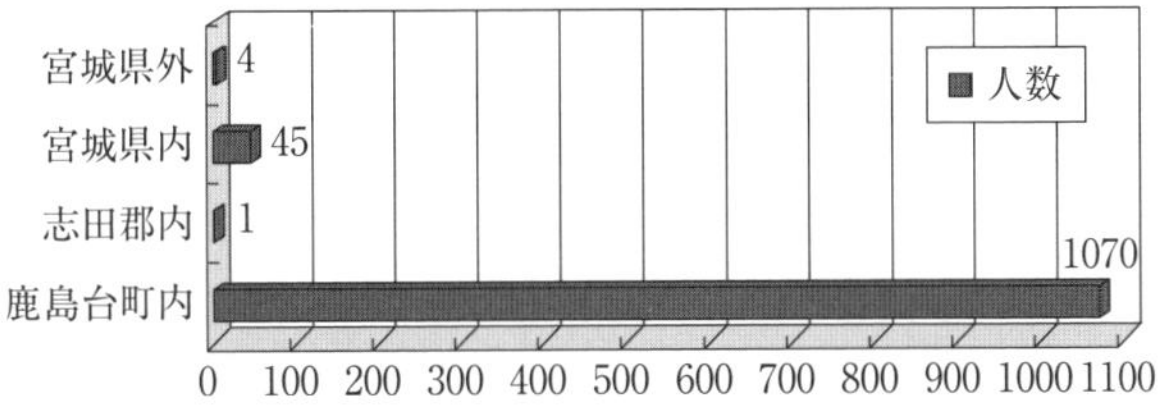

この名簿を分析した結果、寄付者数、寄付者の地域別人数は表4-2・グラフ4-1、表4-3とグラフ4-2のようになった。「寄付者の男女別数」をみると、その八〇%が男性名である。これは男性個人の寄付というより、家あるいは夫婦としての寄付を意味している。「地域別の人数」では、圧倒的に町内の住民が多く一、〇七〇人に及ぶ。昭和五十五、六年（一九八〇、八一）当時の町の人口は約一四、〇〇〇人、世帯数は約三、五〇〇であることから、三・三戸に一戸の割合で寄付に応じたことになり、町内の住民を巻き込む大きなうねりであったことがうかがえる。事実、声をかけると皆が寄付に応じてくれ、また、わざわざ持参してくれる人もいたという。

一九八〇年前後は、全国的に最も水子供養が流行していた時期でもあり、そのような動向の中で、慈明寺の水子供養は成立したのである。

このような慈明寺の水子供養成立までの経緯から明らかになるのは、第一に、宗教者である住職と一般の人びとの間に、中絶胎児の命をめぐる認識の差があったことである。

第九代住職が、中絶全盛期に中絶は子どもの命を絶つことであるとして、中絶胎児の供養の必要を模索した時期は、地域住民が供養の必要性を感じるようになる二十年余も前のことである。この点は、前述した中絶手術を担った医療関係者が早い時期から供養を始めたことと同じく、宗教者もまた早い時期から胎児に人の命を認識したことによるものといえよう。そしてさらに、先住の遺志を継いだ第十代住職が、地蔵建立を発願してから十数年経た昭和五〇年代半ばになった時に、多くの地域住民が賛同し水子供養が実現したのである。

このように、中絶胎児の供養の必要性を感じなかった住民たちが、供養の必要を感じるようになったことは、中絶胎児に対する意識がこの間に大きく変化したことを示している。

第二は、中絶全盛期の中絶体験は、地域社会に暮らす既婚者たちの共通体験であったことである。そのため、地域の寺院で行われる水子供養は、家・家族・夫婦が関わり、女性のみが関わるものとは認識されていない。水子供養は、女性との関わりでのみ論じられるがことが多いが、家や家族にとっての水子の位置付けや水子供養の意味について今後さらなる検討が必要と思われる。

過去帳に記された子どもの戒名と水子

慈明寺には、寛文三年（一六六三）以降現在までの三五〇年余にわたる過去帳が保存されている。ご住職の全面的なご理解のもとに、寺院名を記して子どもの戒名の変遷を過去帳から明らかにすることが可能となり改めて深く感謝申し上げたい。ここではご住職による『禅月山慈明寺の歴史』からの引用を参考にしながらまとめたものが、表4-4「慈明寺過去帳にみる子どもの戒名」である。(60)

過去帳に、初めて子どもの戒名が登場するのは、元禄十三年（一七〇〇）の童子の一例である。宝永五年（一七〇八）には童子・童女の二例みられ、女子の戒名が初めて登場する。この時期を境として、童子・童女の記載がみられるようになる。このように、近世中期に子どもの供養が始まったのである。しかし、その記載は多くはないため、過去帳に記載されない多くの子どもがいたことは明らかである。ご住職によると、古い時代に記載された子どもは、記載された名前から地域の旧家であるとのことであった。つまり、戒名が付けられ供養された子どもは、地域の有力者などの子どもに限られたことがわかる。同時に、子どもの戒名の記載が少ないことは、たとえ同じ家に生まれたきょうだいであっても、家を継ぐべき子どもであるか否か、あるいは男女によっても供養されるか否かに違いがあったことも推測できる。また、乳幼児死亡率の高い時代にあっては、子どもの死亡は多かったであろうし、そのような子どものほとんどは仏教的な供養が行われることのない存在であったことがうかがえる。

明治期には、童子・童女に加えて嬰女・孩子・孩女が登場する。「嬰児」あるいは「嬰女」は生まれて間もないみどり児を意味する位号であり、「孩子」「孩女」は「乳飲み子」を表す位号である。このことから、明治期には、近世期よりもより幼い子どもの供養が行われるようになったこと、さらに、乳幼児期を細分化して戒名が授与され始めたことを明らかにする。

童子・童女の位号は、明治・大正期を通じてみられ数も増加している。特に、大正期以降は、子どもの供養が定着している傾向もみられる。その一方、大正期の嬰児・嬰女・孩子・孩児・孩女の数は、明治期とさほど変化なく、乳幼児の供養に対する意識が、明治期とあまり相違がないことを示しているようにみえる。

表 4-4　慈明寺過去帳にみる子どもの戒名
元禄 13 年（1700）～平成 23 年（2011）

年代	水子	孩子（児）・嬰児（女）	童子・童女
元禄 13 年（1700）	—	—	童子 1
宝永 5 年（1708）	—	—	童子 1・童女 1
正徳 2 年（1712）	—	—	童子 1
享保 2 年（1717）	—	—	童子 1
享保 3 年（1718）	—	—	童子 1・童女 1
享保 4 年（1719）	—	—	童女 1
7 年（1720）	—	—	童子 2
8 年（1723）	—	—	童子 2
9 年（1724）	—	—	童子 1
11 年（1726）	—	—	童子 1
15 年（1730）	—	—	童女 1
17 年（1732）	—	—	童子 1
19 年（1734）	—	—	童女 3
21 年（1736）	—	—	童女 1
元文元年（1736）	—	—	童子 2・童女 1
5 年（1740）	—	—	童子 2
6 年（1741）	—	—	童女 1
寛保元年（1744）	—	—	童子 1
延享 4 年（1747）	—	—	童女 1
5 年（1948）	—	—	童子 7・童女 4
寛延元年（1749）	—	—	童女 1
3 年（1750）	—	—	童女 1
宝暦 2 年（1752）	—	—	童女 1
4 年（1754）	—	—	童子 1
5 年（1755）	—	—	童子 2
6 年（1756）	—	—	童子 1・童女 1
7 年（1757）	—	—	童女 1
9 年（1759）	—	—	童子 1・童女 1
10 年（1760）	—	—	童子 1・童女 1
11 年（1761）	—	—	童子 7
明和 5 年（1768）	—	—	童子 1
6 年（1769）	—	—	童子 3・童女 1
7 年（1770）	—	—	童子 3・童女 1
8 年（1771）	—	—	童子 1
安永 4 年（1775）	—	—	童女 1
5 年（1776）	—	—	童子 1・童男 1
6 年（1777）	—	—	童子 3・童男 1・童子女 1

天明元年（1781）	—	—	童子 1
2 年（1782）	—	—	童子 1・童女 1
3 年（1783）	—	—	童女 1
4 年（1784）	—	—	童女 4
5 年（1785）	—	—	童女 1
6 年（1786）	—	—	童子 1
7 年（1787）	—	—	童子 1
寛政 7 年（1795）	—	—	童子 2・童女 1
8 年（1796）	—	—	童子 1
9 年（1797）	—	—	童子 2
10 年（1798）	—	—	童子 1
享和元年（1801）	—	—	童子 1
2 年（1802）	—	—	童子 1
3 年（1803）	—	—	童子 2・童女 1
文化元年（1804）	—	—	童子 1
3 年（1806）	—	—	童子 1
4 年（1807）	—	—	童子 6・童女 2
11 年（1814）	—	—	童子 1
文政元年（1818）	—	—	童子 1・童女 1
2 年（1819）	—	—	童子 4・童男 1・童女 3
5 年（1822）	—	—	童男 1
8 年（1825）	—	—	童男 1
9 年（1826）	—	—	童女 1
10 年（1827）	—	—	童女 2
11 年（1828）	—	—	童子 1
13 年（1830）	—	—	童子 6・童男 1・童女 4
3 年（1832）	—	—	童女 1
6 年（1835）	—	—	童女 1
7 年（1836）	—	—	童子 2
8 年（1837）	—	—	童子 4・童女 1
9 年（1837）	—	—	童子 4・童女 1
弘化元年（1844）	—	—	童子 1・童女 1
4 年（1847）	—	—	童子 3・童女 1
嘉永 2 年（1849）	—	—	童子 1・童女 1
3 年（1850）	—	—	童子 1
安政 2 年（1855）	—	—	童子 1
4 年（1857）	—	—	童子 1・童女 1
万延元年（1860）	—	—	童子 1
文久 2 年（1862）	—	—	童子 19・童女 15
文久 3 年（1863）	—	—	童子 1・童女 2
元治元年（1864）	—	—	童子 1・童女 4

慶応２年（1866）	—	—	童子２・童女２
３年（1867）	—	—	童子４・童女４
４年（1868）	—	—	童子１
明治元年（1868）	—	—	童子１・童女５
２年（1869）	—	—	童子１
３年（1870）	—	—	童子２・童女１
４年（1871）	—	—	童子１・童女３
５年（1872）	—	—	童子２・童女１
７年（1874）	—	—	童子１・童女２
８年（1875）	—	—	童子２
９年（1876）	—	—	童子２・童女２
10年（1877）	—	孩女１	童子２・童女１
11年（1878）	—	—	童子１・童女２
13年（1880）	—	孩女２	童子４
14年（1881）	—	孩女１	童子２
15年（1882）	—	孩女５	童子２・童女３
16年（1883）	—	孩女２	童子３
17年（1884）	—	孩女４	童子２・童女２
18年（1885）	—	孩女１	童子３
19年（1886）	—	孩女２	童子２・童女２
20年（1887）	—	孩女１	童子２・童女２
21年（1889）	—	—	童子３・童女２
22年（1889）	—	孩女１	童子５・童女３
23年（1890）	—	孩女１	童子４・童男１・童女３
24年（1891）	—	孩女４	童子２・童女４
25年（1892）	—	孩女６	童子１・童女１
26年（1893）	—	孩女１	童子４・童女11
27年（1894）	—	孩女２	童子２
28年（1895）	—	孩女１	童子３・童女５
29年（1896）	—	孩子１	童子５・童子２
30年（1897）	—	孩女１	童子５・童女３
31年（1898）	—	—	童子６・童女１
32年（1899）	—	嬰女１	童子５・童女８
33年（1900）	—	—	童子３・童女２
34年（1901）	—	—	童子５・童女８
35年（1902）	—	—	童子４・童女４
36年（1903）	—	孩子１	童子２
37年（1904）	—	—	童子３・童女２
38年（1905）	—	—	童子１・童女２
39年（1906）	—	孩子１・孩女１	童子８・童女３

40年（1907）	—	—	童子10・童女3
41年（1908）	—	—	童子3・童女2
42年（1909）	—	—	童子2・童女4
43年（1910）	—	—	童子3・童女8
44年（1911）	—	—	童子5・童子2
45年（1912）	—	嬰女1・孩子2	童子6・童女1
大正元年（1912）	—	嬰女1	童子3・童女2
2年（1913）	—	—	童子7・童女1
3年（1914）	—	孩子1・孩女1	童子3・童女8
4年（1915）	—	—	童子6・童女6
5年（1916）	—	孩女2	童子15・童女14
6年（1917）	—	孩子1	童子8・童女8
7年（1918）	—	孩女2	童子18・童女9
8年（1919）	—	—	童子9・童女11
9年（1920）	—	孩児1・孩女2	童子19・童女14
10年（1921）	—	嬰児1・孩児1・孩女1	童子11・童女12
11年（1922）	—	—	童子27・童女19
12年（1923）	—	孩子1	童子11・童子7
13年（1924）	—	—	童子13・童女13
14年（1925）	—	—	童子12・童女13
15年（1926）	—	孩子2	童子12・童女9
昭和元年（1926）	—	—	—
2年（1927）	—	孩女1	童子14・童女15
3年（1928）	—	—	童子10・童女9
4年（1929）	—	—	童子10・童女11
5年（1930）	—	—	童子14・童女9
6年（1931）	—	—	童子9・童女10
7年（1932）	—	孩女1	童子13・童女16
8年（1933）	—	嬰女1	童子16・童女19
9年（1934）	—	孩女1	童子12・童女5
10年（1935）	—	—	童子15・童女14
11年（1936）	—	嬰女1	童子14・童女4
12年（1937）	—	—	童子13・童女9
13年（1938）	—	孩子2・孩女3	童子4・童女2
14年（1939）	—	嬰児6・孩児・孩女	童子9・童女5
15年（1940）	水子1（「昭和42年7月22日記入」の但書有り）	嬰女1・孩子2・孩女2・孩児1	童子3・童女6
16年（1941）	—	嬰児1・嬰女2・孩児3・孩女4	童子11・童女2
17年（1942）	—	嬰児1・嬰女2・孩子1・孩児3・孩女6	童子4・童女6
18年（1943）	—	孩子9・孩児1・孩女11	童子8・童女5

19年（1944）	—	孩子6・孩女6	童子6・童女6
20年（1945）	—	嬰女1・孩子7・孩児5・孩女6	童子8・童女7
21年（1946）	—	孩子14・孩女14	童子22・童女19
22年（1947）	—	孩子11・孩児4・孩女5	童子14・童男1・童女8
23年（1948）	—	嬰女2・孩子12・孩女5	童子9・童女5
24年（1949）	1	孩子13・孩児1・孩女5	童子3・童女3
25年（1950）	—	嬰子1・孩子4・孩女9	童子1・童女1
26年（1951）	—	孩子6・孩児1・孩女5	童子5・童女1
27年（1952）	—	孩子2・孩児7	童女1
28年（1953）	—	孩子6・孩女3	童子5
29年（1954）	—	孩子2・孩女1	童子3・童女2
30年（1955）	—	嬰女1・孩子6・孩女3	童子4・童女3
31年（1956）	—	孩子2・孩女2	童子4
32年（1957）	1	孩子1・孩女6	童子5・童女3
33年（1958）	—	孩子2・孩女1	童子1
34年（1959）	—	孩子2・孩女5	童子1
35年（1960）	1	孩子2・孩女2	—
36年（1961）	—	孩女1	—
37年（1962）	—	—	童女1
38年（1963）	—	孩女1・孩子2	童子2・童女3
39年（1964）	—	孩女1	童子1
40年（1965）	4		4
41年（1966）	—		—
42年（1967）	3		—
43年（1968）	5		—
44年（1969）	1		2
45年（1970）	1		—
46年（1971）	2		2
47年（1972）	2		2
49年（1974）	2		3
50年（1975）	2		—
51年（1976）	2		1
52年（1977）	—		1
53年（1978）	1		1
54年（1979）	3		—
55年（1980）	2		—
56年（1981）	5		1
57年（1982）	1		1
58年（1983）	2		1
59年（1984）	2		2
60年（1985）	1		—

61年（1986）	2	—
64年・平成元年（1989）	1	—
平成2年（1990）	1	—
4年（1992）	1	—
5年（1993）	5	2
6年（1994）	1	—
7年（1995）	2	—
10年（1998）	1	—
12年（2000）	1	
18年（2006）	2	
23年（2011）	2	

＊慈明寺住職浅野恵一氏による『慈明寺の歴史』掲載資料および過去帳をもとに作成。昭和40年以降は閲覧せず浅野恵一氏の資料による。
＊子どもの戒名が記されている年のみ記載。

昭和期に入ると、嬰児・嬰子・嬰女・孩児・孩子・孩女・童子・童女の位号を付けた戒名の数が増え、水子の位号も現れている。一方で、子ども期の死亡が少なくなる一九六〇年代以降になると、それを示すように子どもの戒名の記載も減少傾向を示す。

その中で、初めて「水子」の位号がみられるのは、昭和十五年（一九四〇）だが、そこには「昭和四十二年七月二十二日記入」との但し書きがある。つまり、二十七年前に亡くなった子どもに「水子」の位号を授与して過去帳に記載したのである。どのような理由によるものかは不明であるが、供養しなければならない何らかの理由があったと思われる。

昭和二十四年（一九四九）には「●●水子出生死」、昭和三十二年（一九五七）には、「●●水子1歳」とあり、誕生後間もなく、あるいは一年経ずして亡くなった例であり、そのような子どもにも戒名が授与され供養される存在となったことを明らかにするものである。

さらに、昭和三十五年（一九六〇）には「水子」の位号のみが記されている例があり、そこには「法名を付せず　水子」との但し書きがある。命名以前に亡くなった子どもあるいは流産・死産の胎児であろうか。名前のない子どもに対して授与された例としての初出であり、供養の対象が名前を付ける以前の子どもにも拡大したことを窺わせる例である。
「水子」の位号が現れた時期は、前述した第九世住職が、中絶胎児の供養を模索していた時期とも重なる。長い過去帳の歴史のなかで使用例のなかった「水子」の位号を授与したことは、それまで顧みられることのなかった胎児をも供養の対象とみなした住職の意思を示す。この昭和三十五年の例は、前述したように住職が中絶胎児の供養を模索していた時期でもあり、そのような中で、住職は胎児も供養の対象とすべき存在であると考えるようになったとも考えられる。

医療関係者が中絶胎児に命を認識し、早い時期から供養を開始したことを述べたが、宗教者もまた中絶を「人の死」と捉え、供養が必要であると考えていたのである。このように、胎児の「生」と「死」の現場を担う人びとによって、胎児の命は早い時期から意識されていたことがわかる。

また、現ご住職によると、慈明寺の墓地において、昭和四十年代に自家の墓に水子地蔵を設置する家がわずかにみられるようになり、昭和五十年代以降、墓地改葬に伴い各家が墓石を新しくし、それと同時に、小さな水子地蔵を建立するようになったとのことであった。

墓石業者の薦めによる設置でもあったようだが、人びとにはそれを必要とする意識があったということでもある。これは、それぞれの家の長い歴史のなかで、供養されることのなかった胎児や死児が、供養の対象として認識されるようになったことを示すものでもある。

さらに、昭和五十年（一九七五）年前後からは、「幻」「夢」「露」などはかなさを意味する字を付けた「水子」の戒名が増加しているとのことであった。また、出生後に息があり一人の人間として生きた場合には、「嬰児」「嬰女」の位号を付けるとのことであった。

つまり、「水子」が授与されるのは息をする以前の死産児などの胎児である。「水子」の位号は、息をして

「人」として生き始める以前の「胎児」もまた供養の対象となったことを示すものである。

近年は、死産であっても妊娠中に性別が分かり、すでに名前を付けていることが多い。そのため死産であっても、その名にちなんだ字に「水子」の位号を付すという。

このように亡くなった胎児に対しても、名前に由来する字に「水子」の位号が付され戒名とするようになったことは、例え死産であっても「胎児」に「人」「わが子」としての存在を見出すようになったことを示すものである。その背景として、産科医療技術の進歩により、母体内の胎児が可視化され、性別も確定されるようになったことが考えられる。胎児観が急速に変化したことを明らかにするものである。

以上のように、昭和五十年前後から、過去帳に「水子」が記載されるようになった要因と考えられるのは、一九七〇年代半ば以降、流行期を迎えた水子供養の影響や慈明寺で水子供養が開始されたこととも関係すると考えられる。

いずれにしても、慈明寺の過去帳から明らかになるのは、「中絶胎児の供養」が「胎児」を供養の対象とする契機となったことである。

また、近年の水子供養の状況について伺うと、個人で直接寺を訪れて依頼する人もいるが、オガミヤさんに拝んでもらったところ、中絶した子どもの供養をするようにと言われて訪れる人などもいるものの、一年に一度が二度とのことであった。数は少なくなったとはいえ、何らかの問題をオガミヤさんに相談し水子供養を薦められるという、水子供養流行期と同様の状況もみられるようである。

以上、過去帳から子どもの戒名の変遷をたどったが、そこには胎児や出生児の命や死に対する認識の変化が窺える。

亡くなった子どもへの戒名の授与は、近世中期には少年・少女の死亡を対象として始まり、明治期以降は少年・少女に加えて乳幼児にも拡大され、大正期以降は子どもの供養が定着して行く。胎児に対する供養をみると、水子供養が行われる時期になると、胎児への個別供養も行われ、近年は胎児に付与された名前に水子の位号を付けた戒名として機能するようになっている。これは、胎児にも出生児と同等の命を意識するようになったこと、供養すべき存在とみなされるようになったことを明らかにするものである。

3．水子地蔵尊像の鋳造

水子供養にとって、専用の供養の場があることや参拝対象があることは重要である。以下は、仏像鋳造を行う高岡市のS製作所での聞き取り調査に基づいて報告する。

大型仏像の製作を行うS製作所の経営者によると、現在、水子地蔵像と称される様式の仏像鋳造の初めての依頼は、昭和四十七年（一九七二）であったという。

仏像を扱うある業者が、地蔵の写真を持参して同じ姿の像を造って欲しいと注文し、その依頼を受けたことに始まる。その写真を参考に、新しい原型を作成し鋳造した。その写真にあった地蔵は、本来なら宝珠を持つ左手に幼子を一人抱き、足元に五人の幼子が寄り添う像であった。

通常、注文を受けて鋳造する場合には、著作権の問題があるため原型を作ると鋳造するのは一体のみで原型は保存しない。この時も注文された一体のみ鋳造して納めた。

今回の調査で、この地蔵が徳島県四国八十八カ所第二番札所極楽寺に昭和四十九年（一九七四）秋彼岸に建立された水子地蔵尊であることが明らかになった。

その鋳造直後のことであったが、仏像販売業者から同様式の像を鋳造してみないかとの依頼があり、記憶をもとに同じような地蔵像の原型を新たに作って鋳造した。この地蔵像が販売されて以降、注文が急増し「火がついたように売れた」という。

昭和四十七年（一九七二）以降五十五年（一九八〇）までの間に、一カ月に平均四、五体、多い月には八体という注文が来た。しかし、昭和五十六年（一九八一）になると注文がぱたりと途絶えたという。

高橋三郎は、高岡市の製作所二軒から、子安地蔵・水子地蔵の生産のピークが昭和六十年（一九八五）から昭和六十三年（一九八八）であったとの情報を得ている(61)。

製作所によって生産のピーク時期には差があったのであろうが、水子地蔵像が大量に鋳造された時期は水子供養流行期と重なるものの、S製作所の場合には水子供養流行にわずかに先行していたことは見逃せない。

このような水子地蔵像の鋳造状況をみると、短期間のうちに水子地蔵像が鋳造され供養の場に設置されたことは確かであろうし、水子地蔵像が設置されたことによって供養が促された可能性も考えられる。

S製作所によると、仏像鋳造の際には、建立する寺院が檀家の人びとを伴って訪れ、金属を型に流し込む間、皆で読経することもあった。しかし、通常は業者から注文を受けて見積を出して、お互いに条件が合えば製作する。鋳造した像は、販売専門業者を通じて仏具店などに卸されるため、鋳造所では仏像がどこに建立されたかわからない場合が多い。さらに、そのような仏像は信仰対象であるため、仏像本体に製作所や製作年月日を記すことはしない。それが製作者の礼儀であるとS製作所では語る。もし、記すとすれば台座あるいは別に碑を建てることになるが、それらがないことは多い。確かに、実地調査すると、地蔵自体に建立年月日が記されてないことが多く、建立年を寺に尋ねても明確には答えてもらえないことがほとんどである。

今回、調査で訪れた寺院の水子地蔵の写真のいくつかをS製作所で確認して頂き、清源寺、正受院、極楽寺がS製作所の鋳造であることが明らかになった。これらの像の製作年代をみると、このS製作所が早い時期から水子供養の対象となる仏像の鋳造に関わっていたことがわかる。

また、鎌倉市長谷寺、宮城県慈明寺の像は高岡市で鋳造されたものであることが明らかになった。また、京都府東寺塔頭の水子地蔵は台座に製作所名が彫られており、S製作所の作であることが確認できた。

かつて高岡に一〇軒ほどあった大型仏像の鋳造所は、現在五軒になった。それら仏像の種類や数量に関する統計資料はみられない。それは、各鋳造所が独立して生産しており、水子地蔵や水子観音の総数や製作時期を数値化することはしていないためであるという。

現在、生産のピークはとうに過ぎたとはいえ、高岡銅器の仏像注文パンフレットには、今も水子地蔵像、水子観音像が掲載されている。

S製作所によると、平成四、五年（一九九二、三）頃までは、わずかながらも注文があったというが、その後は注文が来なくなったとのことであった。その理由として、水子地蔵像は子どもの供養に特化される様式であるため、多様な祈願に対応させ難いからだという。

水子地蔵像の生産と流通から、水子供養の広がりやその年代を確認することを試みたのだが、生産や流通から追うことが困難であることが分かった。しかし、生産時期が集中していること、大型仏像を鋳造する生産地が京都、山形、埼玉など数カ所に限られていること、生産地により仏像の様式が異なっているため、丹念にそれらの建立年を追うことで供養の広がりを明らかにできる可能性はある。

付け加えると、近年、水子地蔵像や水子観音像と同様式で、地蔵や観音の足元に幼子ではなく、老男老女が寄り添う像が設置されている寺院もみられ、それらは長寿祈願やぽっくり信仰の対象となっている。地蔵に寄り添うものを変えて水子地蔵の様式が継承されているのである。

（1）武田道生　一九九八「水子供養」『日本民俗宗教辞典』、佐々木宏幹他編、東京堂出版、五三五—五三六頁。森栗茂一　二〇〇〇「水子供養」『日本民俗大事典』、吉川弘文館、六〇五頁。森栗茂一　一九九四「水子供養の発生と現状」『国立歴史民俗博物館　研究報告』五七、国立歴史民俗博物館編、第一法規、一一〇—一二四頁。

（2）島井由紀子　一九九四「『水子供養』研究の動向（一九七七—一九九四）と『水子供養』関連文献目録—第1群：研究論文・評論・ルポルタージュ等」『東京大学宗教学年報』一二、東京大学宗教学研究室、一二七—一四一頁。

（3）新田光子　一九九一「『水子供養』に関する統計調査資料」『社会学部紀要』一一、龍谷大学社会学部紀要編集委員会編、龍谷大学社会学部学会、四六頁。

（4）高橋三郎編　一九九九『水子供養　現代社会の不安と癒し』、行路社、三—四頁。

（5）小野泰博　一九八八「水子供養と仏教」『仏教民俗学体系四　祖先祭祀と葬墓』、藤井正雄編、名著出版、三九一—四〇九頁。

（6）R・J・ツヴィ・ヴィルブロウスキー著・島井由紀子訳　一九九三「水子供養—日本の最も重要な『新宗教』に関する覚書—」『国学院大学日本文化研究所紀要』七二、国学院大学、四七—二四一頁。

（7）新田光子　一九九九「日本の宗教と水子供養」『水子供養—現代社会の不安と癒し』、高橋三郎編、行路社、一七三—二〇六頁。他に新田光子　一九九一「『水子供養』に関する統計調査資料」『社会学部紀要』二、龍谷大学社会学部紀要編集委員会編、龍谷大学社会学部学会、四十六—六十頁。同　一九九三「『水子供養』と宗教教団」『社会学部紀要』四、龍谷大学社会学部紀要編集委員会編、龍谷大学社会学部学会、九七—一〇七。

（8）星野智子　一九九九「危機管理装置としての水子供養」『神々宿りし都市——世俗都市の宗教社会学』、宗教社会学の会編、創元社、六〇—八三頁、七九—八〇頁。同　二〇〇七「フィールドワークの実践——水子供養調査を通して」『宗教を理解すること』、宗教社会学の会編、創元社、二九—四九頁。

（9）金律里　二〇一三「水子供養絵馬からみる死者イメージ」『宗教学年報』三〇、東京大学宗教学研究室、八五—一〇二頁。

（10）陳宣聿　二〇二〇「水子供養と嬰霊慰霊—現代〈民間信仰〉の日台比較研究—」（博士論文）、東北大学大学院文学研究科人間科学専攻宗教学専攻分野。

（11）渕上恭子　二〇一一「韓国仏教の『水子供養』——日本系宗教の信仰実践にみる『救い』の位相」『ノマド化する宗教、浮遊する共同体』、滝澤克彦編、東北大学東北アジア研究センター、五五—七九頁。

（12）橋本徹馬　一九六三『難病全快の話』、紫雲荘。同、一九八〇『水子地蔵寺霊験集』、紫雲荘。谷口雅治　一九八三『霊供養入門　運命は改善できる』、（財）世界聖典普及協会。楠本加美野　一九八四『流産児よやすらかに』、日本教文社。

（13）藤井正雄監修　二〇〇八『これからの水子供養運営実践講座』、四季社。山路天酬　二〇一〇『水子供養次第』、青山社。

(14) 山路天酬編　二〇一〇『水子供養次第』、青山社。
(15) 上野輝将　一九九〇「出産をめぐる意識変化と女性の権利」『日本女性史5　現代』、女性誌総合研究所編、東京大学出版会、一〇一－一三一頁。
(16) 同書、一二四頁。
(17) 溝口明代　一九九四「『男性』の思想と社会の形成―仕組まれた『水子信仰』のルーツと展開―（上）」『女性学』二、日本女性学会学会誌編集委員会編、新水社、一四〇－一六六頁。
(18) ヘレン・ハーデカー著、塚原久美監訳、清水邦彦監修、猪瀬優理・前川健一訳　二〇一七『水子供養　商品としての儀式』、明石書店。
(19) ウィリアム・R・ラフルーア著、森下直貴・遠藤幸英・清水邦彦・塚原久美訳　二〇〇六『水子〈中絶〉をめぐる日本文化の底流』、青木書店。
(20) 森栗茂一　一九九四「水子供養の発生と現状」『国立歴史民俗博物館研究報告』五七、国立歴史民俗博物館編、九五－一二七頁。同　一九九五『不思議谷の子どもたち』、新人物往来社。同　一九九六「水子供養はなぜ流行る」『現代の世相④あの世とこの世』、小学館、九二－一一〇頁。
(21) 松崎憲三　二〇〇〇「堕胎（中絶）・間引きにみる生命観と倫理観――その民俗文化的考察」『日本常民文化紀要』二一、成城大学大学院文学研究科編、一一九－一七五頁。
(22) 荻野美穂　二〇〇三「堕胎・間引きから水子供養まで――日本の中絶文化をめぐって」『女の領域・男の領域　いくつもの日本Ⅵ』、赤坂憲雄・中村生雄・原田信男・三浦佑之編、岩波書店、二二五－二五〇頁。
(23) 高橋三郎編　一九九九『水子供養――現代の不安と癒し』、行路社、六－七頁。
(24) 星野智子　二〇〇七「フィールドワークの実践――水子供養調査を通して」『宗教を理解すること』、宗教社会学の会、創元社、三九頁。
(25) 松平定信　一七九二『宇下人言』天理大学図書館蔵。松平定信　一九八二「宇下人言」『日本人の自伝別巻Ⅰ』、平凡社、三〇四頁。
(26) 大森志郎　一九五八「間引き・縁女・水子塚――松平定信の人口政策とその由来」『東京女子大学論集』三－二、東京女子大学学会編、四五－六九頁。
(27) 鈴木由利子　二〇一二「清源寺『子育ていのちの地蔵尊』と水子供養」『東北学院大学東北文化研究所紀要』四四、東北学院大学東北文化研究所、五五－五六頁。

(28) 古屋芳雄　一九五二「計画モデル村の研究」『日本人口学会紀要』、日本人口学会、一—十一頁。
(29) 竹中和代　一九六一「死産児処理業者としての私」『婦人公論』、婦人公論社、二六六—二六七頁。
(30) 荻野美穂　二〇〇八『家族計画への道』、岩波書店、二八六頁。
(31) 尾島信夫他　一九五〇「人工妊娠中絶方法に関する研究報告要旨」『日本産科婦人科学会誌』二—四、日本産科婦人科学会、一六二—一六九頁。
(32) 母性保護医協会　一九七〇『二十周年記念誌』、南山堂。
(33) 荻野美穂　二〇〇八『家族計画への道』、岩波書店、二八六—二八七頁。
(34) 森栗茂一　一九九四「水子供養の発生と現状」『国立歴史民俗博物館研究報告』五七、国立歴史民俗博物館編、一〇六頁。
(35) 齋藤美枝　二〇一一『曹洞宗大本山総持寺鶴見御移転100年記念鶴見総持寺物語』、鶴見区文化協会、一一五—一一八頁、二七六頁。
(36) 金谷ハルノ　一九五九「岩手支部だより」『助産婦』一三、横山フク編、五九頁。
(37) 日本助産婦会山形県支部編　一九六〇『郷土乃助産史』、六二—六三頁。
(38) 鈴木由利子　二〇〇九「水子供養にみる生命観の変遷」『女性と経験』三四、女性民俗学研究会、四一—五二頁。
(39) 鈴木由利子　二〇〇三「水子供養の成立過程——宮城県鹿島台町慈明寺の事例」『東北民俗』三七、東北民俗の会、三五—三六頁。
(40) 鈴木由利子　二〇一二「清源寺『子育ていのちの地蔵尊』と水子供養」『東北学院大学東北文化研究所紀要』四四、東北学院大学東北文化研究所、五五—五六頁。
(41) 清水邦彦　一九九四「昭和四五年以前からの水子供養」『西郊民俗』一四八、西郊民俗談話会、二一—二五頁。
(42) 大橋俊雄　一九七八『清源寺のあゆみ』、二二—二五頁。
(43) 荻野美穂　二〇〇八『家族計画への道』、岩波書店、二六三—二六五頁。
(44) 同書、二六三—二六五頁。
(45) 篠崎信男　一九五一「東北三県における産児調節実地調査の未提出理由及び調査に対する意見の実状について」「避妊の実行不実行者別にみた死流産率に関する一資料」『人口問題研究所研究資料』七五。同　一九五六「家族計画10年の実態推移とその分析」『人口問題研究所年報』、厚生省人口問題研究所など。
(46) 東京総院慈宣闡委員会編　一九七九『道院日本紅卍会の歴史』、世界紅卍字会日本総会。
(47) 荻野美穂　二〇〇八『家族計画への道』、岩波書店、二六四頁。

(48) 東京総院慈宣闡委員会編　一九七九『道院日本紅卍会の歴史』、世界紅卍字会日本総会によれば、一九二二（大正十一）年に中国で創立した団体で、扶乩（フーチー）という神託法により神霊の降臨と訓示を受け世の災いを救済し、災害時などには慈善事業等も行う。一九二三（大正十二）年の関東大震災時には、日本に対して義捐金や救済米の支援を申し出て、その受け皿となったのが大本教であった。この縁により日本紅卍会が発足、大本教と親交を深めるも、後に大本教とは袂を分かつ。現在は、特例社団法人日本紅卍会として、在日中国人などに対する日本語などの教育支援活動などを行っている。

(49) 「生長の家」と中絶廃止運動の関わりについての詳細は、土屋敦　二〇〇五「胎児を可視化する少子化社会――『生長の家』による胎児の生命尊重運動（プロ＝ライフ運動）の軌跡（一九六〇年代―一九七〇年代）」『死生学研究』六、八八―一一〇頁。

(50) 大嶋豊編　一九六四『日本紅卍字月刊』八―五、世界紅卍字会日本総会、一九―二一頁。蓮沼門三（明治十五年生～昭和五十五年）、青少年育成の社会教育活動を行う現公益財団法人修養団の創始者。安岡正篤（明治三十一年生～昭和五十八年）陽明学者、右翼活動家、政財界とのつながりが深い、紅卍会代表者も務めた。大嶋豊（明治三十三年生～昭和五十三年）第二十一代東洋大学総長、世界紅卍会会長経験者。他に家族計画協会の古屋芳雄、また加藤シズエは戦前からの産児制限運動推進者、産児制限に賛成の立場をとっていたがこの運動では中絶反対の立場をとっている。

(51) 紫雲荘　一九六〇『紫雲』二月号、九月号、紫雲荘。

(52) 橋本徹馬　一九九六『自叙伝』、紫雲荘、四六六―四七一頁。

(53) 橋本徹馬　二〇〇一『紫雲山地蔵寺開創三十年誌』、紫雲荘、写真解説。

(54) 橋本徹馬　一九七八『水子地蔵時霊験集』、紫雲荘、一頁、一九七―二〇〇頁。

(55) 橋本徹馬　一九九六『自叙伝』、紫雲荘、四七〇頁。

(56) 橋本徹馬　一九七八『水子地蔵霊験集』、紫雲荘、一九七―二〇〇頁。同　二〇〇一『紫雲山地蔵寺開創三十年誌』、紫雲荘、一―三頁。

(57) 橋本徹馬　二〇〇一『紫雲山地蔵寺開創三十年誌』、紫雲荘、四―六頁。

(58) 森栗茂一　一九九四「水子供養の発生と現状」『国立歴史民俗博物館研究報告』五七、国立歴史民俗博物館、第一法規、九五―一二四頁。同　一九九五『不思議谷の子供たち』、新人物往来社、一二三―一二四頁。

(59) 鈴木由利子　二〇〇三「水子供養の成立過程――宮城県鹿島台町慈明寺の事例」『東北民俗』三七、東北民俗の会、三四―四一頁。同　二〇〇五「水子供養の成立――宮城県志田郡鹿島台町の事例」『東北民俗』三九、東北民俗の会、三七―四三頁。

(60) 慈明寺住職浅野恵一編著　二〇一六『慈明寺の歴史』。

(61) 高橋三郎編　一九九九『水子供養 現代社会の不安と癒し』、行路社、八―九頁。

第五章　水子供養流行と社会

第一節　水子供養の背景

1．医療の進歩と胎児の可視化

ここでは、水子供養の流行した背景の社会について、医療の進歩との関係で考えてみたい。

水子供養が流行した一九七〇年代から一九八〇年代にかけては、産科医療機器の進歩が著しい時代であった（表5−1「産科医療の変遷」）。

これに先立つ昭和三十五年（一九六〇）には、分娩監視装置が実用化され胎児の心音や心拍の測定が可能になり、一九七〇年代末までには、日本産婦人科学会登録機関での分娩監視装置設置率が八八・五％（日産婦登録機関対象、昭和四十年代は四五％、昭和五十年初は四九％）となったことから、分娩監視装置もまた胎児を確認するための身近な医療機器となっていたことがわかる。

一九七〇年代半ばになると、超音波診断装置が産科において臨床活用されるようになり、わずか妊娠五週での胎児の確認も可能となった。さらに、国産の超音波診断装置が開発されると、産科において日常的な診断用機器となって行く。こうした状況のなかで、妊婦検診においても母体内の胎児を妊婦自身が確認できるようになったのである。

さらに一九八〇年代半ばには、超音波ドップラー胎動計により、授精後わずか二〇日程で胎児心拍の確認が可能となった。つまり、妊婦が妊娠を自覚する以前に母体内の胎児の確認ができる時代になったのである。

近年は、妊婦検診の折に３Ｄ画像あるいはリアルタイム３Ｄ（４Ｄ）の利用も一般化し、胎児の映像もより鮮明なものとなっている。また、病院から胎児の画像や動画を携帯電話に送信するサービスなども行われ、「胎児」はより身近なものとして認識されるようになって来ている。

一方において、戦後は確実な避妊知識も急速に浸透した時代でもある。昭和五十年（一九七五）の毎日新聞の調査では、避妊実行率が八一・五％となり、避妊が妊娠コントロールの手段としてほぼ定着したことが明らかになった。(1)望む時期に欲しい数の子どもを「つくる」ことが、当たり前になったのである。

さらに、新生児医療の進展により周産期死亡率も低下し、それと連動して中絶可能時期が変化してきた。優生保護法の下では、中絶可能な時期を「胎児が母体外においてその生命を保続できない時期」と定めているが、これは、早産で生まれた子どもが、いかなる医学的措置を施しても助からないとされる時期以前にのみ、中絶が認可されるという意味をもつ。そのため、新生児医療の進歩に伴って、たとえ早く生まれても助かる事例が増加すると、中絶可能時期は変化するのである。

中絶可能時期の変遷をみると、優生保護法が制定された当初は、具体的月数の規定はなかったのであるが、昭和二十八年（一九五三）には妊娠八月未満と規定され、その後、昭和五十一年（一九七六）になると、妊娠第七月未満（一九七九年に妊娠第二三週以前と表現が改正）となり、平成三年（一九九一）以降は妊娠第二二週未満と規定された。

助産婦たちから中絶全盛期に関する話を聞くと、当時の人びとは中絶する際に胎児の命を意識することや中絶する胎児を「わが子」とみなす意識が希薄であったことがわかる。(2)前述したように、中絶を「とってもらう」「とってもらった」と語る意識には、腫瘍など不要な物を取り去ってしまうことと同様の感覚があったことを示す。このような感覚は、今の感覚とは乖離しているともいえるが、中絶した胎児に命を認識しなかった時代から

表 5-1　産科医療の変遷

年　　代	産科医療関係	妊娠・出産をめぐる法律	その他
昭和 11 年（1936）	胎児心音描写装置＝妊娠・分娩の正常異常の判断、新生児期の心音研究		
23 年（1948）		・優生保護法制定、人工妊娠中絶認可 ・墓地、埋葬等に関する法律制定＝4箇月以上の死胎は埋葬しなければならない	
24 年（1949）		優生保護法第1次改正：中絶の経済的理由認可、受胎調節普及。	
27 年（1952）		・優生保護法第2次改正：優生結婚相談所が優生保護相談所となる ・受胎調節実地指導普及要綱提示（厚生省公衆衛生局）	
28 年（1935）		中絶可能時期は妊娠第8月未満と規定	第1回水子供養（東京芝増上寺）、～昭和 35 年第8回まで開催〈日本母性保護医協会〉
29 年（1954）		受胎調節調査開始（実施率 33・2%）〈厚生省統計調査部〉	・第2回水子供養〈日母医〉 ・日本家族計画協会設立
30 年（1955）			優生手術、中絶手術共に最高件数
30 年代	分娩監視装置発明＝胎児心音・心拍、陣痛の測定		第3～6回水子供養〈日母医〉
34 年（1959）	トーイツ式婦人科用万能吸引器、日本母性保護医協会が斡旋＝安全、簡単に中絶可能		・第7回水子供養〈日母医〉 ・人工中絶未成児慰霊祭（盛岡市久昌寺）〈盛岡市・岩手県助産婦会・婦人会連合会〉
35 年（1960）	分娩監視装置実用化		第8回水子供養（日本母性保護医協会）
41 年（1966）	第1回ＭＥ委員会（日本産科婦人科学会）＝医用電気機器の規定・安全性		新聞記事　昭 41/5/24　河北新報「産婦人科の超音波利用」「産婦人科の超音波診断の本格利用はじまる」（順天堂大学等） ・丙午で出生数前年比 25

			%減少
47年（1972）	・臨床用胎児心電計規格作成・超音波断層装置の安全性調査検討 ・胎児の性別鑑定可能となる（確率85%）	優生保護法改正案国会提出：経済的理由削除の法案廃案（S48再提出も廃案）	
50年（1975）	超音波断層法の臨床活用＝妊娠5週から確認が可能となる		毎日新聞による家族計画世論調査：避妊実行率81.5%、子ども2人が定着
51年（1976）		中絶可能時期は妊娠第7月未満と規定	国内初の五つ子誕生（排卵誘発剤による）
52年（1977）	・臨床用胎児心電計規格・臨床用分娩監視装置安全基準設置 ・国内初の超音波診断装置発売（持田製薬）＝妊娠分娩の早期診断可能、前置胎盤・切迫流産などの早期発見		
53年（1978）	分娩監視装置88・5%設置（日産婦登録機関対象）		英国で体外受精児（試験管ベビー）誕生
54年（1979）		妊娠可能時期は妊娠第23週以前と表現を改正	
55年（1980）	超音波診断装置小型化・廉価＝日常診断用機器、静止断層装置・リアルタイム断層装置		
57年（1982）	超音波断層装置とラマーズ法による分娩		
59年（1984）	超音波ドップラー胎動計＝胎動速読可能受精後約20日で胎児心拍観察可能となる。これ以前は妊婦の自覚により超音波で確認。		
平成3年（1991）		中絶可能時期は妊娠第22週以前と規定	
現　在	超音波断層装置による3D画像、4D画像（リアルタイム3D）の利用		

＊日本産科婦人科学会『日本産科婦人科学会雑誌』1945～1984、日本母性保護医協会『二十周年記念』1970、鈴木由利子「産児制限をめぐる制度と社会―明治時代以降の歴史を中心に―」『東北学院大学東北文化研究所紀要』34号、2002　より鈴木作成。

認識するようになった時代への変化を象徴的に表す表現でもある。

そのような胎児に対する意識の変化の背景には、医療機器の進歩によって母体内の胎児が可視化されたこと、避妊の浸透によって計画的な妊娠が可能になったことに加えて、中絶可能時期が短縮されたことに象徴されるように、従来は育たなかった妊娠週数の胎児も生育可能な医療環境が整ったことも影響していると考えられる。

これらの影響によって胎児への視点が芽生えるとともに胎児に確かな命を感じるようになったことが、中絶胎児に対する供養の必要性を意識するようになった背景の一つであると考えることができる。

さらに、生殖補助医療の進展も著しい時期であった。昭和五十三年（一九七八）に英国で初めての体外受精児が誕生し、昭和五十八年（一九八三）には、日本初の体外受精児が誕生した。これと前後して排卵誘発剤、人工授精、体外受精による不妊治療も始まり、これらによっても胎児や胎児の命に対する認識が確立していったと考えられる。

このような変化の時代、妊娠や出産あるいは不妊治療の話題は、テレビなどのメディアでも数多く取り上げられている。

例えば、一九七〇年代の日本テレビのワイドショー「金原二郎ショー」での「お産の手記」、あるいは五分間番組の「赤ちゃんレポート」などは長期間にわたって放映された出産や育児に関する番組であった。また、表5-2に示すように、不妊治療に関する報道としては、昭和五十一年（一九七六）に排卵誘発剤を用いた国内初の五つ子誕生が取り上げられ、排卵誘発剤を用いた不妊治療によって誕生した多胎児の出産と子育ての様子などが紹介されるようになる。その後、人工授精や体外受精児誕生などの話題もその都度テレビで取り上げられ、日常的な話題となって行った。

昭和五十五年（一九八〇年）になると、出生体重五一七グラムで誕生した子どもが無事に育つ様子なども話題

表5-2　テレビのワイドショー番組表にみる水子・水子供養と社会の動向

出典：『朝日新聞縮刷版』1971～1985朝日新聞社。神田文人・小林英夫編『決定版20世紀年表』2001、小学館。下川耿史『近代子ども年表1926-2002　昭和・平成編』2002、河出書房新社。講談社編『昭和二万日の全記録』14－18巻、1990、講談社。講談社総合編集局『日録20世紀1970－1985』1997～1998、講談社。日本産婦人科学会『日本産科婦人科学会雑誌』1945～1984。

年代	TVワイドショー番組表	世の中の動き／産科医療機器の進歩
昭和45年(1970)	妊娠中絶の悪影響（2・2） 優生保護法をめぐって（2・4） 帝王切開死亡事故（2・11） 試験管ベビーの全容初公開（記録フィルム）（3・11） 試験管ベビーの反応（3・12）／試験管ベビー（3・20） 恐るべき人工妊娠中絶の実態（5・13） 棺の中の赤ちゃんは生きていた（6・4） オギノ学説は避妊法ではない（9・7）	国産初の人工衛星打ち上げ成功（2・11） NHK「母と子の性教育を考えるシリーズ放映」 日本万国博覧会開幕（3・14～9・13） 赤軍派日航ハイジャック（3・31） 全国の高校進学率80%（5・4） 神奈川県立こども医療センター開設（横浜）全国初のこども総合医療施設（5・26） 三島由紀夫割腹自殺（11・25） 不幸の手紙流行同じ手紙を29人に書かないと不幸になる（11月） 東京渋谷のコインロッカーで嬰児死体発見、コインロッカーに嬰児遺棄事件この年2件発生、昭和46年3件、47年8件、48年46件と急増「コインロッカーベビー」といわれる。 マイカー4世帯に1台普及 光化学スモッグ被害
昭和46年(1971)	三つ児の記録お産の手記（2・2） 勇気ある告白私も実は堕胎の経験がある（4・26） 避妊のすべて（6・8） 排卵誘発剤が九つ子を産んだお産の手記（「お産の手記」以降開始）（7・9） 避妊の実態（9・7） いま話題の経口避妊薬のすべて（9・21） 避妊法は間違っている（12・3）	沖縄返還協定調印式（6・17） 総理府「子どものしつけ」に関する調査：しつけは母親の仕事69%、母は躾けに自信を持っていること判明（5・4） 千葉・埼玉・東京・神奈川で初の光化学スモッグ注意報発令（6・29） イタイイタイ病訴訟被害者全面勝訴（6・30） 全日空機と自衛隊機衝突事故（7・30） 新潟水俣病訴訟被害者勝訴（9・29） 未婚の母問題化・女優加賀まりこが未婚の母宣言（12月）
昭和47年(1972)	人工授精のすべて（2・29） 無痛分娩（5・18） 私は赤ちゃん生みます業（8・16） 不妊と中絶の全て（8・21） 夫と合意で人工授精の子を産んだ（9・27） 生理の異常と不妊症（10・9） 「ウーマンリブこそ地球を救う産まない自由を、避妊と中絶こそ権利」（記事11・1付）	沖縄県発足（5・15） 田中角栄（通産大臣）『日本列島改造論』（6・11）→一次田中内閣（7・7） 中ピ連結成（中絶禁止法に反対しピル解禁要求する女性解放連合）（6・14） 四日市ぜんそく訴訟6社共同不法行為認める判決（7・24） 森永乳業ヒ素ミルク中毒患者救済受諾（8・16） ルバング島で小野田元日本兵救済開始（10・19） 日本列島改造で土地ブーム ピアスブーム、兵庫県衛生部ピアス穴あけ機販売禁止（9月） 日本性教育協会設立『性教育研究』発行（4月）、死産児に占める奇形率初めて2%超えて2・02%、10年前は0・88% 優生保護法改正案国会提出：経済的理由削除の法案廃案（S48再提出も廃案） 臨床用胎児心電計規格作成・超音波断層装置の安全性調査検討 胎児の性別鑑定可能となる（確率85%）
昭和48年(1973)	妊娠中絶は子殺しか?!ヤング対母親討論会（2・13） 驚異の中絶薬PGとは？（2・20） お母さん！我が子に避妊を教えられますか？（3・6） セックス論争！中絶は是か非か（3・23） 許せない！高校生に避妊なんて！母親対若者の討論会（4・3）	渋谷駅コインロッカーに嬰児遺体（2・5）→以後各駅で続発 石巻菊田昇医師による赤ちゃん斡旋判明問題化（4月） 東京湾の魚介類PCB汚染（6・11） 学生運動内ゲバ激化

年代	TV ワイドショー番組表	世の中の動き／産科医療機器の進歩
	妊娠中絶！泣くのは女（4・13） 避妊の失敗はもうこりごり（4・24） 女性の解放は避妊薬の解禁か?!（3・26） 赤ちゃんあっせん！生命か法か（4・27） 生み捨て時代に赤ちゃんあっせんは悪か？（4・27） 特集ニッポンの母親考（間引きから生み捨てまで）（5・4） 若人はピルをどう考える（6・18） 私達の生命を絶った母親たち恐るべき妊娠中絶（5・25） 胎児死体と暮らしたクラブ歌手の告白（6・7） 闇に消えた赤ちゃんの叫び（8・16）	石油ショック 小松左京『日本列島沈没』 五島勉『ノストラダムスの大予言』出版
昭和 49 年（1974）	この際ピルはホントに解禁すべきか！（6・25） 妊娠・中絶・転落 性の喜びにひそむ女の涙（7・19） 母体内でうぶ声が！（8・16） 日本'74 子供は二人まで（8・22） ３回も中絶して誓った 20 歳の愛（9・4） 快楽・妊娠・自戒もう中絶は耐えられない（10・4） 避妊ピルは恐い⁉（12・20）	小野田元陸軍少尉ルバング島で救出帰国（3・12） ユリ・ゲラー来日 TV 出演超能力ブーム起こる（3月） 足尾鉱山鉱毒事件和解（5・10） 念力でスプーン曲げる川崎市の 11 歳少年『少年サンデー』誌上に登場（１月)、ユリ・ゲラー（米）テレビ出演、超能力、オカルトブーム（３月)、 小中学生に催眠術遊び、こっくりさん流行（６月)、 広島市私立高校文化祭に「心霊術コーナー」登場、実技披露で見物人の多数女子高生が術にかかり３日間狂乱状態となる（8・23)、 青梅駅、福生駅の入場券「福が生まれる」と縁起良いと爆発的人気（１月)、 五島勉『ノストラダムスの大予言』映画大ヒット 東京でサリドマイド訴訟和解、サリドマイド児生まれて 15 年目で解決（10・13） 国民総生産戦後初のマイナス成長、ゼロ成長社会の言葉が流行 出生率６年ぶり減少 オカルトブーム
昭和 50 年（1975）	追いつめられた母親妊娠９カ月で中絶！（1・23） 対決！赤ちゃん斡旋の是非（3・4）／中絶是非 菊田昇（4・2） 中絶！この悲惨な現実（5・1） 妊娠中絶悲惨な実態（5・8） 流産に耐えて大空真弓に赤ちゃん（6・16） 女子高生妊娠中絶資金カンパの実態!!（7・1） 独占会見！流産した加賀まり子（8・1） 菊田医師ハワイへ乳児斡旋！その時産みの母は……（8・27）	警察庁『非行少女白書』報告（3・6） 警察庁暴走族総合対策委員会発足取締強化（6・11） 横溝正史ブーム『犬神家の一族』『八墓村』など 500 万部売れる 紅茶キノコブーム春～夏には終了（５月)、 登校拒否の高１少年祖母殺害箪笥に隠していたのが発覚（埼玉県)（9・5） 中核派核マル派抗争激化 毎日新聞による家族計画世論調査：避妊実行率 81.5%、子ども２人が定着 超音波断層法の臨床活用＝妊娠５週から確認が可能となる
昭和 51 年（1976）	芸者＋美ゲイ＋人工授精＝女らしさ復活宣言⁉（1・6） 臨床医からの告発！ピルは母体をダメにする⁉（2・2） 中絶！生と死のわかれめ（2・9） 中絶３回愛し信じ棄てられた女の復讐！（2・11） 排卵誘発剤で五つ子を生む法！（2・12） 排卵誘発剤は福音か（2・12） 女子中学生妊娠中絶資金カンパの実態 子供うみます 300 万円！私は腹貸し屋だった（6・11） 妊娠子売りサギ（7・2） 中絶失敗!! 外に子を求める夫と不妊妻の悲哀（7・28） 水子よ母を許して！中絶児の鎮魂（8・24） 高校三年中絶２回!! そしてまた妊娠二カ月（8・26）	鹿児島市立病院で国内初の５つ子誕生、排卵誘発剤論議盛んになる（1・31） ロッキード事件で前田中角栄全総理逮捕（7・27） 総人口の 8.1%が 65 歳以上、高齢化社会へ 子どもの胃潰瘍急増 中絶可能時期は妊娠第７月未満と規定

年代	TV ワイドショー番組表	世の中の動き／産科医療機器の進歩
昭和 52 年 (1977)	緊急報告爆発する性の乱れ女子中学生妊娠続出!! (1・6) 怪奇総集編入院中の私を襲う子どもの死霊 (3・23) 哀れ中絶胎児の霊が母を慕って水子地蔵 (6・9) 棄てた男に復讐する女の怨霊か水子の祟り？ (8・17) 宙に舞う水子の霊、たたりにおびえる女の叫び！(9・9) 結婚は嘘!? 中絶 3 回愛する男を切った看護婦 (10・13)	幼児の先天性代謝異常検査制度スタート (4 月) 厚生省「母乳キャンペーン」人工栄養よしとされ母乳 2％以下となったため (5・5) 日航機赤軍派にハイジャックされる (9・28) カネミ油症事件被害者全面勝訴 (10・5) 流行語「たたりじゃ」 カラオケ大流行 平均寿命男 72・69 歳、女 77・95 歳で世界一 中学生の自殺増加 臨床用胎児心電計規格・臨床用分娩監視装置安全基準設置 国内初の超音波診断装置発売（持田製薬）＝妊娠分娩の早期診断可能、前置胎盤・切迫流産などの早期発見
昭和 53 年 (1978)	赤ちゃん斡旋の菊田医師 (3・27) 離婚妻の告白！人工受（ママ）精を勧めた夫の豹変 (4・26) 心ならずも闇に葬った我が子！胎児の霊供養 (6・8) ニセ中絶薬 (7・28) 特集！怪奇霊写真山本豊三の愛児の霊が… (8・3) 死者続出の仏崎！事故現場の地蔵に子供の霊 (11・9) 賽の河原に哭く子供の霊 (11・16) 体験!! 怪奇特集子供の怨霊に憑かれた私 (11・23) 今年の怪奇総特集獣霊、水子霊、怪写真 (12・28)	総理府初の『婦人白書』(1 月) 厳戒態勢の中、成田空港開港 (5・20) 英：世界初の体外受精児誕生、試験管ベビー第 1 号、女児 2,600 g ルイーズちゃん (7・25) 日中平和友好条約調印 (8・12) ローマ教皇庁（体外受精に対し）自然の摂理に反すると非難 (7・26) 幼稚園通学する子ども数 249 万人でピーク 竹の子族 家庭内暴力 米でエイズ患者発見 分娩監視装置 88・5％設置（日産婦登録機関対象）
昭和 54 年 (1979)	棄てた男に復讐の怨霊か？水子のたたりか (3・22) 水子の霊が写真に… (3・22) 赤ちゃんあっせん事件！菊田医師の訴え (7・18) 津軽の霊場に祟りの石　幼子たちの霊が叫ぶ (7・18) 17 歳で中絶した私に亡母の霊が深夜の説経 (8・2) 怪談!! 水子の祟りか我が子を襲う子供の霊 (8・15) 戦慄の水子霊 親子兄弟にもたたると言う恐怖 (10・23)	初国公立大学共通一次試験実施 (1・13) ウサギ小屋（EC 委の対日戦略基本文書に日本人を「ウサギ小屋に住む働き気ちがい」とある事が判明 (3・29) パーソナルコンピューター PC8001 発売パソコンブームのきっかけとなる (9 月) インベーダーゲーム流行 夕暮れ族（若い女性と中年男性のカップル） 天中殺 口裂け女のうわさ全国の子どもに広まる 中絶可能時期は妊娠第 23 週以前と表現を改正
昭和 55 年 (1980)	不妊症、恐怖の初回妊娠中絶 (1・17) 性が怖い！2 年で中絶 4 回幼妻の成人式 (1・23) 水子霊の怪！夜な夜なえい児のなき声が (2・7) ああ、2 万体の水子供養祭 (12・12) 奇跡の熟児 (4・18) 絵馬に見た水子の霊 (5・22) 避妊全研究 (5・29) 私は 1 万ドルでおなかを貸した！代理母の告白 (6・4) 母を呼ぶ幼子の霊 (6・11) 話題沸騰!! 代理妻の告白 (6・11) 16 で結婚!! 子供 6 人産み捨て (9・16) 恐怖!! 水子霊のさわり (9・19) なぜ？水子地蔵が大繁盛！(9・22) 今こそやすらぎを求めて水子霊 (9・30) 激増中高生中絶！水子寺に生態をみた (10・24) 実在する死後の世界!? (4・9) 丹波哲郎が明かす！これが死後の世界だ (5・14) 丹波哲郎に聞く死者の世界 (5・22) 丹波哲郎による死後の世界 (6・25) 富士見産院事件子宮摘出（各局） ドキュメント「がんばれ!! 奇跡の赤ちゃん 517 グラムで生まれたあの春香ちゃんは今…」(フジ) (12・6)	新宗教イエスの方舟 (7・3) 所沢市富士見産婦人科病院不必要な臓器摘出手術 (9・11) 二浪中の予備校生両親を金属バットで撲殺 (11・29) 校内暴力、家庭内暴力急増 ルービックキューブ流行 超音波診断装置小型化・廉価＝日常診断用機器、静止断層装置・リアルタイム断層装置

年代	TV ワイドショー番組表	世の中の動き／産科医療機器の進歩
昭和 56 年（1981）	丹波哲郎が死後の世界を取材（1・19） 衝撃中絶費欲しさに高校 3 年 KO 強盗（2・5） 中 3 生に避妊教本（3・18） 人間愛か人身売買か？代理出産ママ衝撃の来日！不妊夫婦の救世主か？（3・31） 子宝ママ 15 人目出産！（4・15） 中絶 8 回させ夫は女と蒸発!! 心痛の妻流産（5・26） 中絶してまで夫をガンから救った妻の愛!!（5・27） 許さない!! 中絶 4 回私をすてた愛人（5・28） えい児 5 人殺し（6・10） 愛人の執念!! 中絶させ棄てた女の怨霊が今（7・16） 中絶のたたり⁉ 赤子の霊に怯える女高生の怪（7・23） 子供の性教育あなたならどうする（8・20） 異常告白私は子を殺したくなる（10・14）	中国残留日本人孤児 47 人初の正式来日（26 人身元判明）（3・2） 厚生省、全国のベビーホテルの一斉点検、94％に欠陥（3 月） 台湾で遠東航空旅客機墜落向田邦子ら日本人 18 人犠牲（8・22） ガンが死因の 1 位となる
昭和 57 年（1982）	代理妻!! 無理やり他人の子を産まされた私（1・20） 怪奇血の池に秘められた幼子の叫び!!（1・14） 身障夫妻に授精児（3・16） 恨み⁉ 映画の撮影現場にさ迷う水子の怪（3・18） 水子よ泣くな！女医の叫び（6・4）／妊娠中絶改正の是非（6・22） 怪奇⁉ 水子地蔵に赤ん坊の亡霊（6・25） 人形の復讐は水子霊の祟り（7・29） 5 つ子誕生（10・5） 森進一が水子墓建立（10・5） 水子供養の森進一（10・7） 水子の怪異!!（12・9） 体外受精児誕生へ向け日本も体制着々基礎、臨床とも研究進む「授精着床学会」も発足へ（朝日 11・15 付）	東京永田町ホテルニュージャパンで火災死者 33 人（2・8） 日航機羽田空港着陸寸前に逆噴射墜落（心身症の機長による）（2・9） 東北新幹線大宮―盛岡間開業（6・23） 超音波断層装置とラマーズ法による分娩
昭和 58 年（1983）	広告『胎児は見ている』（T、バーニー著）（朝日 1・11 付） 怪異!! 娘を襲った水子霊が母の秘密を暴露（1・20） 広告『朝日ジャーナル』優生保護法「改正」に疑義あり「中絶の自由」を求める悲しみ（朝日 2・17 付） 水子霊の復讐⁉ 姑の虐待に中絶した嫁の私（2・24） 妊娠テスター（2・28） 体外受精着床成功（3・15） 試験管ベビー日本でもついに成功 10 月に産声子供がほしい夫婦に朗報（3・17） 中絶禁止⁉ 女の生き方男の責任（3・18） 試験管ベビー日本第一号 A 子さん（仙台 30 歳）の喜び！（3・22） 水子地蔵は女の堕落（4・28） 赤ちゃんごめんなさい水子地蔵と涙の女たち（5・12） 新中絶薬が認可？（5・20） 広告『死後の世界の証明』『死ぬ瞬間の書』『守護霊団』丹波哲郎（朝日 10・11 付） 開放ギャル夏の決算無惨!! 水子霊が復しゅう⁉ 怪奇現象続々（10・27） ズバリ解答！何でも相談不幸続発前妻の祟り⁉」加持でタタリを払え！水子地蔵はんらん（12・13） 広告『体外受精成功までのドキュメント』鈴木雅洲著（朝日 10・8） 『婦人公論』「全国ルポ体外受精の福音をどう受けとめる」（朝日 10・8） 『ムー』死後の世界の神秘と謎 11 月号（朝日 10・10 付） NHK「生命誕生の秘密 受胎の神秘 性の尊厳にはじめて迫る」（9・19）	戸塚ヨットスクール校長傷害致死容疑で逮捕、76 年来情緒障害児のしごき（6・13） 大韓航空機サハリン沖で領空侵犯ソ連軍撃墜される（9・1） ロッキード事件田中角栄に懲役 4 年追徴金 5 億円の判決（10・12） 東北大で日本初の体外受精児誕生（10・14） 自殺少年 657 人（男 452 人、女 205 人、19 歳 201 人、最年少 9 歳）原因は 26.9％が学校問題、次に親との不和などの家庭問題、家出少年 5 万 6513 人（内女子 54.1％）、 全国暴走族グループ 561、3 万 7649 人、17 歳 20.8％、19 歳 19.0％、18.9％ 交通事故・溺死など子どもの不慮の事故死 4,818 人（0 歳 500 人、1-4 歳 1,079 人、5-9 歳 702 人、10-14 歳 405 人、15-19 歳 2,132 人） パソコン、ワープロ急速に普及 TV ドラマ『おしん』最高視聴率 62.9％ TV ドラマ『積み木くずし』 女性雑誌創刊相次ぎ 250 誌で史上最高記録

年代	TV ワイドショー番組表	世の中の動き／産科医療機器の進歩
	NHK「体外受精児の誕生」(10・15) NHK 記録報道「赤ちゃん胎内からの出発」(12・2)	
昭和 59 年(1984)	水子霊のたたりと嫁を責める姑 (2・23) 悪霊のお告げで堕胎を迫る姑！ (5・31) 胎児売買 (7・17) 胎児の悲鳴が聞こえる !! 水子寺で泣く女たち (11・14) なぜはやる水子供養 (12・5)	三浦和義ロス疑惑（1月） 1人暮らし老人 100 万人突破（1月） 江崎グリコ社長誘拐事件 (3・18) 国籍法、戸籍法改正、父母両系主義採用 (5・25) グリコ事件犯人「かい人 21 面相」森永製菓脅迫青酸入り製品発見 (9・12) 生活程度を中流と考える人が 90%に達する 働く主婦全体の半数超える 超音波ドップラー胎動計＝胎動速読可能受精後約 20 日で胎児心拍観察可能となる。これ以前は妊婦の自覚により超音波で確認
昭和 60 年(1985)	避妊手術を強要する鬼姑 (1・17) あなたの子産みます !! 代理母親業 700 万円 !! (2・5) 避妊手術で妊娠 (3・21) 衝撃乱れた性 !! 中高生妊娠中絶の実態に迫る !! (7・4) 胎児売買の衝撃 (7・8) 母親が不妊の娘の「代理母」になった出産 !!「他人の腹を借りるならいっそお母さんに…」(7・23) 妊娠中絶は何回まで大丈夫か？ (7・23) 水子霊と祖先霊！恐怖の霊体験 (8・7) 許せぬ誤診！勘違いで妊婦の胎盤摘出…中絶 (10・11) 論壇「体外受精に潜む危険な側面」(朝日 8・2 付) 七つ子妊娠…中絶、排卵誘発剤、無事育つか不安」(朝日 11・24 付) 「初の体外受精児が死亡　仙台 2 歳、かぜから肺炎女子 2 歳　東北大で一昨年 10 月誕生」(朝日 11・11 付) 広告『守護霊を持て』『続守護霊を持て』桐山靖雄 『守護霊で幸せをつかむ本』高島忠夫・寿美花代 『霊界からの手記』スウェンデンボルグ著 『大殺界・相性占術』『運命を読む六星占術入門、相性運入門』『先祖のまつり方』細木数子／『婦人公論』婦人公論大調査妻たちはなぜ中絶したか読者 2,520 人の回答と手紙が浮き彫りにする婚前婚後の中絶と避妊の実態！	日本のエイズ患者第 1 号認定（厚生省エイズ調査検討委員会）(3・22)、 昭和 58 年度高校中退者 11 万 1531 人（文部省発表）(4・2) 警視庁「いじめ相談コーナー」開設（5月） ファミコンソフト『スーパーマリオブラザーズ』発売 250 万本のヒット（9月） 日航ジャンボ機 747 群馬県御巣鷹山に墜落 520 人死亡 4 人生存 (8・12) 小中学生にいじめが横行、社会問題化 ファミコンブーム エイズの恐怖世界に広まる

となった。

さらに、昭和五十八年（一九八三）には、NHKで「生命誕生の秘密　受胎の神秘　性の尊厳にはじめて迫る」「体外受精児の誕生」「赤ちゃん胎内からの出発」など、受胎、体外受精、母体内の胎児の成長に関する特集番組が放映された。それまで見ることの出来なかった人の生命の誕生や母体内の胎児の様子が、お茶の間に居ながらにして見られるようになったのである。それは、人びとが「胎児」「胎児生命」と直接向き合う機会ともなったろう。

このように、一九七〇年代に産科医療機器の進歩によってもたらされた母体内の胎児の可視化は、胎児を「わが子」あるいは「唯一無二の命」として認識する契機となった。さらに、一九八〇年代初頭になると、受胎や受精卵などそれまで不可視であった生命誕生ありようが、テレビの映像を通じて人びとに届けられるようになったのである。こうした状況によって、胎児を「わが子」あるいは「個の命」とみなす感覚が、一般の人びとにも浸透していったといえるのではないだろうか。

2．水子供養を生んだ社会

水子供養が、短期間に急速に全国的な広がりをみせたことは前に述べたが、それには当時の社会状況も影響を与えていると考えることができる。

ここでは水子供養が形式を整えて開始され流行期を迎える昭和四十五年（一九七〇）以降、昭和六十年（一九八五）までを対象として、新聞に掲載されたワイドショーの番組表から、水子や水子供養に関する話題を抜粋し、水子供養流行の要因について当時の社会状況とともに考察して行きたい（表5-2参照）。

戦後、全国的に展開された受胎調節実地指導、その後の家族計画指導は、一夫婦に子ども二人の家族形態を定着させた。昭和三十年（一九五五）前後には、新しい時代の子育ての知識が新聞やテレビで紹介され始める。高度経済成長期には、父親は外で働き収入を得る役割を担い、母親は主婦として家庭で家事と育児に携わることを良しとする価値観が定着して行く時代である。親たちは、子どもを健康で賢い子に育てることを目指して養育に力を注いだ。

ここで、昭和四十六年（一九七一）に、総理府が行った「子どものしつけに関する調査」をみると、躾は母の仕事であると考える人が六九％に上り、母が子どもの躾に自信をもっている点も明らかになった。つまり、戦後の母たちは、新しい子育ての知識を学び、自信をもって子育てを始めていたのである。

熱心な家庭教育の結果を示すように、昭和四十五年（一九七〇）には、全国の高校進学率が八〇％になり、高学歴志向が明白になる。その一方で、一九七〇年前後から子どもの非行あるいは問題行動も目立つようになる。

一九七〇年代初めには多くの大学で学生運動が激化し、また、暴走族、家出、自殺、家庭内暴力、校内暴力、登校拒否、小中学生のいじめなど、少年・少女をめぐる問題行動もメディアを賑わした。さらに、高校生や未婚者の妊娠や中絶の問題、それら高校生の間では、中絶費用調達のためのカンパなども流行し始める。

渋谷駅のコインロッカーに生まれて間もない嬰児が遺棄される事件が連鎖的に発生したのもこの頃で、「コインロッカーベビー」の言葉も生まれた。

一九八〇年代になると、二浪中の予備校生が両親を金属バットで撲殺する事件が起き、世間に衝撃が走った。受験戦争、受験地獄などの言葉に象徴されるように、学業成績の優秀さや高学歴を求める風潮の一方において、それに適応できない子どもがいることが表面化した象徴的な事件であった。

これらさまざまな問題行動を起こす子どもたちは、高度経済成長期の豊かさの中で、親たちが手を掛けて育てた子どもたちでもあった。親の期待に応えて問題なく育つ子どもがいる一方で、問題行動に走る子どもたちも少なからずいたのである。

また、一九七〇年代は、科学で説明できない不可思議な世界への関心が高まった時代でもあった。昭和四十八年（一九七三）のオイルショックの年には、小松左京著の『日本列島沈没』が出版され、『ノストラダムスの大予言』も大ヒットした。翌年、超能力者ユリ・ゲラーが来日し日本中が超能力ブームに沸いた。一九七〇年代半ばになると、横溝正史ブームが起こり、祟りや怨霊、幽霊、霊魂、呪いなどへの関心が高まる。同時に、宇宙・宇宙人・ＵＦＯの話題なども取り上げられるようになる。これらが流行した現象はオカルトブームと称され、急激な経済成長の時代にあって、物質的な充足の裏にある人びとの精神的不安が表出したものであると説明された。

一方、高度経済成長期の急速な工業化は、人びとの生活に深刻な被害をもたらした。工場からの有害物質による健康被害、交通網の発達により多くの事故も発生した。

一九七〇年代は、各種公害問題が続出した時代でもあるが、これら公害がもたらした症状は、はじめは原因不明の疾病とされた。また、光化学スモッグや魚介類のＰＣＢ汚染などは、不特定多数の人びとに被害を及ぼし、平穏な日常の暮らしを脅かした。さらに、交通網の発達も著しく、自動車社会への急速な移行は、多くの交通事故の犠牲者を生み、航空機事故は一度に多数の人命が失われる危険を示した。

これらは、それまで日本社会が経験したことのない、誰にでも起こり得る危険・不幸であり、日常の不安となり得るものであったといえよう。

水子供養が流行した時代には、このような社会状況もみられたのである。

3. メディアに現れた「水子」

森栗茂一は、女性週刊誌をはじめとする雑誌に掲載された中絶や水子供養に関する記事を分析し、水子供養の特徴を読み解いた。

それによると、昭和四十八年（一九七三）『女性セブン』五月一六日号に、中絶胎児の処理を担う業者や寺院に関する記事が掲載され、中絶胎児を「水子」と称して紹介したこと、また、昭和五十一年（一九七六）には、『週刊女性』八月一〇日号に、水子供養の記事が掲載されたことを報告している。それ以降、一九八〇年代半ばに至る水子供養流行期を通じて水子供養の特集が組まれるなど、水子や水子供養の話題が取上げられて行ったことを指摘している。

森栗は、これら週刊誌の情報が、過去の中絶体験と水子の祟りとの密接な因果関係を認識させ、水子供養の必要性を周知させる役割を果たしたと論じた。[3]

ここでは、森栗の先行研究をふまえ、当時、最大のメディアであったテレビを通じての情報、特にワイドショーが取り上げた話題をもとにして、水子や水子供養の出現した時期について改めて考察する。

一九七〇年代、ワイドショーの主たる視聴者は専業主婦層であった。彼女たちは中絶全盛の時代に中絶を体験した世代でもある。

昭和二十八年（一九五三）にＮＨＫと日本テレビの本放送が開始された。当初、高級品であったテレビを含む電化製品は、昭和三十三年（一九五八）頃には、高所得者層から中所得者層に普及し、市場の拡大と消費欲が高度経済成長の原動力ともなってゆく。[4] 昭和四十年代にはテレビ普及率が九〇％を超え、新聞に対抗する巨大メディアとなる。[5]

昭和四十九年（一九七四）に行われた「世の中の動きを知るために利用するメディアに関する調査（複数記述可）」によると、テレビ八七％、新聞八二％、ラジオ三三％とテレビが最も高い率を示した。「最も利用するメディア」としてもテレビは五一％を占めている。このように一九七〇年代半ばには、テレビは家庭と社会を繋ぐ信頼性の高い情報を得るためのメディアとなったのである。(6)

テレビの普及により、多様な番組が放映され始めるが、なかでもワイドショーは、昭和三十九年（一九六四）に「木島則夫モーニングショー」の放映に始まり、昭和四十年（一九六五）の「アフタヌーンショー」「小川宏ショー」放映と次々と続く。これらワイドショー放映の背景には主婦層の出現があり、彼女たちが主たる視聴者となっていたのである。

高度経済成長期には、仕事を求めて都市に暮らす人びとが増えたことで都市部に人口が集中した。彼らは、夫婦とその子どもで構成される核家族として暮らし、夫は外で働き、妻は家で家事育児を担う主婦としての生活様式が定着する。そのような主婦層が視聴しやすい時間帯である一〇時から一五時の間にワイドショーが放映されたのである。

一九七〇年代半ば過ぎには、ワイドショーのある平日昼間の視聴者は「家庭婦人、無職、自営者、農林漁業者」で、一九八二年の調査では、「家庭婦人」が概ね一日中どの時刻でも一〇％以上がテレビを視聴し、それが全視聴者の三～四割を占めるとの結果が出た。(7)同年のワイドショーの視聴率は、アフタヌーン・ショー（朝日）は三％（女性に限ると四％）、「3時にあいましょう」（TBS）二％、「三時のあなた」（フジ）二％で、(8)合わせて八％に上った。一方、女性の視聴傾向に関する調査報告では、次のような傾向が指摘されている。

昭和五十年（一九七五）の「日本人とテレビ文化」に関する調査をみると、女性の特徴として、テレビの内容を自分とは別の独立した世界として切り離してみるのではなく、自分の中に取り込み、自分のための判断基準を求めながらみる傾向が強いこと、実用的な知識や生き方の参考となることを学び、内容と自分とを対比させながら視聴する傾向があることが明らかになった。(9) すなわち、テレビで取り上げられた話題は、彼女たちの行動にも影響を及ぼしていたと考えることができるのである。

昭和四十五年（一九七〇）に「唄子啓助の90分」において定期的に怪談話が取上げられ、その後、「小川宏モーニングショー」では孤独死や死後の世界・家相診断・霊が話題となった。「三時のあなた」では霊感体験や霊魂・恐山、「ハイヌーンショー」では霊界探訪なども話題になった。昭和四十七年（一九七二）になると、各局で幽霊・霊異・怨霊・亡霊・怪異・無縁仏などが取り上げられ、その後、これらは継続的なテーマとなって行く。

昭和四十八年（一九七三）頃には、日本テレビ「お昼のワイドショー」で「あなたの知らない世界」がシリーズ化され、超能力・幽霊・怪獣・不思議な動植物・宇宙人・UFO・秘境・雪男・ミイラ・占い・予言・呪い・死後の世界・エクソシストなどが怪異、怪奇と題して、体験談を含めた内容の番組が放送されるようになる。

このような中、「水子」の語が初めてワイドショーの番組表に現れるのは、昭和五十一年（一九七六）八月二四日のことである。「水子よ　母を許して!中絶児の鎮魂」との見出しで登場する。これと前後して、人工妊娠中絶の是非・避妊・不妊・若者の性のモラル・子どもの性教育などが取り上げられており、これらは当時、ワイドショーの日常的なテーマでもあった。「中絶」と「水子の霊魂」が結びつきやすい状況が生まれていたのである。

前述の森栗による週刊誌の調査から、昭和五十一年（一九七六）には「水子供養」の記事が掲載されたとされる同じ年に、ワイドショーにおいても「水子」が登場したことになる。

この後、水子の話題は、昭和五十二年（一九七七）には三例みられ、「哀れ中絶胎児の霊が母を慕って水子地蔵」「棄てた男に復讐する女の怨霊か水子の祟り?」などの見出しがみられ、以後、「水子の祟り」「水子の霊」が「子どもの死霊」「愛児の霊」と共に取り上げられている。昭和五十三年（一九七八）には、「子どもの霊」が怪奇現象と同様に紹介され、怪奇特集の一例として「水子霊」が取り上げられている。この翌年には「水子のたたり」「水子の霊」「水子の祟り」「水子霊」の四例みられ、この時になるとこれらの霊が親子兄弟に祟りを及ぼすとの記述がみられるようになる。

付け加えると、昭和五十一年（一九七六）には、「中絶児」を「水子」と称して鎮魂の対象ともしている。以上のように、昭和五十三年（一九七八）に、怪奇現象の一例として紹介された水子霊は、わずか一年の間に、親や兄弟姉妹に祟りを及ぼす霊として位置付けられたのである。

昭和五十五年（一九八〇）年以降、「水子霊」に加えて「供養」や「寺」との関係も取り上げられ、「水子霊」（三例）、「水子供養祭」・「水子の霊」・「水子地蔵」・「水子寺」が七例みられる。また、「ああ、2万体の水子供養祭」「恐怖‼水子霊のさわり」「なぜ？水子寺が大繁盛」と、水子と寺院や地蔵を結びつけた話題も提供されている。

この翌年には「水子」の語は見られないものの、「中絶のたたり⁉赤子の霊に怯える女子高生の怪」として、中絶と水子の「祟り」を直接結びつけた見出しがみられる。

昭和五十七年（一九八二）になると、「水子の怪」「水子」「水子地蔵」「水子霊の祟り」「水子墓」「水子供養」「水子の怪異」と七例みられ、有名歌手が水子墓を建立したことが、二度にわたって話題となった。翌年には、「水子霊」（一例）「水子霊の復讐」（二例）、「水子地蔵」（三例）の六例となった。

昭和五十九年（一九八四）には、「水子霊のたたり」「水子寺」「水子供養」と三例に減少するが、表現がより具体的になり、「胎児の悲鳴が聞こえる‼水子寺で泣く女たち」「なぜはやる水子供養」と、水子供養の場所と流行の現状が取り上げられるようになる。

このように、昭和五十五年（一九八〇）以降、水子霊が寺や供養と具体的に結びつき、一九八〇年代半ばまでには、中絶によって水子霊が生み出されていること、それら水子霊が中絶体験者に祟りを及ぼしたり復讐するとの解釈が示される。そして、そのような水子の霊の供養が行えるのは仏教寺院であるという水子供養の枠組みが示されるようになる。

しかし、昭和六十年（一九八五）には、「水子霊」の話題は一例のみとなり、水子霊と先祖霊に関する「恐怖の霊体験」が取り上げられる。そして、その後の昭和六十一年（一九八六）以降は、水子の話題は番組表から姿を消す。

以上、ワイドショーに取り上げられた水子の話題を追うと、昭和五十一年（一九七六）に表れた水子の話題は、昭和五十五年（一九八〇）年と昭和五十七年（一九八二）に七例と最多になり、昭和六十年（一九八五）には一例に減少し、その後はテレビの番組表において「水子」の語は全くみられなくなったことがわかる。

つまり、水子に関する話題は、昭和五十一年（一九七六）から昭和六十年（一九八五）までの約一〇年間に集中しているのである。これはオイルショック以降バブル期が始まる直前までの、経済が停滞した一〇年の間の時期と重なる。すなわち「経済ゼロ成長時代」と称された、高度経済成長期と次に訪れるバブル期との狭間ともいうべき時期である。

テレビの番組表を調査対象としたため、内容の詳細については不明ではあるが、オカルト・超能力・心霊怨霊・呪いなど怪奇現象の一例として紹介された「水子霊」は、中絶や祟りと結びつき、さらに、そこに寺や地蔵など具体的な供養の場に関する情報も紹介されたことで、人びとをより現実的で具体的な水子供養へと向かわせることになったと考えられる。

中絶認可直後から急増した中絶件数は、昭和三十年（一九五五）には最高値約一一七万件となった。闇の中絶を含むと二〇〇万件ともいわれた年である。同年の出生数は約一七三万人であったことを考えると、いかに中絶の割合が高かったかは明らかである。

中絶全盛時代の中絶体験者は、戦後社会の急激な変化の中で家庭を築いた世代であり、子どもの数の抑制のために積極的に中絶を選び取った世代である。この世代は、一九七〇年代に子どもが思春期や青年期を迎え、彼ら親世代は中年に差し掛かる年齢でもあった。つまり、子どもの教育の問題や、家や家族に関わる多様な負の問題を抱え易い時期でもあったことがわかる。この点は、前述した森栗を始めとする研究者たちによっても指摘されていることでもある。

高澤淳夫は、年齢階級別の中絶実施率を推定し、中絶経験者は、昭和一桁世代特にその前半世代に置いて最も多く、昭和三十年（一九五五年）前後に出産期を迎えており、出産抑制の手段として中絶を多用した世代であること、この世代は、水子供養が盛んになった昭和四〇年代後半ばに、子どもの世話から手が離れ中年期に入った世代であると分析している。(10) このように統計的側面からも、この世代が水子供養流行期を支えた人びとであったことが明らかとなる。

妊娠・出産に関する民俗調査において、おおよそこの世代までの人びとは、「産後のたたり」という言葉をよく使う。この場合の「産後のたたり」は、産後十分に休息を取らずに日常に復帰すると、年取った時に身体に何らかの支障がでるのだという意味で使われる。

特に、自宅出産の時代は、産後二十一日間は母子が産室に籠り他との接触を断つ習俗が、日本全国に広く定着していた。これは、出産をケガレとみなしたために他と隔絶するためでもあったが、同時に、お産で消耗した褥婦の身体を十分に休ませるための習わしでもあった。

「どんなにきついシュウトでもお産の時は嫁を休ませる」との言い方も広く聞かれ、身体を回復させるために、褥婦は赤ん坊の世話の以外はしてはならないとの戒めがあったのである。多くの人びとが肉体を使って労働した時代には、出産後時をおかずして日常の労働に復帰することは、出産で消耗した身体の回復を遅らせ、身体に何らかの支障をきたすことにもなったのである。しかし、次子以降のお産になると、二十一日間の休息を取ることなく日常に復帰することが多く、多くの年配女性は、身体の冷えや不調、目が弱ったことなどを「産後のたたり」だと語ることが少なくない。

このような場合の「たたり」は、悪霊などが負の影響を及ぼす「祟り」とは意味が異なるのだが、「たたり」「たたる」の表現自体は、身近で違和感がないものであったと思われる。そのような意味でも、かつて自分が中絶し、供養しなかった水子の霊が不調を引き起こしたのだという説明は、実感をもって納得できるものであったといえよう。女性たちが抵抗なく「祟り」を受け入れた背景には、単に「非科学的なことを真に受けて水子供養を行う女性」という解釈だけではなく、こうした日常の習俗や伝承があった点も指摘しておきたい。

中絶全盛の時代に中絶を経験した人びとにとっては、ワイドショーで紹介される「水子」は、その世代の共通体験を想起させるものであったであろう。そこでは、解決し難い多様な負の問題と水子の祟りを結びつけた話題が示され、その解決法として水子供養が提示されたのである。人びとは、自身が抱える負の問題の原因を水子に求め、供養を行うことで問題を解決、解消しようとしたといえるのではないだろうか。そのような意味で、水子供養は、家族や家庭に内包する多様な負の問題を解消する手段として、人びとに選び取られたといえる。

千葉徳爾・大津忠男は、中絶と水子供養について、子育てとの関係で次のように論じている。個別の家とそれを取り巻く社会の両者が関わりながら子どもを育て自立させてきた時代から変化した現代社会は、子育てが両親と子どものみの核家族の中で、地域社会と断絶されたかたちで行われるようになった。そこでは「子どもの生命の管理権が個々の家庭に移されざるを得なかった。その一方で、子どもの霊魂を信じ弔うという過去の心意が残存しており、それが水子供養として表出した」(11)と論じた。つまり、それぞれの核家族内部の事情に照らし合わせて、子どもの命は中絶によって合法的に処置されるようになったのだが、その一方で、前代から継承されてきた「子どもの霊魂」に対する観念もまた継承されており、その隙間を埋めるものとして現れたのが水子供養であるというのである。

しかし、昭和三十年代には、一般の人びとが中絶に対する心理的抵抗が少なかった事実、また、中絶体験から中絶胎児の供養が必要と認識するようになるまでには、二十年近くの年月を経ている事を考えると、「子どもの霊魂」対する観念が継承され続けていたのではなく、胎児への観念が変化したことにあると考えられる。

これまで述べてきたように、母体内の胎児が可視化され、胎児に確かな命の存在を認識するようになったことが大きく影響しているといえる。そのような状況が、「胎児」を「人」あるいは「わが子」と認識し、供養しなければならない対象へと変化したと考えられる。

第二節　法律と医学における「胎児」と「出生」

通常、分娩は陣痛に始まり、胎児の頭が見え隠れする排臨を経た後に、胎児の頭の一部が母体の外に現れる発露を経て、胎児の頭が母体外に娩出され、次いで、胎児の肩部が娩出され全身が母体から出るという経過をたどる。このような過程において、どの時点を「出生」とするかについての規定は、法律と医学あるいは一般の人びとの認識では、それぞれ異なる。そこで、明治期以降昭和期に至るまでの法律と医学において、「出生」がどのように規定されてきたかをみて行きたい。

1. 法律にみる「胎児」と「出生」

明治二十九年（一八九六）に施行された民法の総則編第一章第一節には、「私権ノ享有ハ出生ニ始マル」と規定され、人は出生すると同時に人としての権利能力、すなわち権利の主体として、法のもとで保障される存在として認められると規定している。

この権利の主体である人の「出生」をめぐっては、どの時点を以って「出生」とするのかという法律上の論議がなされ、大正八年（一九一九）の大審院判例によって、刑法においては、人としての権利を最大限に保障する意味から、胎児が母体からその一部を露出した時点を以って「出生」とみなされる（一部露出説）と規定された[12]。

一方、民法においては、人として生きて存在することが、権利能力の行使に必要になる。そのため、胎児が生きて母体から完全に露出した場合（全部露出説）、あるいは、独立の呼吸を始めた時点（独立呼吸説）のどちらかを「出生」とみなすとされた。その後、民法においてどちらが妥当であるかの論争を経て、現在では、胎児が母体から分離した時点で生存している徴候がみられるならば、独立した呼吸を営まなくとも出生とみなすという「全部露出説」が採用されている。

このように、法律において「出生」の基準は、「出生」によって生じる問題が何であるかによって異なり、現実社会の中で、刑事上あるいは民事上問題化することによって初めて機能し始めるのである。

2. 医学にみる「胎児」と「出生」

一方、「出生」を医学的にみた場合どのように規定されているかについてみる。

日本産科婦人科学会では、昭和十八年（一九四三）に開催された第一回日本産科婦人科学会において、医学用語の定義について統一する必要性を指摘した。しかし、当時は、医学技術の著しい進歩や世界的視野に立つ必要性から、用語の定義を定めるまでに至らなかった[13]。

その後、産科で言うところの「生産」、つまり生きて生まれる「出生」の定義について、生育可能限界が妊娠何週であるかを基準として検討され続けた。そして、昭和四十六年（一九七一）十一月の産科諸定義委員会報告によって、一応の判断基準が示された。それによると、「生産」とは「娩出した児に生の徴候が認められれば、医学上生産であり、生産の医学的な狭義の定義はこの点に尽きる[14]」と定義されたのである。

医学では、娩出した出生児が、生きている徴候が認められるか否という点が、「生産」の判断基準となったのである。

これ以前、日本産科婦人科学会では、従来から新生児は母親の付属物的な存在として考えられ、入院費・看護婦の配分など全くなく、それが新生児看護上大きな障害となっていた。そのため、昭和三十六年（一九六一）に診療上一人格としてとして認めることを関係各方面に要望しているとして[15]、「診療上」とされてはいるものの、新生児が出生後も母親の「付属物的存在」とみなされていたことを指摘し、そのために医療の保護が充分になされていない問題を指摘している。つまり、医療において、生まれて間もない子どもは人格をもつ人間として扱われてはいなかったことは明らかで、当時の出産直後の嬰児に対する医学や社会の認識を示すものといえる。これは、胎児に対する認識も同様であったことを示すものでもある。

付け加えると、「生産」の定義が示される以前は、「産声」が基準であったと産科医や助産婦たちは語る。産声を誕生の目安とするのは、一般の人びとの認識とも同様である。

このように法律や医学から「出生」の規定をみた場合、「生きて生まれること」の基準は普遍的なものではないことが明らかとなる。「出生」は、あくまでも生まれ来る子どもを取り巻く周囲の人びとが、社会的あるいは医学的な条件を考慮に入れながら、その時々の基準で決定するものであることがわかる。

3. 胎児をめぐる訴訟問題

自宅分娩から施設内分娩への移行は、昭和四十年(一九六五)を境として施設内分娩が過半数を占めるようになり、現在は、医療施設での分娩がほとんどを占めるようになった。自宅で出産した時代には、近隣地域に暮らす産婆や助産婦が産婦の家に出向いて出産介助を行ったが、そのような時代の出産は、時として母子が命を落とす危険を伴うものとして認識されていた。事実、出産時の母子の死亡率は高く、そのような不幸な事態に直面した場合、人びとは「どうしようもないこと」「仕方ないこと」として諦めざるを得なかったのである。

しかし、病院で出産が行われる時代になると、医療のもとで母子の死亡率は飛躍的に改善し、子どもは無事に生まれるものと認識されるようになって行く。

そのような意識が生まれた昭和四十年代半ば以降、胎児をめぐる訴訟がみられるようになる。これは、母体内の胎児が可視化され、胎児を「わが子」「わが子の命」として意識され始める時代でもある。

出生を待ち望んでいた子どもが、妊娠中あるいは出生直後に亡くなった時の親の悲嘆は計り知れない。安全であるはずの病院出産においてはなおさらで、そのような場合は、医療者の処置に強い不信感を抱き、医師や医療機関を相手に訴訟を起こす例がみられるようになったのである。

表5-3「胎児・新生児死亡をめぐる訴訟」は、胎児あるいは出生直後の子どもが亡くなった際の訴訟についてまとめたものである。

表 5-3　胎児・新生児死亡をめぐる訴訟

件数	提訴年	裁判所	原告	被告	TOTAL 期間等		事案の概要	勝訴率
1	昭和 45 年 (1970)	大阪	遺族	国立病院	上告 (3 審)	6	臍帯脱出による胎児の子宮内死亡事故、助産婦の過失	
2	昭和 46 年 (1971)	東京	遺族	財団法人 経営病院	確定 (1 審)	5	死産について医師の帝王切開術採否の過失、看護体制不備等の過失	0 %
3	昭和 47 年 (1972)	東京	遺族	財団法人経営・病院・担当医	不明	3	胎児死産、帝王切開の採否判断につき医師過失	
4	昭和 49 年 (1974)	東京	遺族	開業医・担当医	確定 (1 審)	6	帝王切開経験妊婦、経膣分娩採用し子宮破裂による胎児死亡の過失	0 %
5	昭和 53 年 (1978)	名古屋	遺族	開業医	上告 (3 審)	14	吸引分娩により胎児に硬膜化出血の障害が発生し死亡	
6	昭和 54 年 (1979)	東京	遺族	国立病院	控訴 (2 審)	10	鉗子分娩により新生児死亡、医師の過失問われる	
7	昭和 54 年	大阪	遺族	開業医	確定 (1 審)	6	出産直後出生児血行障害で死亡、産婦産科ショックで死亡、分娩介助医師過失	0 %
8	昭和 55 年 (1980)	松山	遺族 ・夫	開業医	控訴 (2 審)	10	死産事故、胎児圧出法と鉗子分娩の過失を問う	
9	昭和 61 年 (1986)	東京 (八王子)	遺族	市立病院	控訴 (2 審)	3	陣痛促進剤による子宮破裂出生児脳性麻痺により死亡、医師の過失	
10	昭和 61 年	広島	遺族	開業医	確定 (1 審)	4	胎児循環障害、細菌感染症による胎児死亡、医師の過失	24%
11	昭和 62 年 (1987)	東京	遺族	開業医	控訴 (2 審)	5	双子の一人、胎児仮死及び新生児仮死脳障害により死亡、注意義務違反	
12	昭和 62 年	松山	遺族	開業医	控訴 (2 審)	8	早産未熟児無呼吸発作で死亡、産婦人科医・看護婦の観察・管理義務違反、	
13	平成 1 年 (1989)	山口 (徳山)	遺族	開業医	控訴 (2 審)	5	吸引分娩の分娩児死亡、医師の過失	
14	平成 2 年 (1990)	名古屋	—	—	確定 (1 審)	2	吸引分娩による硬膜下出血で胎児死亡、医師の過失	0 %
15	平成 3 年 (1991)	登校	遺族	開業医	控訴 (2 審)	2	常位胎盤早期剥離により胎児死亡、医師の過失	

＊TOTAL 期間は、審理期間を合計した年数

参考：『医療事故被害者の人権と救済』2001、日本弁護士連合会人権擁護委員会、明石書店

昭和四十五年（一九七〇）に、胎児が子宮内で死亡したことに対して助産婦の過失を問うた例、昭和四十九年（一九七四）には、子宮破裂により胎児が死亡した際の過失を問う例などがみられる。判決が確定した例をみると、医師の過失にならなかった例が目立ち、胎児死亡の責任の所在を明らかにすることの困難さを示す。

これら胎児をめぐる訴訟がみられるようになった時期は、これまで述べてきたように「胎児」や「胎児の命」が注目された始めた時期と重なる。人びとにとって「胎児」は、法的には人として認められない存在とはいえ、意識としては「人」としての権利をもつ存在である。胎児や出産直後の新生児の死は、致し方ないものとして諦める時代ではなくなったのである。

それを象徴するように、二〇〇二年に「誕生死」という語が、流産・死産・新生児死を経験した親たちによってつくられ、その経験談を記した本が刊行された[16]。無事な出生を果たせなかったとはいえ、母体内では確かに誕生し成育していた命であるという意味を込めた語なのである。また、二〇一〇年代半ば以降、胎児にニックネームを付ける「胎児ネーム」も一般化している。このような動向からも、人びとにとって「胎児」はひとりの人間として認識されるようになったことは明らかである。

（1）　毎日新聞社人口問題調査会編　一九七六『日本の人口問題』、至誠堂、三一一頁。
（2）　鈴木由利子　二〇〇〇「選択される命―「育てようとする子ども」と「育てる意思のない子ども」―」『日本民俗学』二二四、日本民俗学会、三四―六五頁。同　二〇〇二「間引きと生命」『日本民俗学』二三二、日本民俗学会、三一―一八頁。同　二〇〇二「産児制限をめぐる制度と社会――明治時代以降の歴史を中心に」『東北学院大学東北文化研究所紀要』三四、東北文化研究所、一三三―一六一（二〇〇二『日本史学年次別論文集　近現代3』学術文献刊行会に再録）。
（3）　森栗茂一　一九九五『不思議谷の子供たち』、新人物往来社、七二―一二四頁。
（4）　日外アソシエート編、二〇〇六『読書案内「昭和」を知る本③文化―金融恐慌・闇市から高度成長・バブル経済へ―』、紀伊国屋書店、四九頁。

（5）ＮＨＫ放送世論調査所編　一九八三『テレビ視聴の30年』、明泉堂、二九六頁。
（6）同書、三一四―三一五頁。
（7）同書、四二―四三頁。
（8）同書、七〇―七一頁。
（9）同書、二六一頁。
（10）高澤淳夫　一九九九「人工妊娠中絶の計量的考察」『水子供養　現代社会の不安と癒し』、高橋三郎編、行路社、九一―九四頁。
（11）千葉徳爾・大津忠男　一九八三『間引きと水子――子育てのフォークロア』、農山漁村文化協会、二四七頁。
（12）大審院判例大正八年十二月十三日（れ）第二三八九号（判例ＣＤ―ＲＯＭ）に「胎児が、すでに母体からその一部を露出した以上、殺人罪の客体としての人という」とある。
（13）日本産科婦人科学会　一九四九『日本産科婦人科学会誌』一―一、二〇頁。
（14）日本産科婦人科学会　一九七二『日本産科婦人科学会誌』二四―二、一七一頁。
（15）日本産科婦人科学会　一九六一『日本産科婦人科学会誌』十三―八、九九二頁。
（16）流産死産新生児死で子をなくした親の会編　二〇〇二『誕生死』、三省堂。

第六章　水子供養の現在

第一節　仏教寺院総本山・大本山にみる水子供養

多くの寺院で水子供養が行われていることについては、よく知られるところであるが、それぞれの寺院の水子供養についての具体的な報告は少ない。

一九八六年に新田光子によって行われた、文化庁編『宗教年鑑』（昭和六〇年度版）「包括宗教団体」及び「単立宗教法人」に掲載されている宗教団体に対するアンケート調査が唯一であるといってもよい。

これは、水子供養執行の有無、各宗教団体の「水子」や「水子のたたり」「水子供養」に対する考え方などを問う詳細な調査で、水子供養流行期における水子供養の実態を示すものである。その結果によると、公式に認めている例が二〇・六%、公式に認めてはいないが被包括団体・下部組織に任せているものが一六・七%、公式に認めていないものが三〇・六%、特に態度を決めていないものが二四・四%で、他は無回答で、結果としては、認めている団体、容認している団体が三七・三%であることが明らかになった。[1]

筆者は、『宗教年鑑　平成二十三年版』の「平成二十三年度版文部科学大臣所轄包括宗教法人一覧」[2]に掲載されている仏教系寺院の大本山・総本山八十八カ寺を対象に、水子供養専用の場所の有無、水子供養の掲示の有無について、二〇一二年から二〇一三年に実地調査を行い、その後、二〇一九年と二〇二〇年に水子供養の施設や掲示がみられなかった寺院を対象として水子供養の有無について調査した。

仏教寺院の総本山・大本山を対象としたのは、所属する宗派の本山で水子供養が行われているなら、末寺においても水子供養が受容されている可能性が高く、現状を把握できると考えたからである。なお、ここでは新宗教を対象とはしなかったが、これは特定の信者による参拝が多いと考えたためである。

表6-1　仏教系寺院宗派別水子供養施設等の有無
2012年～2013年、2019・2020年の寺院境内調査による

	寺院数	有	無	不明	供養方法概要
天台系	11	7	4	0	水子供養の掲示、経木塔婆奉納、水子地蔵尊、定期的供養実施
真言系	23	16	7	0	流れ灌頂、水子地蔵、水子観音、水子供養の供養掲示、地蔵等奉納
浄土系	17	3	13	1	個人建立の地蔵像、個人で地蔵像奉納
禅系	19	8	9	2	水子地蔵、水子納骨施設、水子供養専用施設、定期的供養
日蓮系	12	2	10	0	水子観音、水向地蔵
奈良仏教系	6	3	3	0	水子地蔵、水子観音、水子供養の掲示
合計	88	39	46	3	

（調査対象寺院は「文部科学大臣所轄包括宗教法人一覧」『宗教年鑑 平成23年版』文化庁　平成24年4月より）

人びとが水子供養を行う場合、水子供養が目的で寺院を訪れることもあるが、訪れた寺でたまたま水子供養を行っていることを見て行う場合も多い。

今回の実地調査では、あくまでも参詣者の視点に立ち、寺院を直接訪れて、水子地蔵像や水子観音像や水子供養の施設の有無、あるいは水子供養を行っている掲示の有無を調べた。従って、実際は水子供養を行っているが、尋ねたり依頼したりしなければわからない場合には「無」として数えることになる。

その結果をまとめたものが表6-1「仏教系寺院宗派別水子供養施設等の有無」、表6-2「仏教系寺院大本山・総本山にみる水子供養の現状」である。

表6-2　仏教系寺院大本山・総本山にみる水子供養の現状：２０１２年～２０１３年の寺院境内調査および２０１９・２０２０年の寺院への聞き取り調査による

	番号	宗派名	寺院名	住所	水子供養の有無
天台系	1	天台宗	総本山延暦寺	滋賀県大津市	有：横川中堂で水子供養あり。祈祷用紙に記入し申し込む。先祖供養等と同様の申し込み。根本中堂には明記されていない。子育て観音あり。子どもを抱いた木造で京都念仏寺本尊と同形のものを１１５０周年祈念に納めたとの説明文。延暦寺墓地には水子供養の区画有り。
	2	天台寺門宗	総本山園城寺	滋賀県大津市	有：昭和57年建立水子地蔵尊（石造）、足元におねがい地蔵の奉納、毎年5月3日に観音堂で水子総供養、参道に個人奉納の石地蔵像数基（供養）
	3	天台眞盛宗	総本山西教寺	滋賀県大津市	有：入り口案内板に、放生池側に水子地蔵とあるが、現在その場にはない。寺務所で尋ねるが不明。境内山門外隅に唐金製の地蔵尊あり足元に子どもが合掌して立つ形、水子地蔵の様式
	4	本山修験宗	総本山聖護院	京都府京都市	無
	5	修験道	総本山五流尊滝院	岡山県倉敷市	有：本堂境内外別地に水子供養案内板設置、個人による石製の水子地蔵奉納多数有り
	6	天台圓浄宗	総本山蘆山寺	京都府京都市	無

	7	和宗	総本山四天王寺	大阪府大阪市	有：六時堂で毎日水子供養受付明記、供養後、経木塔婆を亀井堂で流す。地蔵堂で毎月24日10時30分から供養、8月24日供養、地蔵堂に個人奉納のための区画あり小地蔵多数あり。「水子」「子授」「産立」の三地蔵あり、建立年代不明水子供養流行以後のものと思われる。「水子」の立て札には「あまたある闇から闇に渡し行く水子の霊を守り行かなん」との記述。
	8	西山宗	本山三鈷寺	京都府京都市	無：今のところ水子供養はしていない（２０１７年　寺務所に確認）
	9	粉河観音宗	総本山粉河寺	和歌山県紀の川市	有：水子供養受付明記、本堂で祈願後、経木塔婆を水向地蔵堂に納める
	10	金峯山修験本宗総本山	金峯寺	奈良県吉野町	有：宝泉坊に水子地蔵あり、毎年8月22日水子供養会開催
	11	鞍馬弘教総本山	鞍馬寺	京都府京都市	無：追善供養はしていないので水子供養もしていない（２０１５寺務所に確認）
真言系	1	高野山真言宗	総本山金剛峰寺	和歌山県伊都郡	有：奥の院に渡る橋上流方向に流れ灌頂あり、水死者と水子の供養。塔婆の前にたれている縄はヘソノ緒と説明している。HPには、水子供養は読経供養と灯明供養あり、先祖供養と同様。「～家水子之霊」などで行う。郵送によるものも受付。参道に水子地蔵尊、水子

				観音像の奉納あり。塔頭に水子地蔵像建立あり。
2	真言宗醍醐派	総本山醍醐寺	京都府京都市	無
3	真言宗東寺派	真言宗総本山教王護国寺内	京都府京都市	有：祈祷所、塔頭で水子供養をしている、地蔵立像（明治期に複数の人により奉納）涎掛け2、3枚奉納あり、水子供養か子育て祈願かは不明。塔頭に唐金の水子地蔵尊あり台座に「関善作」とある（高岡市の関善製作所鋳造）。
	東寺真言宗	総本山教王護国寺		
4	真言宗泉涌寺派	総本山泉涌寺	京都府京都市	有：塔頭に、個人奉納の水子地蔵（石製）有り。
5	真言宗山階派	大本山勧修寺	京都府京都市	無
6	真言宗御室派	総本山仁和寺	京都府京都市	有：墓地に昭和51年「水子地蔵尊供養の会」建立水子地蔵尊あり、半跏の唐金水子地蔵、左手で幼子を抱き足元にも幼子一人。周囲に個人による石地蔵の奉納多数有り。
7	真言宗大覚寺派	大本山大覚寺	京都府京都市	無
8	真言宗善通寺派	総本山善通寺	香川県善通寺市	有：御影堂境内売店裏の池前に唐金製水子地蔵尊あり。子ども一人を抱き足元には6人の子ども。建立年代は明記されていない。奉納者名146名が台座の銅版に刻まれている。台座後ろには扉あり、納骨スペースか。売店前には「水子供養」と記された「祈願ロウソ

				ク」（100円）無人販売、紙製の蓮華（一枚200円で売店で購入）に祈願など書いて御影池に浮かべる。どれも個人で自由に祈願。本堂境内周辺に羅漢・供養塔奉納あり、そこに「水子之霊菩提」と明記した供養塔（観音が刻まれている）あり、平成2年、18年など平成年代。
9	真言宗智積院	総本山智積院	京都府京都市	有：個人奉納の水子地蔵あり、受付入り口からちらりと見える位置
10	真言宗豊山派	総本山長谷寺	奈良県桜井市	有：塔頭（能満院）に水子供養行うこと明記。水子地蔵像、水子観音像複数あり。水子地蔵に昭和54年建立とあり。小地蔵の奉納あり。
11	真言宗豊山派	大本山護国寺	東京都文京区	無
12	新義真言宗	総本山根来寺	和歌山県岩出市	有：境内水子堂に個人奉納の水子地蔵あり、昭和54年建立の根来真心地蔵あり。寺での供養もあるが、個人で自由に供養できるよう無人の受付場所設置（地蔵、経木塔婆と料金箱あり）
13	真言宗須磨寺派	大本山福祥寺（須磨寺）	兵庫県神戸市	有：本堂に千体地蔵として水子地蔵あり、塔頭にも水子地蔵多い
14	真言宗犬鳴派	大本山七宝滝寺	大阪府泉佐野市	有：銅製水子地蔵尊（京都で鋳造）あり、水子地蔵参道に多数、地蔵奉納もあり、8月19日は萬燈会、地蔵盆水子供養

15	真言宗国分寺派	大本山国分寺	大阪府大阪市	有：水児地蔵（石造）。古い地蔵を集めて祀った際に建立。10年程前とのこと。
16	真言宗花山院派	大本山菩提寺	兵庫県三田市	無：依頼あれば水子供養を行う、胎児でなければガイシ、エイジなどの戒名を付ける、子どもだからと言って特別なお経はない。水子地蔵や水子観音はまつっていない（2017寺務所に確認）
17	真言宗五智教団	大本山鳳来寺	愛知県新城市	有：本堂に「水子供養」の貼り紙あり
18	真言宗九州教団	南岳山東長寺	福岡県福岡市	有：境内山門脇に「水児地蔵」あり。石製、寺務所、大仏参詣参道に「大施餓鬼法要　8月16日午後2時　お盆、先祖供養、三界萬霊、初盆、水子供養、その他」の貼り紙あり。大仏下に地獄極楽図巡り回廊あり、賽河原に地蔵と子どもの絵あり。
19	明算真言宗	大本山圓蔵院	和歌山県和歌山市	無：水子供養は檀家を問わず依頼があればしている。母体が危険であるための中絶は供養の必要はない、また、自然流産については、産まれて来れないからそうなったのであって水子供養をする必要はない。中絶は勝手でしたのだから供養の必要がある。このようなことを説明している。観音はあるが水子観音とはよんでいない。（2017年寺務所へ確認）
20	真言密宗	大本山金剛不滅寺	富山県中新川郡	有：水子地蔵尊（銅製）、水子供養明記水子

					供養用の塔婆あり自分で書いて奉納、慈母観音子有り（銅製）
	21	真言三宝宗	大本山清荒神清澄寺	兵庫県宝塚市	有：水子供養掲示および供養申込用紙あり
	22	真言宗毘盧舍那宗	大本山千手寺	大阪府東大阪市	有：「千手寺水子　早世児供養地蔵」（昭和54年7月24日開眼供養）あり。前の香炉に「水子地蔵尊香炉」（昭和54年8月24日　施主14名内女性名1名）とあり
	23	観音宗	総本山大聖観音寺	大阪府大阪市	無
浄土系	1	浄土宗	総本山知恩院	京都府京都市	有：地蔵などはないが、水子供養をしている、申込用紙「～家水子供養」「〇〇之水子供養」と記入する
	2	浄土宗西山深草派	総本山誓願寺	京都府京都市	無
	3	浄土宗西山禅林寺派	総本山禅林寺	京都府京都市	無：（やすらぎ観音：病気・子授けの供養のお参りあり）
	4	西山浄土宗	総本山光明寺	京都府長岡京市	不明：個人奉納の童地蔵一対（平成5年）あるが水子供養かは不明
	5	浄土真宗本願寺派	本山本願寺（西本願寺）	京都府京都市	無
	6	真宗大谷派	真宗本廟（東本願寺）	京都府京都市	無
	7	真宗高田派	本山専修寺	三重県津市	無

8	真宗興正寺派	本山興正寺	京都府京都市	無
9	真宗仏光寺派	本山仏光寺	京都府京都市	無：寺務所での聞き取り調査（2019・3）＝宗派の方針により水子供養はしていない
10	真宗三門徒派	本山専照寺	福井県福井市	無：寺務所での聞き取り調査（2019・4）＝水子供養はしていない、門徒などから依頼されたこともない
11	真宗出雲寺派	本山毫攝寺	福井県越前市	無：寺務所での聞き取り調査（2019・4）＝依頼があった門徒のみ水子供養ということではなくお経を唱える
12	真宗山元派	本山證誠寺	福井県鯖江市	無：2019・4調査＝墓地の個人代々墓側に「昭和41年　釈水子」と刻まれいる石地蔵あり
13	真宗誠照寺派	本山誠照寺	福井県鯖江市	無
14	真宗浄興寺派	本山浄興寺	新潟県上越市	無：寺務所での聞き取り調査（2019・4）子どもについては依頼があれば行う、遺骨があれば本廟に収める（他の本山納骨と同じく対応する）
15	時宗	総本山清浄光寺	神奈川県藤沢市	有：水子地蔵尊（昭和56年11月18日、歯科医院個人名）あり、小地蔵奉納あり、寺務所で小地蔵販売
16	融通念仏宗	総本山大念佛寺	大阪府大阪市	有：納骨堂地下に「千体水子地蔵」、個別に

					水子地蔵尊奉納あり平成7年に納骨堂を建てたが、それ以後祀るようになった。30㎝足らずの水子地蔵尊を中央上に祀り、両脇及下棚に個人で15㎝程の同様の水子地蔵尊を祀る。各地蔵には手書きの名札があるものもあり、3月3日、5月5日には多くの供物が上がる。水子供養の目的で来ないと目に触れない場所。
	17	真宗木辺派	本山錦織寺	滋賀県野洲市	無
禅系	1	臨済宗妙心寺派	大本山妙心寺	京都府京都市	有：塔頭退蔵院に唐金の水子地蔵、年代不明、経木塔婆奉納有「～先祖代々之霊」とあり「～家水子」ではない。子どもの靴、おもちゃなど奉納あり
	2	臨済宗建長寺派	大本山建長寺	神奈川県鎌倉市	無
	3	臨済宗円覚寺派	大本山円覚寺	神奈川県鎌倉市	無
	4	臨済宗南禅寺派	大本山南禅寺	京都府京都市	無
	5	臨済宗方広寺派	大本山方広寺	静岡県浜松市	有：観音堂本尊前に30㎝足らずの金の水子地蔵尊像（子ども1人抱き足元に3人）、水子供養塔婆を自分で書いて奉納（500円）、「ご先祖さまには感謝の供養を亡き子には慈悲の供養を　早くにこの世に出ることの無かった子どもにはお慈悲の心を持って供養して差し上げましょう」の掲示、無人。参道に石の羅漢像が並び個人で奉納可能。地蔵のよう

				に赤い涎掛けの奉納あり。境内池のほとりに慈母観音（子どもを1人抱き足元に2人）
6	臨済宗永源寺派	大本山永源寺	滋賀県東近江市	有：寺務所に先祖供養、永代供養と共に「水子供養」を明記。
7	臨済宗佛通寺派	大本山佛通寺	広島県三原市	無：参道に唐金の観音像あり、ジュースなど供物あるが子供の供養かは不明、他に地蔵堂あり
8	臨済宗東福寺派	大本山東福寺	京都府京都市	有：塔頭霊源院で水子供養しているとのことだが、寺院を公開していない
9	臨済宗相国寺派	大本山相国寺	京都府京都市	無
10	臨済宗建仁寺派	大本山建仁寺	京都府京都市	無
11	臨済宗天龍寺派	大本山天龍寺	京都府京都市	有：塔頭永明院に「夢地蔵」（1990年建立石造）の名称で供養、水子地蔵の奉納あり。
12	臨済宗向嶽寺派	大本山向嶽寺	山梨県甲府市	無　山門閉鎖され境内に入れない
13	臨済宗大徳寺派	大本山大徳寺	京都府京都市	有：塔頭黄梅院に水子地蔵（石造）あり、総見院に水子地蔵（石造、子1人抱き足元2人）あり
14	臨済宗國泰寺派	大本山國泰寺	富山県高岡市	無：寺院への聞き取り調査（2019・4）水子供養は宗教を問わず依頼あればする、その人により事情が異なり妊娠月数で人の形になっているか否かなどにもよるが基本的には行う。実際の例として、お墓を建てるまでと

				言われ小さい遺骨を本堂に預かっているが、父母がきょうだいたちを連れて定期的にお参りに来る。
15	臨済宗興聖寺派	大本山興聖寺	京都府京都市	不明：寺院を開放していない
16	一畑薬師教団	総本山一畑寺	島根県出雲市	有：参道入口に唐金製と石製の水子地蔵尊あり。唐金製は「水子地蔵菩薩」とあり1人抱き1人は足元（奉納一畑薬師小倉分霊所信者一同、平成20年11月8日とある）石製は子ども1人抱き足元に2人。集団での奉納、石製は個人建立（献納者名あり）。8月8日は薬師の日で本堂で勤行、観音堂で盆供養。水子供養、先祖供養、その他供養同時に読み上げ。参道の旗に水子供養のためのものもあり。水子供養のロウソク奉納。
17	曹洞宗	大本山永平寺	福井県永平寺町	不明：地蔵堂におもちゃの奉納数個あるが古い、地蔵院があるが開放していない。
18	曹洞宗	大本山総持寺	神奈川県横浜市	有：梅寿庵は水子供養の場、敷地内に石製（個人奉納）と銅製の水子地蔵像あり。銅製は水子地蔵とあり。左手で子を抱く姿。希望者には供養あり。毎月24日供養。水子地蔵は納骨可能。庵内に位牌、胎児の超音波写真、赤ん坊の写真、遺骨納められている。遺骨は1ヵ月一回納骨堂に納める。

	19	黄檗宗	大本山萬福寺	京都府宇治市	無：末寺（佐賀県、北九州市など）では、水子供養している。胎児の超音波写真・納骨も可能・子安観音奉納もあり。
日蓮系	1	日蓮宗	祖山（総本山）身延山久遠寺	山梨県南巨摩郡	有：宿坊本行坊に「身延山内唯一の水子観音様、水子供養・お塔婆供養いたします」との看板、名称「白衣観音」（石造、平成9年建立、第46世日法代建立）
	2	日蓮宗	大本山池上本門寺	東京都大田区	無：地蔵などはないが依頼により水子供養する
	3	顕本法華宗	総本山妙満寺	京都府京都市	無：地蔵などはないが依頼により水子供養する
	4	法華宗（本門流）	大本山光長寺	静岡県沼津市	無：塔頭の西之坊に子育鬼子母神祀られているとのことだが、本堂閉扉
	5	法華宗（本門流）	大本山鷲山寺	千葉県茂原市	無：末寺ではあり
	6	法華宗（本門流）	大本山本能寺	京都府京都市	無：依頼により水子供養する
	7	法華宗（本門流）	大本山本興寺	兵庫県尼崎市	有：子を抱いた石造の地蔵あり「水向地蔵」大正6年建立、今は水子供養となっているようで、地蔵の奉納あり
	8	法華宗（陣門流）	総本山本成寺	新潟県三条市	無：塔頭にも無し
			本成寺別院本妙寺	東京都豊島区	水子地蔵はないが、墓石に明治21年「〜水子」俗名はタマとあり戒名
	9	法華宗（真門流）	総本山本隆寺	京都府京都市	無：塔頭にも無し

	10	本門法華宗	大本山妙蓮寺	京都府京都市	無：塔頭にも無し
	11	日蓮本宗	本山要法寺	京都府京都市	無
	12	本門佛立宗	本山宥清寺	京都府京都市	無
奈良仏教系	1	律宗	総本山唐招提寺	奈良県奈良市	無
	2	真言律宗	総本山西大寺	奈良県奈良市	有：「子育延命地蔵尊」昭和50建立、各地から孩子、先祖代々の彫りあり、水子供養として機能している
	3	法相宗	大本山薬師寺	奈良県奈良市	無
	4	法相宗	大本山興福寺	奈良県奈良市	有：南円堂には塔頭興善院の一言観音にて「水子」の祈祷ありの看板、猿沢池よりの階段途中横に水子地蔵あり、昭和51年個人の奉納、水をかけて祈願する
	5	聖徳宗	総本山法隆寺	奈良県生駒郡	無：地蔵堂はあるが壊れているようで公開されていない。
	6	華厳宗	大本山東大寺	奈良県奈良市	有：地蔵台座に「昭和49年建立　東大寺地蔵講一同」「水子地蔵」とあり

その他：文部科学大臣所轄包括宗教法人以外

単立	1	北法相宗	大本山清水寺	京都府京都市	有：「水子観音」「水子かんのん」と石碑に表記、奉納は夫婦名昭和57年10月奉納、現在はそこに塔婆が奉納されている。随求堂にて供

					養の受付、ノートに記入し塔婆書いてもらい水子観音に奉納する。塔婆には「～家水子之霊」「～家～家水子」「○○（名のみ）之霊」と記されている
単立	2		回向院	東京都墨田区	有：「水子塚」寛政5年建立あり。水子供養一般化して以降、水子供養開始、現在定期的に水子会（水子供養）あり、個人で石製の水子地蔵奉納あり。
天台系	3	羽黒修験本宗	本山荒沢寺	山形県鶴岡市	有：水子供養、地蔵像奉納あり
	4	聖観音宗	総本山浅草寺	東京都台東区	有：個人建立か
	5	和宗	四天王寺支院眞光院	大阪府大阪市	有：昭和31年建立六万体地蔵尊の名で水子供養、毎月24日午後2時～4時。立て札に「水子地蔵尊御奉安のお知らせ　地蔵菩薩尊像の聖域を拡大しました。不幸にも水子になられた霊位の成仏を祈念する石地蔵さまを奉安致します。水子霊の戒名をも御授与いたして尊像に刻します。一金5万円です。限定されたものです。早めに御申し込み下さい」とあり、小地蔵奉納あり、背には「～家水子霊」「～氏名○子水子霊」「○（戒名）嬰児」「～家水子諸霊」「蓮水子」「夫婦名水子之霊」と記す。
真言系	6	真言宗中山派	大本山中山寺	兵庫県宝塚市	有：入り口塔頭2ヶ寺で水子供養、水子供養料（回向料）1霊3000円、納骨料金1霊

					50、000円、赤い旗、大きな看板掲示。
	7	真言宗御室派	大本山天野山金剛寺	大阪府河内長野市	有：塔頭の感無量院内に水子地蔵尊、子ども抱いて足元に2～3人、昭和55年建立、発起人名あり石地蔵の奉納あり、公道バス亭よりチラリと見える位置にあり。但し、無住らしく境内は荒れている
	8	真言宗善通寺派	本山隋心院	京都府京都市	無：塔頭にもなし
浄土系	9	浄土宗	大本山増上寺	東京都港区	有：「千躰子育地蔵尊」通称水子地蔵、個人の奉納、水子供養も随時行う
	10	浄土宗	大本山光明寺	神奈川県鎌倉市	有：塔頭千手院に昭和35年の子恵地蔵尊は個人奉納、「附施餓鬼一会為○○家水子之霊」「附施餓鬼一会為水子供養也」の塔婆。塔頭蓮乗院には「諸願成就　水子供養　福徳地蔵尊」と記された地蔵あり
	11	浄土宗	大本山善光寺大本願	長野県永野市	有：大本願に昭和57年建立の水子地蔵あり、毎月23日法要あり、常時供養している。大勧進に水子観音あり。どちらも供え物多く盛況。
	12	浄土宗	大本山金戒光明寺	京都府京都市	有：水子地蔵、経木塔婆奉納
	13	浄土宗	大本山清浄華院	京都府京都市	無
	14	浄土宗	本山蓮華寺	滋賀県米原市	無：（身代わり地蔵、忠太郎地蔵）
	15	浄土宗	正受院	東京都北区	有：昭和29年に胎児のための納骨堂建立、昭和43年建立の「地蔵大菩薩　供養塔」、水子

					地蔵尊像（高岡市関善製作所昭和50年以降鋳造）、通称：赤ちゃん寺
	16	浄土宗	一心寺	京都府京都市	有：水子地蔵、坐像で子を抱く姿、個人で花などの奉納あり。
	17	浄土宗	長谷寺	神奈川県鎌倉市	有：地蔵堂に水子供養「千体地蔵尊」奉納：「千体地蔵尊とは水子や先亡諸霊供養のために奉納されます。ご希望の方は観音堂へお申し込み下さい。3月9月の18日に彼岸会が奉修されます」「水子供養」記された奉納ロウソク、地蔵堂にお菓子縫いぐるみ多数奉納。「水子塚」の碑横に個人奉納の地蔵像昭和57年。弁財天に「水子供養」の納め札あり。
日蓮系	18	日蓮宗	大本山誕生寺	千葉県鴨川市	有：供養はしている、位牌堂の命日記した帳面に「水子行年二ヶ月　横浜…女性名」とあり、命日に当っている所を開いてあり、「スイシ」と言うとのこと。生れた後ならば名がつくので、妊娠二ヶ月の供養。話を聞いた僧侶は「水子（ミズコ）さんの供養」と言っている。水子供養は、肉体はこの世にないが魂は存在するので供養は必要とのこと。
	19	日蓮宗	大本山清澄寺	千葉県鴨川市	不明：地蔵はあるが、一個おもちゃが供えてあるのみ
	20	日蓮宗	大本山法華経寺	千葉県市川市	有：宇賀神堂に「塔婆供養、追善供養、水子

					供養」とあり、妙天寺に水子地蔵あり
	21	日蓮宗	大本山北山本門寺	静岡県富士宮市	無
	23	日蓮宗	大本山妙顕寺	京都府京都市	無、塔頭にも無し
	24	日蓮宗	大本山圀寺	京都府京都市	無
禅宗	25	曹洞宗	宗教法人地蔵院	愛知県大府市	有：境内周囲に「南無水子地蔵菩薩」の赤旗あり。日を決めての供養も有り
禅宗	26	臨済宗南禅寺派	常光寺	大阪府八尾市	有：水子地蔵お堂あり、水子地蔵の奉納あり、水子供養5、000円、地蔵は石造、もとは別の場所にあり移された。水子供養として行うようになったのはS50年代以降のこと、年に何回か供養以来あり、明日もあるとのこと。流産もあるが中絶での供養が多い、女性名での供養多いが、男性一人で来ることもある。

神社

神道	1		常宮神社	福井県敦賀市	有：水子供養あり、地域で要請あり独自で開始、現神主の代以降に白い提灯奉納

調査の結果、総本山・大本山八十八カ寺のうち、三十九カ寺は水子供養が行われていることを示す何らかの施設や掲示があった。四十六カ寺には、それらは見当たらなかった。また、寺院が一般開放されていないための「不明」が三カ寺あった。

結果として、「水子供養」の掲示や地蔵像や観音像など水子供養の祈願対象が設置されている寺院よりも、それらがない寺院が多いことが明らかになった。しかし、水子供養の場や掲示がなくとも、寺務所で尋ねると供養を行う寺は少なくないため、実際には半数以上の総本山・大本山が水子供養を行っていることも窺えた。

水子供養を行っていることが明らかな寺院は、天台系十一カ寺のうち七カ寺、真言系二十三カ寺のうち十六カ寺、浄土系十七カ寺のうち三カ寺、禅系十九カ寺のうち八カ寺、日蓮系十二カ寺のうち二カ寺、奈良仏教系六カ寺のうち三カ寺であった。

天台系、真言系の寺院では半数以上、奈良仏教系では半数、禅系では約半数、水子供養が行われていた。一方、浄土系と日蓮系では、水子供養を行うことを明示していない寺が多い。

しかし、水子供養の掲示や専用の地蔵像や観音像が設置されていない寺であっても、水子供養について尋ねると、行っているとの寺院はある。一方、浄土真宗においては、水子供養の明記や水子地蔵像などの設置は全くみられなかった。しかし、『真宗と水子供養』によると、浄土真宗本願寺派では、水子供養流行期に水子供養を行った例があり、宗派内で水子供養の是非についての論議がみられたが、当時は統一した方向性を示すには至らなかった(3)。しかし、地域の寺院の立場として、門徒の依頼により行う例などもみられ、水子供養は否定し難いものと認識されている側面もみられる。

表6-2にある「その他の寺院」は、前述した宗教法人名簿にある大本山・総本山ではないが、筆者がこれまでに訪れ調査した寺院である。浄土宗や日蓮宗において水子供養の施設や掲示がある例がみられることから、地域の実情に合わせて行われていることもうかがえる。

これら大本山・総本山における水子供養の施設や掲示の有無の現状からは、流行期は過ぎたとはいえ、各宗派にとって水子供養はある程度定着していることを示すとともに、胎児の供養が無視できない問題となっていることが指摘できる。

次に、同じく表6-2によって、水子供養が行われている寺院の現状を具体的に見て行きたい。

水子供養が行われていることを明確に示している寺院では、寺務所に掲げられた供養一覧の中に「水子供養」が記されていたり、境内や本堂近くなどの人目につきやすい場所に、水子地蔵尊像や水子観音像が設置されていたりするのだが、それらの仏像の設置場所は、参詣者がすぐに水子供養の場であることがわかるよう配置されているかのようのである。

水子地蔵像や水子観音像は、幼子を腕に抱き足元に数人の幼子が寄り添う様式の仏像だが、その多くが赤い涎掛けや頭巾を付けている。台座周辺には、風車・おもちゃ・ぬいぐるみ・お菓子・ジュースなどが奉納され、一目で子どもの供養が行われていることがわかる。そして、それら人工的で色鮮やかな色彩の奉納物は、遠くからでも参詣者の目を引きつける。

水子地蔵像・水子観音像の設置場所は、境内の片隅、山門近く、参道脇、本堂横など、寺院にとって中心的な場所ではないものの必ず目を留め、また、足を留めやすい場所に設置されていることが多い。このように、水子供養の施設や表示は、参詣者にそれとなく注目される場所に置かれていることが特徴といえる。

また、地蔵像や観音像の素材に注目すると、唐金製と石製との二種類がみられた。そこには建立年代が刻まれていることは非常にまれである。

前述した高岡市内の大型仏像の製作所でも、信仰の対象となる仏像であるため、建立年代や奉納者などを記すことはあえてしないとのことで、そのためか明確な建立年代を即答できる寺院はほぼ無い。しかし、台座や由来記を記した石碑などに年代が明記されている例もあり、それらの多くが一九七〇年代半ば過ぎから一九八〇年代初頭に設置されていることが明らかになった。その一方で、平成九年（一九九七）、平成二十年（二〇〇八）など、

写真 6-1　水子供養、長谷寺能満院、2013 年 5 月撮影

平成期になっての建立もみられた。

建立者に関してみると、個人や団体による奉納と寺院による建立、あるいは従来あった地蔵・観音が新たに水子供養の対象として機能しているものの概ね三パターンみられた。

建立者の個人名や団体名が明記されているものには、台座などに建立年月日が刻まれていることも多く、それらは石像が多い。このような例がみられるのは、長谷寺能満院、総持寺、園城寺、四天王寺、高野山金剛峰寺、智積院、根来寺、清浄光寺、七宝瀧寺、大念仏寺、一畑薬師、善通寺、興福寺、福祥寺、大徳寺塔頭黄梅院・総見院であった。

また、個人や団体が建立した水子地蔵像や水子観音像は、建立後は不特定多数の参詣者が水子供養を行う場となっており、同時に寺院が主催する水子供養祭の場ともなっている。

寺院が設置した水子地蔵像・水子観音像の例としては、長谷寺能満院、園城寺、福祥寺、七宝瀧寺、妙心寺退蔵院、身延山本行坊である。これらは、境内の一角に専用の場所を設け、案内版などを設置して、水子供養の場であることを明確にしている。像の素材も唐金製が多い。石像よりも費用が掛かるものであるため、建立には、檀家など関係者の組織的な寄付があったことが推測できる。

次に、従来からあった地蔵などが水子地蔵として機能している例では、四天王寺、根来寺、国分寺（大阪）、本興寺の水向地蔵、興福寺、粉河寺がある。これら寺院では、古い地蔵とともに、新しい水子地蔵が建立されて

写真 6-2　地蔵山の地蔵堂、四天王寺、201
2 月撮影

写真 6-3　水子堂、根来寺、2012 年 5 月撮影

写真 6-4　水子地蔵尊、犬鳴山七宝瀧寺、2013 年 3 月撮

写真 6-5　水子地蔵、一畑薬師、2013 年 8 月撮影

写真 6-8　水子地蔵尊、妙心寺退蔵院内墓地、2012 年 11 月撮影

写真 6-6　水子供養ロウソク、善通寺、2013 年 8 月撮影

写真 6-7　延命地蔵尊、興福寺、2012 年 11 月撮影。一帯の石仏と地蔵尊について、「救世観世音菩薩　出世地蔵尊　延命能師地蔵尊　水子地蔵尊」と近傍の石碑には記されている。

いる例もみられる。これらの地蔵は、子どもが寄り添うなど典型的な水子供養のための仏像様式ではないが、地蔵の周囲には掌に乗るほどの小さな地蔵の奉納や風車・おもちゃ・お菓子・飲み物などが奉納されていることによって、水子供養の場であることが明確に伝わる。

さらに、境内に水子供養専用のお堂が設置されている寺院もみられる。

曹洞宗総持寺の境内にある梅寿庵は、水子供養専門の施設である。ここでは個人の供養を随時受け付ける専用の窓口があり、その都度、お堂内で複数の僧侶による読経が行われる。毎月二十四日の地蔵の日には、僧侶たちによる供養が行われ参加者も多いとのことであった。

写真 6-9　水子観音、身延山本行坊、2013 年 4 月撮影

庵内には、本尊として水子地蔵像が祀られ、庵内の棚には、位牌や小さな骨壺、母体内の胎児を写した超音波写真、嬰児の写真などが納められている。棚の遺骨は、定期的に庵の傍らにある納骨塔に納められるとのことである。供養に訪れる人には、読経後に僧侶が法話を行うという。

また、新義真言宗根来寺境内には、石地蔵が祀られた「水子堂」がある。屋根がかかっているだけの開放的なお堂は無人で、傍らに木製の小さな塔婆と料金箱、塔婆の書き方の見本が置かれ、参詣者自身が料金を入れて経木塔婆に必要事項を記入し、地蔵に奉納する形式である。「水子堂」の周囲には、古い墓石や石地蔵がまとめられた区画があり、無縁仏供養の場でもあることがわかる。人知れず供養に訪れることを想定し、僧侶が直接関わらずに供養できる場所

写真 6-10　水児地蔵、国分寺、2013 年 5 月撮影

写真 6-11　水向地蔵、粉河寺、2013 年 5 月撮影

写真 6-12　水子供養、方広寺観音堂、2013 年 6 月撮影

となっている。

静岡県浜松市の臨済宗方広寺は、本堂近くの観音堂で水子供養が行われている。「水子」についての説明板があり、そこには「早くにこの世に出ることの無かった子どもにはお慈悲の心をもって供養して差し上げましょう」と記されている。観音堂は無人で、本尊の観音像の手前に、三〇センチメートル程の金属製の金色の水子地蔵像が祀られている。前に置かれている塔婆に自分で書いて奉納し代金を納める形式である。

これらの例は、僧侶など人を介することなく供養できる場所を寺が設置している例だが、このような供養の在り方は、水子供養の特徴でもある。人知れず供養を済ませたいと考える人が多いためでもあろうし、寺院にとっては、この世に誕生する以前の「胎児」に対する供養の考え方や方法が、定まっていないためでもあると思われる。

仏教がこれまで想定していなかった中絶胎児や胎児の霊魂を、どのように位置付け、どのような供養をするかについては明確な基準がないために、こうした供養法を採用せざるを得ないとも考えられる。

写真 6-13　水子観音、清水寺、2012 年 6 月撮影

単立寺院の京都市清水寺は『文部科学省大臣所轄包括宗教法人一覧』に掲載されてはいないが、ここでの水子供養は、個人によって奉納された水子観音が水子供養の場として機能している典型的な例である。一般の観光客が多く、不特定多数の参詣者による水子供養が盛んである。

供養を希望する人は、寺務所で住所・氏名を書き供養料を納めて経木塔婆を書いてもらう。それを自身で観音の周囲に巡らされた棚に納めるのだが、僧侶による読経などは行われていないとのことだった。

以上が各寺院の水子供養について、類型ごとに記したものだが、以下に、水子供養の特徴的な供養の在り方を記す。

大本山・総本山は、それぞれの宗派に属する人びとが訪れて、水子供養を行う場でもあるが、宗教宗派を問わず不特定多数の人びとが、観光や参詣で訪れる場所でもある。そのため、前述したように、たまたま訪れて水子供養の場があることに気づき、供養する例は少なくない。そのような場合、一目でそれと分かる水子地蔵像や水子観音像は、水子供養の重要な要素である。また、寺院は、参詣者が水子供養を申し込んだ場合に、宗教・宗派を問うことはしない。また、参詣者も自身の宗教や宗派を気にすることはない。このように宗教・宗派の違いを超えて受容されるのが水子供養なのである。この点は、既に考察した清源寺や慈明寺の例とも共通するものである。

水子供養を行っている寺院には、春秋の彼岸やお盆に、水子供養のための祈祷を行うことを記す掲示がみられる例がある。それらの掲示には、先祖供養や無縁仏供養とならんで水子供養が明記され、水子の霊は先祖霊や無縁仏とも区別される存在であることを示す。

藤井正雄は、死産児や誕生直後の嬰児が死亡した際、戒名・法号を付けず無縁仏とする、あるいは無縁仏にも数えない慣習があったことを指摘したが(4)、従来、先祖霊や無縁仏にも入らなかった胎児の霊は、今は供養すべき霊魂として認識されるようにはなったものの、先祖霊とは言い難く、また、無縁仏でもない霊魂と認識されているのである。

仏教における胎児の霊魂の扱いや位置付けは、未だ明確であるとは言い難い。先祖供養とは区別されてはいるものの、実際には不特定多数の人びとの合同供養の場では、先祖供養と同じく執行されたり、先祖供養とは区別して無縁仏供養と同様に行うなど、水子の位置づけは、宗派による違いとも言い難い。このような供養の在り方をみても、未だ水子の地位が定まっていないことがわかる。

以下は、水子供養を行う際の具体的な例である。

寺務所に掲示されている祈祷一覧に「水子供養」の表示がある場合は、設置された申し込み用紙に必要事項を記入して祈祷料を納める。このような表示があった寺院は、延暦寺、園城寺、四天王寺、一畑薬師、総持寺、身延山（本行坊）、興福寺（南円堂）である。その中には、読経後に専用の場所に塔婆を納める例があり、それらの寺院は、水子供養に積極的に関わっている様子が参詣者にもわかる。

このような寺院のうち、水子供養のための地蔵像・観音像が設置されている寺院は、個々の供養に応じることはもちろんだが、境内の寺務所や売店などで、「水子供養」と記された専用のロウソクや線香・小さな地蔵などさまざまな奉納物が販売され、通りがかりの参詣者が、それらを気軽に求めて奉納する姿がみられる。

それらの寺院では、参詣者が持参するお菓子やジュース、ぬいぐるみやおもちゃなどを自由に奉納できる寺院が多いことも特徴で、飲食物の奉納が制限されることの多い昨今であるにもかかわらず、寺院側が、参詣者の子どもへの想いを汲み取った上での例外的な対応をしていることが明らかにわかる。

興福寺の水子地蔵は、「延命地蔵尊」とも記されている。ひしゃくで水を掛けて供養するもので、通りかかりの人が水を掛けて手を合わせる光景は、水施餓鬼や流れ灌頂を思わせるものでもある。

以上が、仏教寺院の大本山・総本山での水子供養の現状である。

これら水子地蔵像が設置されている寺院の境内には、同時期に建立された水子供養以外の道具や動植物など多様な供養碑が設置されている例も少なくなかった。人以外の「物」や「生き物」を供養することが盛んな時代であったのかもしれない。

最後に、水子供養に携わる僧侶たちから、次のような話が聞かれた。

最近の傾向としながら、掌にのる程の小さな遺骨や胎児が写った超音波写真などを納めて供養する夫婦やカップルがみられるようになったという。それらが「単なる中絶や死産ではないと感じている」とした上で、「産科が何かおかしい」「産科で何が起こっているのだろう」「産科医は何をしているのだろう」と思うとのことだった。水子供養を執行する僧侶たちは、個々の供養をする際に、理由をあえて尋ねることはないという。しかし、近年、出産の場で以前とは違う何かが起きていることを感じるのだとのことであった。

二〇一一年四月五日付の朝日新聞に掲載された記事に、日本産婦人科学会の調査によると、胎児の異常を理由とする中絶が二〇〇九年までの十年間に、一一、七〇〇件余となり、前の十年間と比べると倍増し、その理由として、選択的中絶の可能性を指摘している。出生前診断によって、胎児の異常が判明すると、九割余が中絶を選択するとの事実も明らかになっている。「産科で何がおこっているのだろう」との僧侶の言葉の背景を連想させる。

水子供養に携わるある僧侶は、水子供養に訪れる人のなかには、中絶すると胎児の命は消滅してしまい、全て解決したかのように思う人もいる。そのような人に対しては、一旦、授かった命や命の痕跡は、灰や遺骨として必ずこの世に残るものであると説くのだという。

このように、命をおくる最後の場面に携わる僧侶たちには、妊娠や出産を取り巻く今の問題が見えているようである。これは、中絶認可当時、中絶増加を憂いた清源寺や慈明寺の僧侶たちが感じた感覚とも共通しているように感じられる。

第二節　仏教寺院における水子供養の現在

1．胎児供養の模索

前項で示したように、大本山・総本山における水子供養の有無に関する調査によると、既に半数に至る寺院において、何らかの形式を伴った水子供養が行われていることが明らかになった。水子供養を明示していない例であっても、供養を依頼すれば応じてくれる寺院もみられた。さらに、現在は教義上「水子供養」は行わないとしている真宗の寺院でさえ、過去には水子供養の是非についての議論がみられたのである(5)。

現在、水子供養は流行期を経てほぼ定着した感がある。このようななか、平成二〇年（二〇〇八）に『これからの水子供養運営実践講座』が刊行された(6)。この本を概観すると、仏教における水子供養の理論上の根拠、具体的な供養法、供養の相談への対応、供養時の法話などが記述され、既に水子供養を行っている寺院の例などを紹介しながら水子供養を解説する内容である。水子供養を行っている、あるいは今後行う仏教寺院を対象として、水子供養を行う際の手引き書としての印象が強い。

また、平成二十二年（二〇一〇）には、真言宗の僧侶により水子供養の供養内容を具体的に示した『地蔵・観音　水子供養次第』が刊行された(7)。これには、水子供養を行う導師は、依頼者の不安や罪悪感こそが教化の対象であるとして(8)、供養の際に読経する経文の内容、戒名の付け方、位牌、塔婆、供物の扱いなどに至るまで、詳細に記している。

『これからの水子供養運営実践講座』では、水子供養に関して、以下のように解説されている。

仏教には、水子に関して直接言及した経典は存在しないが、『大般涅槃経』「体内五位説」においては、体内における人間の成長過程について、膜時、泡時、疱時、肉団時、肢時の五時に区分しており、「水子」の語は、この体内五位のいずれかの過程で水のように流れたという意味で用いられている。この「水子」は、昭和二十三年（一九四八）の人工妊娠中絶認可以降は、中絶胎児を指す言葉として理解されることも多くなっている。

また、仏教界において、人工妊娠中絶の是非が常に論議の対象となって来たが、近年は、胎児診断によって異常と診断された「胎児」に対して中絶が行われるという問題もみられるようになり、中絶に限らず「胎児」の供養は無視できないものとなっている。

水子供養では、「水子」は「祟り」と強く結びついてその根本を成していることから、水子霊の怨念を鎮めるための水子地蔵建立なども行われている。それらは人びとの精神的負担の解消にはなるが、根本的解決とはならない。しかし、供養の心と懺悔する心自体は、失ってはならず、そのためにも供養することは必要である。仏教には、「霊障」の考え方はないため、「水子と祟りは関係ない」という立場を貫くべきではあるが、祈祷によって人びとが安心に導かれるならば、それもまた僧侶の役割でもある。その一方で、胎児が命を全うできなかったのは、「水子」となる宿命の命であったとの合理的な解釈が適している場合もある。結局、水子供養は、それを依頼する人びととの状況に則して行うことが大切である。

こうした考え方のもとで、水子供養は、水子の祟りを解消するためでなく、祖先供養と同様に親が子に行うべき供養であるとも位置づけている。そして、「いのち」の尊さを考える仏教の原点に基づくものであると説明している。(9)

以上に加え、先祖供養との本質的な違いについて以下のように記している。

水子には、遺骨や生きた証などの遺物がないこと、名前がないため戒名を授与することに賛否があること、さらに「今生のいのち」を授からなかった存在あるいは親の身勝手で殺された存在であることなどから、通常の供養との違いが多い。そのような異なる状況を踏まえて、胎児の供養を行う意義や必要を示すことが大切であると記している。

以上が、『これからの水子供養運営実践講座』にある水子供養に関する要約である。

このように、ここではこれまで供養の対象として来なかった「胎児」の位置を明確にし、供養を肯定する立場をとる。その上で、仏教は、あくまでも供養を必要とする人の心情に寄り添うことが重要であるとしているのである。

人びとが胎児を出生児と同等に認識するようになった現在、仏教においても死後の胎児に対する認識を新たにする時代に入ったことを示す。仏教界において水子供養は、平成期に入りその意味や形式を整え積極的に関わって行こうとしているように見える。

このような動きの背景には、近年、水子供養が中絶胎児のみならず、流産・死産・乳幼児期に亡くなったわが子の供養として行われている状況がみれれるためと考えられる。胎児あるいは未だ人の形もなさない胎芽であっても確かな命・わが子意識をもつ時代へと変化したことが背景にあるといえる。

付け加えると、『これからの水子供養運営実践講座』には、寺院収入に関する資料も示されている。調査年代や具体的対象は示されていないが、寺院の全収入において水子供養を含む祈祷・祈願収入の平均が約一〇%、葬儀収入が三五・五%、年回法要収入が三六・六%であることが示されている(10)。

寺院の祈祷や祈願は、安産、合格、身体堅固、交通安全、厄年、七五三など多岐にわたり、この中に水子供養も含まれるが、収入としては微々たるものであろう。地域の寺院においては、葬儀や法要による収入が大きいことは明白で、例え水子供養流行の時代においても寺を支える程であったとは言い難い。

地域の寺院である慈明寺や清源寺でも、水子地蔵建立や水子供養祭の収支や個別に依頼される水子供養の件数は、寺の財政を支えるほど多くはない。水子供養専門寺院地蔵寺のように水子供養が主たる収入源の寺院もあろうが、むしろ、それら寺院は、全体としては少数派であろう。水子供養研究において、水子供養が寺院の収入源でもあったとの説明がなされる場合もみられるが論拠が示されることはない。多くの寺院で行われてきた水子供養の実情は、一部の寺院とは異なっていたのではないだろうか。

2．水子地蔵霊場から地蔵霊場へ　―山形県庄内地方の事例―

水子供養の隆盛期の一九八〇年代、山形県庄内地方において、曹洞宗の寺院が水子地蔵を祀り、水子地蔵巡礼が行われるようになった。しかし、その十数年後には、地蔵霊場と改称して再出発することになる。この経緯について『庄内の梅花流五十周年記念誌』(11)、『庄内地蔵菩薩八十八霊場　巡礼のみちしるべ　十周年記念誌』(12)に、次のように記録されている。

水子地蔵巡礼から地蔵霊場と変更された背景には、曹洞宗の梅花講で奉詠されていた水子供養和讃の内容が、中絶の罪を強調するものであり、女性に対する差別的な内容を含む点が問題視され、奉詠禁止になったことが影響した。

現在は、和讃の文言を新しくして奉詠されているのだが、改訂前の水子供養和讃について、宮城県内の梅花講員の女性に当時の和讃について伺うと、「詠じていると何とも切なく、責められるような気持ちになる内容だった」と語る。

山形県庄内地方では、昭和五十五年（一九八〇）三月に曹洞宗において水子地蔵協会が設立され、水子受戒や水子地蔵霊場として「水子地蔵百八霊場」、「水子地蔵八十八霊場」の巡礼が開始された。同時に、梅花流詠讃歌（梅花流和讃）で「水子供養御和讃」「水子供養御詠歌（能化）」が奉詠されるようになった。

これが契機となり、山形県庄内地方（山形県第三宗務所管内）では、水子地蔵百八霊場を五年かけて巡礼する梅花講中がみられるようになり、水子地蔵霊場巡礼が盛んになる。

しかし、その後、前述したように「水子供養御和讃」「水子供養御詠歌（能化）」の内容に、中絶された子どもの因果が、親や家に仇をなすという「悪しき業論」の要素があったこと、中絶胎児された子の哀れを強調し、母親に罪業を負わせる内容である点が、女性差別・女性蔑視と問題視された。それに加えて、当時、テレビや新聞などのメディアで、中絶胎児の供養をしないと祟られるなどの宣伝がみられたこともあって、水子供養が恫喝と救済の論理の中で展開し、霊感商法と同様であるなどとされて非難されるという問題も表出した。

平成四、五年（一九九二、九三）には、宗門において「水子供養御和讃」「水子供養御詠歌（能化）」の歌詞が問題視され奉詠禁止の措置が取られた[13]。

この「水子供養御和讃」奉詠禁止と同時に、差別を容認し固定化するとして「盂蘭盆供養御和讃」が、戦争の悲惨さ、犯罪性を訴えず戦争否定の姿勢を打ち出していないとして「戦没精霊供養御和讃」も奉詠禁止になったのだが、この点について井桁碧は、曹洞宗が現代社会において、人権擁護の思想に拠って質して行く方向を選択しそれを宗内のみならず宗外にも示したものであるとしている[14]。

こうした状況をふまえて、平成五年（一九九三）、庄内地方の水子地蔵協会も解散する事態となり、同時に、水子地蔵霊場（水子地蔵百八霊場）の札所も廃止された[15]。

庄内地方の曹洞宗では、その後、三年間の学習期間を設けた後に、正しい地蔵信仰と教化の実践行として、平成九年（一九九七）、新たに「庄内地蔵菩薩霊場協会」を設立し、水子地蔵霊場は地蔵霊場として再開した。これ以降、現在まで地蔵巡礼として巡礼者を集めている。

同地域は観音霊場の巡礼も盛んだが、それら観音霊場には、水子供養隆盛期に祀られた水子地蔵尊が設置されている寺院も多く、現在も信仰の対象となっている。

庄内地方の水子地蔵霊場や巡礼の詳細については今後の課題でもあるが、このような例を見ても水子供養の在り方は一様ではないことが示される。

中絶した女性の罪、中絶された胎児の祟り、祟りを強調する仏教寺院の要素でのみ明らかにできるのは、水子供養の一側面である。水子供養が流行期を経て定着したのは、社会の変化や地域文化に寄り添いながら一定の役割を担ってきたためであるといえよう。

(1) 新田光子　一九九九「日本の宗教と水子供養」「『水子供養』に関する統計調査資料」『水子供養　現代社会の不安と癒し』、高橋三郎編、行路社、一七三―二〇六頁、二四三―二九九頁。
(2) 文化庁　二〇一二「平成二十三年度版文部科学大臣所轄包括宗教法人名簿」『宗教年鑑 平成二十三年版』。
(3) 北塔光昇　一九八三『真宗と水子供養』、永田文昌堂、一〇九―一一二頁。
(4) 藤井正雄　一九七一「無縁仏考」『日本民俗学』七四、日本民俗学会、五六頁。
(5) 北塔光昇　一九八三『真宗と水子供養』永田文昌堂、一〇九―一一二頁。
(6) 藤井正雄監修　二〇〇八『これからの水子供養運営実践講座』、四季社。
(7) 山路天酬編　二〇一〇『水子供養次第』、青山社。
(8) 同書、五二頁。
(9) 藤井正雄監修　二〇〇八『これからの水子供養運営実践講座』、四季社、四六―五〇頁、八二頁。
(10) 藤井正雄監修　二〇〇八『これからの水子供養運営実践講座』、四季社、一三―一五頁。
(11) 五十周年記念事業実行委員会、二〇〇七『庄内の梅花流五十周年記念誌』、曹洞宗山形県第三宗務所、五三頁。
(12) 荘内地蔵菩薩霊場協会会長小池公雄　二〇〇七『庄内地蔵菩薩八十八霊場　巡礼のみちしるべ　十周年記念誌』、十周年記念

事業実行委員会、一頁、一八四―一八五頁。

(13)　五十周年記念事業実行委員会・曹洞宗山形県第三宗務所　二〇〇七『庄内の梅花流五十周年記念誌』、九三頁。

(14)　井桁碧　一九九六「『水子供養』について（1）」『宗学研究』三八、二九一頁。

(15)　五十周年記念事業実行委員会・曹洞宗山形県第三宗務所　二〇〇七『庄内の梅花流五十周年記念誌』、五三頁。

終章

これまで民俗学において、子ども観が論じられる場合、「胎児」のみに焦点を当てて論じられることはなかった。子ども観については、あくまでも育てられている子どもを主体として論じられて来た。しかし、子どもは、無事に誕生し養育される子どもばかりではない。「育たなかった子ども」や、あえて「育てなかった子ども」も数多く存在したことは紛れもない事実である。

そこで、流産・死産あるいは誕生後に幼くして亡くなった「育たない子ども」、堕胎・間引き・中絶の対象となった「育てない子ども」に焦点を当て、そのような子どもに対する人びとの認識の変化を追いながら胎児観を考察した。

結果として、胎児を胞衣と同一視する傾向にあった時代から、一九七〇年代を境として、胎児を人・人の命とする認識が一般化したことが明らかになった。このような胎児観の変化は、従来の子ども観では捉えきれない部分であり、「胎児」を含む新たな子ども観を考える必要があることを示す。

妊娠・出産抑制にみる胎児観

第一章と第二章では、近代以前と近代以降の堕胎・間引き、また、大正期に盛んになる産児制限の視点から胎児に対する認識を考察した。

第一章「近代化以前の子どもの命の選択」では、近代化以前の出産コントロールの手段である堕胎・間引きについて記された記紀神話、説話、大名の消息や商人や修験者の日記、寺院に奉納された堕胎・間引きを描いた絵馬を参考にしながら、堕胎・間引き観と胎児観を考察した。

堕胎された胎児や間引かれた嬰児は、育てることを拒否された子どもではあるが、記された内容からは、それらの胎児や嬰児を「人」あるいは「命」と認識する意識がなかったことが明らかになる。

記紀神話のヒルコの誕生に関する話は、『古事記』では、産まれた子どもがヒルのように手足のない子、人の形をなさない子であったとされ、『日本書紀』では、三年たっても足が立たない子どもとされ、ヒルコは子どもの数には入れずに葦船に入れて流したとある。ヒルコが産まれた原因として記されているのは、父母であるイザナギとイザナミが正しい手順を踏まずに結婚に至ったためであるという因果関係も示されている。ヒルのような子であったとの表現は、「不具の子」と解釈されるが「人の形」を成さない流産児のようでもある。また、穿った見方をするなら、葦の船は、自宅分娩時代の胞衣納の際に、胞衣を藁苞に入れて流した習俗と類似しているようにも思われる。いずれにしても、認知しがたい子どもを「育てない子ども」として流した例である。

十二世紀はじめの『今昔物語』にある性空聖人の誕生にまつわる堕胎の話は、聖人の誕生を阻む逆境として堕胎が記されている。母が堕胎を試みたにも関わらず聖人が誕生を果たしたという。当時、仏教において堕胎がどのように位置づけられていたかに関しては今後の課題でもあるが、ここには堕胎そのものを罪とする記述はみられない。

十六世紀末には、宣教師ルイス・フロイスが、当時、民間で行われていた堕胎・間引きについて記している。これは、出産コントロールの手段として少なからずみられたことを窺わせる記述でもある。「二十回も堕胎した」との記述は、多少の誇張はあるものの、流産や中絶の後は妊娠しやすいとされるように、一人で二、三回はもちろん、八回あるいは二年間に十回の中絶を経験したとの例もあり（聞き書きＥ・Ｈ・Ｋ）、一人で複数回の堕胎はそれほど珍しくなかったのかもしれない。

さらに十七世紀初めの伊達政宗による消息は、不都合な妊娠に際して堕胎薬による堕胎が、特別のことではなく選択されていたことを明らかにする。このように堕胎薬が手に入る階層の人びとがいる一方では、民間の伝承による堕胎も少なからず行われていたであろうことは想像できる。

また、十七世紀末に書かれた『好色一代女』の記述や挿絵は、当時の胎児観を読み解く例として興味深い。胞衣の象徴である「蓮の葉」を被った姿で描かれた「胎児」と、腰から下を血に染めた姿で描かれる「孕女」の二つの要素が、「一人」の中に描き込まれているのである。これは、妊婦と胎児を同一体として描くことに違和感がなかったことを窺わせ、両者が分離し難い同一のものと認識されていたことを示すと考えられる。

十七世紀末から十八世紀初めの『萬事覚書帳（全）—角田藤左衛門—』は、当事者による間引きの記述として貴重である。なかには間引きの理由についても記されており、父母と出産年から出生児の性別を占い、誕生児が占いの結果と異なる性ならば間引きの対象とするとの具体的要因も記されている。反面、性別占いでは間引くべき子どもを養育する例、下女の間引きを「殺した」と感じる雇い主の意識なども記されている。ここでの二例は、近親者による育てるか否かの判断が、何よりも優先されたことを示す例でもある。これらの記述は、出産コントロールの手段や性別占いなど、間引きの要因について確認できるものであるが、そこに間引きに対する罪悪感は認められない。

十八世紀初めの『日本九峰修行日記』には、難産により胎児を堕胎した例が記されている。リアルな記述は当時の堕胎についての詳細を示すが、その記述はあくまでも客観的である。その記述は、関泉寺の「堕胎戒めの図」に描かれた堕胎されバラバラになった胎児を思わせる。難産に陥った場合、胎児を母体外に出すためにはそうしなければならなかったのであろう。野田泉光院の日記や堕胎戒めの図は、このような処置が頻繁とはいえないまでも珍しいことではなかったことを示す例でもあろう。そして、胎児に対するこのような処置は、当時の人びとにとって、残酷性を意識するものではなかったことも推測できる。

これら堕胎や間引きの記述は、その状況や事実が記されているのみで、胎児への関心やその命の存在さえ意識していないかのようである。堕胎や間引きに対する罪悪感や、対象となった胎児や嬰児に対する憐憫の情なども記されてはおらず、胎児に対する感覚が現在とは全く異なっていたことを示すものである。

一方、堕胎や間引きの絵馬は、堕胎や間引きの習俗を教戒するための目的があったとされるが、それは、教諭しなければならないほど、堕胎や間引きが行われていたこと、堕胎や間引きに対する罪悪感が希薄であったことを明らかにするものでもある。

絵馬には、堕胎や間引きを行っている人物を鬼のように描いたり、それを行う人の目や耳を猫のように描いたりすることで、「人」が行うべき行為ではないと戒めている。同時に、嘆き悲しむ仏を描くことにより罪悪を強調している。それぞれの絵馬に描かれた仏は、地蔵や観音のみに限らず奉納された場所の本尊によって異なる点も指摘できる。

明治中期に戸主たちによって奉納された絵馬には、間引きを制止する戸主自身の姿が描かれており興味深い。近代化の中で、間引きが嬰児殺しと称され、明治十三年には堕胎罪が制定された後の奉納であり、この法律がどの程度影響を与えたかについては不明ではあるが、間引きを罪悪として認識し始めたことを示すものと考えることができる。

以上の少ない例からは確かなことは言えないが、時代を遡るほど、堕胎や間引きを罪悪とみなす意識がなかったことが推測できる。近代化以前の堕胎や間引きは、出産コントロールとして人びとに受容され、そこには胎児を人や命として意識することや罪悪感もみられなかったことは確かであろう。

第二章「産児制限をめぐる制度と社会」では、明治時代以降、昭和三十年代に中絶と避妊による確実な出産コントロールが実現するまでの妊娠・出産の制度や産児制限の歴史、社会の動向を追いながら、胎児観の変化を考察した。

明治時代には、近代化に伴い人口増強を目指す国の方針を背景として、妊娠や出産の制度が確立して行く。出産介助者である産婆は、医学制度のもとで医学知識を学び資格を必要とする専門の職業となり、産婆組織も設立する。これら制度の確立により、従来、堕胎や間引きにも関わっていた産婆の役割は、「産ませる」ことにのみ限定されたのである。とはいえ、医学を学び資格を有する産婆の数は少なく、民間では従来通りの出産が行われていたことは明らかである。

明治十三年（一八八〇）には、刑法堕胎罪が制定（明治十五年施行）され、堕胎は犯罪として取り締まりの対象となる。しかし、これ以降も民間で堕胎や間引きが行われていたことは、当時の医学雑誌や新聞に掲載された嬰児殺しの記事や伝承資料によっても確認できる。

また、育てられない子を養育費目的で引き取り死に至らしめる「貰い子殺し」が社会問題化するなど、堕胎罪が機能する社会の歪も表面化し始める時代でもあった。

このように明治時代は、産み育てることを奨励する国の方針と、「産む」「産まない」をそれぞれの状況に合わせて選択したいと考える人びとの意識の間に、微妙な齟齬がみられるようになった時代といえる。

堕胎は堕胎罪で取り締まりの対象となり、間引きは嬰児殺しと称され殺児として法律のもとで刑罰を伴う行為となった。しかし、民間では、従来通りの堕胎や間引きが出産コントロールの手段として行われていたと考えられる。

大正時代は、堕胎罪が機能する社会ではあったが、産児制限運動が全国で展開した時代でもあった。各地に産児制限相談所などの設立がみられ、産児制限の語が一般に周知され始める。

大正三年（一九一四）には、売薬法が制定され、避妊や堕胎を暗示する記載が禁止されるが、医学分野においては、妊娠のメカニズムの研究が活発化し妊娠予防実現の可能性も示唆されるようになる。

産児制限や産児制限運動が活発化して行く過程で、堕胎の可否についての自由な論争もみられ、そこでは堕胎を可とする主張も多い。そこからは、堕胎罪が人びとの意識自体を規制するまでには至っていなかったことが明らかになる。

産児制限運動における女性たちの活発な発言のなかで、産児制限は、女性解放の考え方と結びついて展開して行くと同時に、産児制限の是非が世論を巻き込んで展開する。平塚らいてうは、社会にとって「有益」な子どもを「つくる」ことが産児制限の一つの目的であると論じ、子どもの「数」の抑制のみならず、「質」の問題が表出し始めた時期でもあった。しかし、民間では、依然として堕胎・間引きによる出産コントロールが行われていた事実が、新聞や雑誌の記述などによっても明らかになる。

昭和時代は、第二次世界大戦の前後では、妊娠・出産を取り巻く状況が大きく変化する。

昭和初期には、活発化した産児制限運動が、国家の人口増強の方針とは相反するものとして抑圧され消滅して行く。しかし、優生思想の考え方のもとでは、産児制限運動家も国家も価値観を同じくしていた。国家や社会にとって「有益な子ども」「価値ある子ども」の出生は奨励され、そうでない子どもの出生は抑制される状況が生み出されて行く。

このような社会状況を風刺したのが、芥川龍之介の「河童」（昭和二年）である。「河童」は、人間社会とは全く価値観の異なる河童の社会を描き、当時の産児制限や優生思想について、河童の「胎児」の視点で描き当時の社会に「胎児」への視点がないことを指摘したのである。

このように昭和初期は、国家や社会とってどのような子どもが有益であるかという「子どもの価値」の問題が強調された時代であった。

戦後は、国の方針が多産奨励から少産奨励へと一転する。中絶の認可により中絶件数が急増して行くが、これは、出産を抑制したいとする人びとの強い指向を示すとともに、中絶に対する抵抗感がなかったことも示す。それは、中絶の対象となる胎児を人・命とみなす感覚の希薄さをも示すものでもある。この点に関しては、当時の助産婦たちからの聞き取り調査によっても明らかになる。当時、中絶することを「とってもらう」などと称し、あたかも腫瘍を除去するような感覚があったのである。

昭和二十七年（一九五二）以降になると、妊娠予防を目的とする受胎調節実地指導が、行政主導で開始される。助産婦や保健婦は、各地域において昼夜を問わず熱心な指導を行い、一般の人びとに避妊知識と技術が浸透し確実な妊娠・出産のコントロールが実現する。その一方で、この時代の前後までは、わずかながらも民間で伝承された堕胎や間引きが行われており、出産抑制の身近な手段であったことも窺える。

以上のように、出産コントロールが不可能であった時代から確実な出産コントロールが可能となる時代への変化を追い、子どもの命の選択が時代を超えて行われて来たことを示した。

戦後、中絶と避妊による出産コントロールが実現したことが、その後、現在に至るまでの少子化現象を生み出すが、そのような状況について、平成二年（一九九〇）の出生力に関する報告がみられる。それをみると、予定子供数が夫婦完結出生数に等しい、つまり、夫婦が望んだ子ども数と実際の子ども数が同じであるという結果となり、家族計画によって、ほぼ一〇〇％コントロールされている実情が明らかになった。そして、その具体的手段がコンドームによる避妊とその補助的手段として中絶が行われている点も報告された(1)。

平成九年（一九九七）には、合計特殊出生率が一・三九で史上最少となり、これに危機感を抱いた政府は、厚生省の人口問題審議会で少子化についての報告書『少子化に関する基本的考え方について』を出し、結婚や子育てに「夢」を持てる社会の必要性とその実現のための模索を始めた(2)。しかし、その後も合計特殊出生率の低下が続いていることに変わりはない。令和元年（二〇一九）には、一・三六となり少子化への歯止めがかかっていないのが現状である。

一方、優生保護法は、平成八年（一九九六）に優生に関する条文を削除し母体保護法となった。しかし、近年は、新型出生前診断によって胎児の異常が判明すると九割以上が中絶を選択することも明らかになっている[3]。胎児に命を認識するようになった今も、「産む」「産まない」、「育てる」「育てない」の判断は、生まれ来る子どもを取り巻く近親者の意思が優先されることに変わりはないのである。

子ども観の再考 ―育てる子・育たない子・育てない子―

胎児に確かな命を見出すようになった現在、母体内の胎児は、まぎれもない「わが子」と意識される。

本書では、この変化が一九七〇年代を境としたものであったことを明らかにした。その要因となったのは、超音波断層装置が、一般的な妊婦検診の際にも使用されるようになり、胎児の存在が可視化されたこと、新生児医療の進歩に伴い中絶可能期間が短縮されたこと、避妊の浸透により誕生児の多くが望まれた子どもとなったことがあげられる。さらに、メディアによる生命誕生や母体内の胎児をテーマとした番組や不妊治療の情報などが日常的に提供されたことも見逃せない。そのような中で、胎児を人としてあるいはわが子とみなす意識が生まれたと考えられる。

現在、胎児の性別が判明した時点で名前を付けたり、育児用品を準備することが当たり前になったことなども、胎児に確かな命を認識している証といえよう。二〇一〇年代半ば以降になると、親たちが母体内の胎児に付けるニックネーム「胎児ネーム」も一般化し[4]、母体内の「わが子」に対して、思い思いの「胎児ネーム」で呼びかける姿は珍しくなくなっている。しかし、「胎児ネーム」は、正式の名前とは異なりあくまでもニックネームであることから、誕生後の子どもとは微妙に異なる意識が存在しているとも、性別の判別以前に胎児ネールが付けられるためとも思われる。

このように、かつては無事に生まれてようやく「人」「わが子」とみなしたり、誕生後七日間を無事に生きて初めて正式に名前を付与して個人として承認した時代とは、胎児に対する認識は大きく異なっているのである。

このような胎児観の変化は、一方で次のような深刻な問題も表出させている。

誕生を待ち望んだ「わが子」が流産や死産した時、親たちは立ち直れないほどの悲嘆におちいる。「胎児の死」は、まぎれもなく「わが子の死」なのである。しかし、死亡した胎児は戸籍に記載されることはなく、法律において「人の死」として認められないことが、親たちの悲しみをさらに深くする。

平成十四年（二〇〇二）、流産・死産・新生児死を経験した父母たちの手記を記した『誕生死』が刊行された。「誕生死」とは、胎児あるいは生まれて間もない子どもの死を意味する造語で、無事に育つことはかなわなかったが、母体内では確かに誕生した命であるという意味をもつ語である(5)。これは、胎児に対して、出生したわが子と変わらない感覚をもつ人びとが多くなったことを象徴的に示す。

一方で、前述のように、出生前診断による胎児の異常を理由とした中絶は多い。胎児を「人の命」と認識する現在、胎児の異常の可能性を告げられ、「産む」「産まない」を判断する親たちの迷いや悩みは想像するに余りある。

このように、胎児の存在が確固としたものになった現在、従来の子ども観だけでは読み解けない部分が存在するのである。

これまでの民俗学において子ども観を論ずる場合、養育される子どもを対象として、産育儀礼や産育習俗を論じてきた。一方、堕胎や間引きの対象となる「育てない子ども」や、流産や死産あるいは生まれて間もなく亡くなる「育たない子ども」については、養育している子どもと別のものとして考える視点をもたないまま今に至っている。

このような前提のもとに、第三章「民俗学における堕胎・間引きと子ども観」では、これまでの子ども観を再考した。本章では「育てる子ども」「育たない子ども」「育てない子ども」のそれぞれの視点での考察を行い、それぞれの立場の子どもの特徴を以下のように整理した。

「育てる子ども」をみると、妊娠が確実となって以降、子どもの成長の節目ごとに産育儀礼が執り行われ、無事に成長することが願われ大切に養育される。一方、堕胎・間引き・中絶の対象となる「育てない子ども」に対しては、当然であるが産育儀礼はみられない。さらに、遺胎の扱いについても「人」に対する葬送儀礼の要素はみられず、「人」「人の命」とみなす感覚がなかったことが明らかになった。

命の芽生えは等しくとも「育てる子ども」であるか「育てない子ども」であるか、その命を近親者がどのようにみなすかにより全く異なる意識と対応がみられるのである。

また、子どもの死後の扱いと死後の魂に対する認識について、「育てる子ども」「育たない子ども」「育てない子ども」それぞれを考察した。

無事に誕生し養育された子どもは、たとえ夭折しても「人」として葬送儀礼の対象となる場合が多い。そのような、子どもに対する葬法は、葬儀を行わない、子ども専用の子墓に埋葬する、床下など家近くに埋める、煮干しなどの生臭物と共に埋めるなど、子ども特有の葬り方で執行され、そのような葬り方が、「魂の早い再生を願う」ためのものであるとこれまで解釈されてきた。しかし、床下など家近くに埋めることや煮干しなどを一緒に埋めることは、胞衣を処置する際の胞衣納めと共通することから「胞衣」と同様に認識されていたことが指摘できる。また、夭折した子どもを葬送儀礼の対象とするか否かについては、育てた月数や年齢によって判断がされる傾向がみられる。さらに、「育たない子ども」の遺体の扱いには、家から遠ざけたり損壊したりする行為がみられる例もあり、成長できなかった命は、再生を望まないとする感覚がみられたことも示される。

以上から考察すると、育てた子どもが亡くなった場合は、これまで論じられて来たように「魂の早い再生」を願われる場合もみられる一方、胞衣と同様に扱われる例や、成長できなかった未熟な魂として再生をあえて願わない意識もみられた。

流産や死産の遺胎に関しては、「人」とみなして葬る例と「胞衣」と同様に処置する例の両方がみられる。さらに、「人」として葬るか「胞衣」と同等に扱うかの区別をみると、「人の形」を成すか否かを基準とする例、産育儀礼の「産湯」や「名付け」が基準となる例、あるいは、周囲の人びとがその子どもにどのような心情をもつかによる違いがみられた。

流産や死産の場合に、「人」あるいは「胞衣」の両方の対応がみられることは、「胞衣」と「人」との中間的存在と考えていたともいえる。

また、前述したように、これまで民俗学においては、死産児や死亡した嬰児を家の床下に埋めることを「床下埋葬」と称し、子どもの魂の早い再生を願う葬法であると解釈してきた。さらに、煮干しなどの生臭物と共に埋めることについては、仏道の支配下に入れず魂が早く再生することを期待する呪術であると解釈してきた。しかし、これらは胞衣を埋納する方法と同様であることから、流産や死産の遺胎を胞衣と同一体であるとみなし胞衣として処置したと解釈することが妥当であると考える。

一方、「育てない子」である堕胎・間引きの遺胎の扱いについては、胞衣の処置と共通していることから、胞衣と同一体として扱ったと考えられる。そして、それらについては、池や溜池に捨てる、専用の捨て場に捨てる、山野に埋めるなど遺棄と同等の処置もみられることから、日常空間から遠ざける処置とも解釈できる。このような扱いは、魂の早い再生を促すものとは言い難く、むしろ魂を遠く追いやってしまうこと、魂が再び戻ることを望まない措置とみなすことも可能である。さらに、床下などの家内に埋める例に関しては、胞衣納に対する感覚と同じく、静かに納まっていてくれることを願う意味や、子どもの命を生みだした土地に胞衣とともに返すという感覚があったことも指摘した。

自宅分娩時代には、胞衣は子どもと切り離されてもなお子どもに何らかの影響を及ぼすとされ、その処置には注意が払われた(6)。胞衣の埋め方が悪いと、出生児に何らかの支障がでるとの言い伝えは多く、単なる「物」と認識されてはいなかった。出生児と切り離された胞衣は、静かに納まっていてくれることを願ったのである。

胞衣を埋める場所については、「人の踏む所」あるいは「人の踏まない所」という正反対の場所の事例がみられるが、「人が踏む場所」は、常に上から抑制されることによって納まる場所であり、「人の踏まない所」は、刺激しないことで穏やかに納まる場所であるとの解釈が可能である。胞衣は、命を授かった土地に静かに納まることが期待されたともいえるのではないだろうか。

以上、子どもの死に注目して従来の子ども観を再考した。

「育てる子ども」「育たない子ども」「育てない子ども」それぞれの視点で子どもを捉え直すと、「子どもの魂は早く再生する」との論理は、ある程度養育した子どもが夭折した場合や流産や死産の一部には当てはまるものの、堕胎や間引きの対象となった「育てない子ども」については、魂の早い再生を期待する意図はみられず、魂が戻ることあるいは再生することを阻止することを窺わせる扱いがみられることが明らかになった。このような意識の存在は、夭折した子どもや流産・死産の例でもみられたが、それは、成長できなかった子どもをどのように認識するかによる相違と考えられる。

このように、「子ども」に対する視点を「胎児」へと広げることにより、従来の子ども観では捉えきれなかった認識が確認できる。

さらに、同章では「育てない子ども」の実態を把握するため、明治期から昭和期に至るまでの新聞に掲載された嬰児殺しの記事と子どもの死亡統計と産婆・助産婦からの聞き取り調査を用いて考察した。

新聞記事の記述からは、戦後、確実な出産コントロールが可能となるまで、伝承された間引きの方法を用いた嬰児殺しの例がみられることが明らかになった。これら新聞に掲載された嬰児殺しは、実際に行われた例の一部と考えられることから、堕胎や間引きは確実な出産コントロールが可能になるまで、民間では密かに伝承されていたといえよう。それらの要因が、貧困や婚姻外の妊娠であったことも確認できる。

死産と新生児死亡の「身分別」統計からは、以下の点が確認できた。

「私生子」は死産率や新生児死亡率ともに高く、何らかの人為的措置があったことは間違いない。一方、「私生子」と同じく婚姻外の子どもであるにもかかわらず、父が認知した子である「庶子」の死亡率は低く、時として「嫡出子」よりも低い。「庶子」は、婚姻外の子どもではあるが、生まれることを望まれた子どもであり、子どもの誕生にとって胎児の生存権が保障されること、存在が承認されることがいかに大切であるかを明らかにするものである。

さらに、産婆の聞き書きにより命の選択の背景にある意識を明らかにした。

産婆が産まれた直後の嬰児に明らかな障害を認めた場合、「死産にする」「死産とする」と称して、あえて産声を上げさせず「死産」とみなすことがあった。それらは嬰児に身体的障害があり、産婆が長く生きられないであろうと判断した場合などに行われた。そして、「死産にする」「死産とする」ことは「殺す」こととは異なること認識された。これは、間引きの際の認識について、柳田による「殺すのではなく育てない」との解釈とも重なり合う。

このような「殺すことではない」とする意識の背景については、分娩における胎児から出生児への移行期の生理的側面から説明可能であることを指摘した。

出生後の嬰児が、産声を上げるまでのわずかな時間は、産まれてはいるが呼吸をして生き始める以前の境界領域である。産声は肺呼吸に移行する際の第一呼吸であり、出生児は呼吸をしてはじめてこの世で生き始めることになる。厳密にいえば、産声以前は、未だこの世で生き始めてはいないとみなすことも可能であり、生きて生れたとも死産であるとも解釈可能で、そこに人の意思を反映させることは可能であったろう。このような胎児から生児への境界領域の存在が、「死産にする」ことや間引き行為の背景にあったことを指摘した。

「産声」が無事に誕生した証という認識は、今でも一般的なものではあるが、間引きの伝承に「産声を上げたら間引かない」とする事例がみられる。これは、「生き始めたなら間引けない」という一定のルールがあったことを窺わせるものである。このような点から、間引きを「嬰児を殺すこと」とせず「生かさないこと」と表現する必要性も指摘したい。

胎児供養と胎児観

第四章・第五章・第六章は、水子供養に注目しながら胎児観を考察した。

第四章「水子供養にみる胎児観の変遷」では、中絶胎児に対する供養が水子供養として形式を整えた過程に注目し、そのような水子供養が流行した背景について、胎児観の変化から明らかにした。

従来の水子供養研究は、水子供養の隆盛期を対象として行われてきたが、ここでは水子供養が確立する以前にも、中絶胎児の供養が行われていたことを実地調査によって明らかにするとともに、「胎児」に「人の命」と認識したことにより供養が始まった経緯を明らかにした。

　中絶胎児の供養が「水子供養」として確立する以前の昭和二十年代半ば以降、産科医や助産婦などの中絶手術の現場を担う医療関係者、あるいは中絶された遺胎の処理に関わる胞衣業者によって、中絶胎児に対する供養が行われるようになる。すなわち、中絶胎児に「命」を意識せざるを得ない人びとによって、供養が開始されたのである。当時、それらの供養には統一された名称はなく、主催者によって「死産胎児供養」「胎児葬」「人工中絶未成児慰霊祭」「未成児慰霊祭」「死産胎児供養」など多様な名称が用いられた。

　このように中絶胎児に対する供養は、中絶体験者自身が水子供養を開始する二十年近く前から始まっていたのである。

　その後、昭和四十年（一九六五）年になると、中絶体験者一般を対象とした中絶胎児の供養が始まる。東京都内の清源寺境内に「子育ていのちの地蔵尊」が建立され、中絶胎児を「水子流産児」と称して年一回の供養祭が開催されるようになる。この地蔵の建立は、中絶に反対する「いのちを大切にする運動」を背景としたものであったが、宗教・宗派を超えた人びとが関わったこと、中絶体験者一般を対象とした供養の場が設置されたこと、地蔵像が幼子を抱く様式で水子地蔵像との共通性がみられることなど、後に始まる「水子供養」の要素がみられる。しかし、この時には、中絶胎児の供養として広がりを見せるまでには至らなかったものの、水子供養の萌芽ともいえる動向であったことを明らかにした。

　昭和四十六年（一九七一）には、中絶胎児の供養を専門とする紫雲山地蔵寺が開山する。初代住職は、「いのちを大切にする運動」の協賛者でもあった。この寺の開山により、水子供養は形式を整えて一般の人びとに提示される。本尊には、複数の幼子を伴う様式の「水子地蔵尊」を祀り、中絶胎児を「水子」、中絶胎児の供養を「水子供養」と称した。そして、供養されなかった「水子の霊」は、さまざまな不幸の原因であると説いた。供養は、彼岸や盆の合同供養のみならず、参詣者それぞれの個別供養にも応じて営まれ、また、個人や団体による石地蔵の奉納を推奨して境内に祀った。このような個別の供養は、胎児が可視化されるなど医学の進歩のなかで、中絶胎児を「わが子」「個別の命」であることを意識し始めた中絶体験者の意識とも合致するものであったと考えられる。地蔵寺の水子供養の様式は、以後、全国に拡大して行く。

地域の寺院で水子供養が開始された例として、宮城県内の慈明寺を取り上げた。また、寺の過去帳から子どもの戒名の調査を行い子どもの供養が開始された時期についても明らかにした。

水子供養については、寺の住職が発願した中絶胎児の供養が地域住民に受け入れられ「水子供養」として成立してゆく経緯について、寺に保管された資料と聞き取り調査によって明らかにした。

その結果として、地域の寺院で行われる水子供養は、家や家族の関わりのなかで成立しており、必ずしも女性のみが行うものではないことを明らかにした。その背景には、中絶認可直後の中絶体験が地域住民の共通体験であったこと、そして、当時の中絶は夫婦や家の了解のもとに行われていたことを指摘した。

また、子どもの戒名の調査では、子どもの供養が始まる時期が近世中期であったことを明らかにした。童子、童女の戒名は、元禄年間以降少数ながらもみられることから、すべての子どもに対してではないにしろ、子どもの死に際して供養が開始されたことを示す。その後、明治期、大正期、昭和期と時代が下るに従って、童子・童女に加えて、嬰児・嬰女、孩児・孩女の戒名が登場し、より幼い子どもへと供養が拡大して行ったことが示される。それらの戒名は、時代を経ると数も徐々に増加することから、子どもの供養が一般化したことを示すものと考えられる。

しかし、昭和四〇年代以降になると、子どもの戒名の数は減少する。これは、自宅分娩から施設分娩への移行期とも重なり合うことから、医療のもとでの出産により出生児の死亡が減少したことも影響していると考えられる。

「水子」が戒名や位号として登場するのは、住職が中絶胎児の供養を発願した時代と重なる。また、同寺院では昭和五十年以降は、水子の位号が増加するとのことで、その背景に水子供養流行による中絶胎児への供養や胎児の死亡に際して供養が行われたことを示している。

以上が、子どもの戒名の変遷から明らかになった点であるが、胎児の供養に関して明らかになるのは、中絶胎児の供養が契機となったことである。それまで供養の対象とならなかった「胎児」は、「水子供養」として中絶胎児の供養が行われるようになって以降、供養される存在となって行ったことが指摘できる。

このように、「胎児」は一九七〇年代を境として、社会の中で無視できない存在となったことが明らかになった。

第五章「水子供養の流行と社会」では、水子供養の流行を生んだ社会背景について、テレビのワイドショーで取り上げられた話題について番組表から検討した。それらを社会の動向と合わせてみることにより、水子供養の出現と流行の背景を明らかにした。ここでは、「水子供養」を通して「胎児」を「人」とみなす意識が一般化する一九七〇年代以降を対象とした。

水子供養が多くの人びとに支持され流行現象を生み出したのは、人びとが「胎児」を「人」・「命」とする意識が確かなものとなったことを示す象徴的な現象であったと捉えることができる。

これまで多くの研究者によって、水子供養の流行の背景として、超音波診断により母体内の胎児が可視化されたことによるものであるとの指摘はなされてきた。また、水子供養が流行した直接的な要因については、水子供養を行う宗教者たちが、供養されなかった中絶胎児「水子」は「祟り」を及ぼす存在であること、それが家庭内の不幸の原因であると強調されたことにより、多くの人びとが供養を行ったことが流行現象を生み出したと説明されてきた。

　しかし、胎児や中絶胎児を「人」「人の命」との認識を生んだ背景をもう少し詳しく見て行く必要があると考えた。その結果、胎児の可視化は背景として大きいが、次のような要因も重要であると考える。

　第一は、医療の進展による胎児観の変化である。

　これまでも指摘されてきたように、妊婦検診の際にも超音波診断が一般化し、母体内の胎児が可視化されたこと、それによって当事者や近親者が胎児に対して、人の命を感じると同時に「わが子」としての認識を抱くようになったことである。ここでの出産世代は、中絶認可当時に中絶によって子どもの数を抑制した世代の子どもたちでもあり、胎児への認識の相違をより身近に感じたであろう。

　また、出産コントロールが一般化し、出生する子どもの多くが望まれて誕生する子どもとなった。それは、中絶による出産抑制しか手段のなかった世代にとっては、「育てなかった子ども」の存在を意識する機会にもなったであろう。さらに、新生児医療の進歩に伴って中絶可能時期が短縮されたことも、より小さな胎児にも命を意識することにもなったと考えられる。

　加えて、一九七〇年代から一九八〇年代は、人工授精や体外受精など不妊治療による多胎児の出生の話題や受精卵、卵子、精子など命のはじまりに関する番組や情報が、テレビの映像を通して日常的に提供され、よりミクロな生命への関心を深めた時期であった。

　このように、それまで「人」「人の命」として意識していなかった「胎児」が、「人」であること「人の命」であることを、すべての人びとが認識する状況がみられた時代であった。

　第二に、中絶胎児が不幸の原因として意識された社会的な背景である。

　中絶認可直後に中絶体験をもった人びとが「胎児」に人の命を意識するようになった時、中絶によってわが子の命を絶ち供養もせずに放置したという「後ろめたさ」を感じたであろうことは想像に難くない。そのような「後ろめたさ」は、自身の抱える不幸の原因として結びつきやすいものでもあったろう。

一九七〇年から八〇年の社会をみると、戦後の高度経済成長期のなかで、人びとの生活や社会の環境は急速に変化し、人びとがかつて経験したことのない多様な負の問題が表出する。

例えば、高度経済成長期の工業化は公害を発生させ、それらによる健康被害は当初原因不明の病とされた。また、交通網の拡大による事故は多くの犠牲者を出した。これらは、誰もが直面し得るもので、それらは当事者たちにとっては、理由も因果関係も見いだせない不幸でもあった。

また、戦後の新しい教育の中で育った子どもたちのなかには、問題行動を起こす青少年が現れ社会問題化した時代でもあった。これらは、戦後、中絶によって子ども数を抑制し、手をかけて教育した世代の子どもでもあった。これら青少年の問題行動は、テレビのワイドショーにおいても度々取り上げられた。問題なく育つ子どもがいる一方で、さまざまな問題を引き起こす子どもたちは、親たちにとって大きな悩みであったろうし、その原因に心当たりもなかったであろう。

第三に、オカルトブームの影響である。

一九七〇年代から八〇年代のワイドショーの番組表には、超能力・予言・霊魂・幽霊・怨霊など、科学では解明できない不可思議な事象についての話題が頻繁に取り上げられている。オカルトブームと称される時代である。この背景には、高度経済成長期のなかで、人びとの生活が物質的には豊かになったが、その反面、急速な社会の変化が人びとに精神的不安を生じさせ、科学では解明できない事象を指向する心理と結びついたといわれる。これらがワイドショーの話題として放映されるなかで、「水子」がその例として取り上げられるようになる。当時のワイドショーの番組表には、中絶・水子・祟りの関係性や水子供養の例などが示されている。このような情報の中で、中絶胎児は供養を必要とする存在とみなされるようになるのである。水子や水子供養がマスコミで取り上げられ一般化する状況は、森栗による週刊誌の分析によっても明らかであり、テレビの情報内容や時期とも重なり合う。

以上、ワイドショーにおいて水子供養の話題が取り上げられたのは、昭和四十八年（一九七三）のオイルショック以降一九八〇年代半ばにバブル期が始まる直前までの、およそ一〇年間のことであったことが明らかになった。この時期は、経済停滞期と称される高度経済成長期終結からバブル期開始までの間の狭間ともいうべき期間であったことが明らかになった。

中絶認可当時の中絶体験は、その世代の人びとにとっての共通体験といえる。そのような世代の人びとが、身近に抱える負の問題の原因を供養してこなかった「水子」に見出し、供養を行うことによってそれを解決・解消しようとしたことが水子供養の背景にあったと考えることができる。

胎児に対する認識が「人の命」「わが子」へと変化する境界に出現したのが「水子供養」であったと理解することもできる。

さらに、法律や医学の側面から「出生」や「胎児」がどのように位置づけられてきたかをみた。刑法と民法による「出生」に対する解釈の違いがみられ、それは医学の定義とも異なる。このように、「出生」の解釈は一様ではないのである。

「胎児」をめぐる訴訟問題を調べると、一九七〇年代以降みられるようになったことが明らかになった。母体内の胎児が可視化されたことで、胎児に対してわが子意識が芽生えたことが影響していると考えて間違いはないであろう。

第六章「水子供養の現在」では、水子供養の現状について実地調査をもとに報告した。

その結果、仏教系寺院の大本山・総本山において、水子地蔵像や水子観音像の設置や「水子供養」の掲示などがある寺院は、半数に及ぶことが明らかになった。供養のための施設や掲示のない寺院においても供養の依頼に応じる寺院は多く、水子供養は、ほぼ定着しているとみてよいであろう。

現在、中絶胎児のみならず流産、死産、乳幼児の死者に対しても水子供養が行われており、「育たなかった」胎児や幼い子どもに対する供養としても機能している。また、供養の場が子授け祈願の場となっている例も散見され、この点については今後の課題でもある。

胎児と子ども観

本書では、これまで、子ども観を論じる場合に対象とされてこなかった「胎児」に注目し考察した。

胎児は、それが「育てる子ども」である場合、腹帯祝いや胞衣切りの儀礼などの産育儀礼の際には、その存在が意識されるものの、「人」として認識されるのは、無事にこの世界に誕生した後のことである。胎児は、未だ「人」と認識される以前の存在、胞衣と同一体として、あるいは胞衣に近い存在として認識されていたと考えられる。それは、胎児が死亡した場合に、その遺胎の扱いが胞衣の始末と同様であったことからも明らかになる。このような胞衣と同じ扱いは、「育てない子ども」である堕胎・間引きの遺胎の処置法とも共通するものである。また、「育てる子ども」として誕生したにもかかわらず、出生児の状態によって間引きの対象となった場合にも同様の扱いがみられた。

但し、「育てる子」であった胎児が死亡した場合には、人の形を成すか、その胎児にどのような感情を持つかにより、「人」として葬るか「胞衣」として扱うかの違いがみられた。

戦後、中絶が認可されて以降、中絶胎児の遺胎は法律に則った処置が行われるようになるが、それらは胞衣の処置と同様であり、そこからも「胎児」が「胞衣」と同等の存在と認識されて来たことが明らかになる。

子どもの魂の再生の問題については、「育てる子ども」が亡くなった場合には、生まれ変わりを期待する葬法がみられるのに対して、「育てない子ども」「育たない子ども」を「胞衣」として扱った場合には、魂が再び生まれ変わることを期待するための方法は見出せず、遠方へ送ってしまう、あるいは静かに納まっていてくれることを期待する傾向がみられた。

胎児の遺胎の扱いに関しては、「胎児」に人の命を見出すようになって以降、次のような問題が表出している。妊娠十二週未満の中絶は、医療廃棄物として処理されても法的には問題ない。しかし、倫理上の考え方からすると単にゴミとは言い難く、自治体の判断に任されているのが現状である。自治体によっては、胞衣炉が火葬場に設置され、胞衣として焼却される自治体もみられ、単なる汚物や廃棄物とは異なるものとして扱われているのである。

このような状況を背景として、平成十六年（二〇〇四）の朝日新聞に、平成十四年（二〇〇二）まで妊娠十二週以上の中絶胎児を一般ごみとして出していた病院が問題視されているとの記事が掲載された（朝日新聞　二〇〇四年七月二十日付）。その記述には、妊娠週数による区別ではなく中絶胎児に対する統一した法整備が必要であると記されている。

この事件に対して、日本産科婦人科医会では、妊娠十二週未満の胎児の扱いに関する指針を示し、墓埋法（墓地、埋葬等に関する法律）の対象とならない十二週未満の中絶胎児は、胞衣と同様に許可を受けた胞衣を処理する業者に委託し、丁寧に処理すべきであるとの考え方を示した。(7)

墓埋法の規定では、妊娠四カ月以上（妊娠週数による数え方では妊娠十二週以上）は埋火葬すべき遺胎なのだが、それ未満については「胞衣」と同様に扱うべきとしている。このように法律上は、妊娠四カ月が「胞衣」と「人」との境界なのである。

さらに、二〇一〇年の新聞には、一九六〇年代半ば以降一九七〇年代にかけて、学生の解剖実習用として中絶胎児を引き取っていた大学病院に、一七〇〇体の中絶胎児がホルマリン漬けにされたまま放置されていたことが判明したとの記事が掲載された（朝日新聞　二〇一〇年十二月七日付）。当時、中絶胎児を「人」とみなさない感覚があったことを確かにするものであり、時を経て中絶胎児に対する認識が変化したことを明らかにする例でもある。

中絶胎児が「人」「人の命」として認識され、供養されるべき存在として認識される契機となったのは、これまで述べてきたように水子供養の成立によるものといえる。中絶胎児の供養として始まった水子供養は、近年は、中絶胎児の枠を超えて、流産や死産した胎児や幼くして亡くなった子どもの供養としても機能するようになっている。

近年、水子供養の現場では、不妊治療のなかで誕生まで至らなかった命や胎児異常による中絶など、胎児をめぐるさまざまな問題が供養の場にも現れ始めている。

また、ごく早期の流産でさえ「わが子の死」と感じ、その死を受け入れられずに苦悩する親たちは少なくない。妊娠四カ月未満の流産を経験した時、「子どもの遺胎」が渡されなかったことにショックを受け悲嘆を深くする親たちもいる。当事者たちにとっては、「わが子の命」と認識する領域が胎児からより小さい胎芽レベルまで拡大しているのである。

平成三十年（二〇一八）には、体外受精によって誕生した子どもは、過去最多の十五人に一人となり[8]、不妊治療が特別のことではなくなったことを示した。一方で、未だ体外受精の成功率は高いとは言い難く、誕生まで至らない命は多い。

生殖医療の進展のなかで、平成十二年（二〇〇〇）には文部科学省が、受精卵（胚）は「生命の萌芽」であると規定した。受精卵が着床することにより妊娠が開始するが、人の生命のはじまりについては、平成十三年（二〇〇一）年、日本産科婦人科学会が、「受精卵の臓器の機能分化をもって生命のはじまりとする」と定めた。受精卵が分裂開始するのは着床後およそ十四日後あり、その時点をもって人の生命となるのである。

その後、平成十六年（二〇〇四）、総合科学技術会議の生命倫理専門調査会は、受精卵について「ひとの生命の萌芽」とする最終報告書をまとめた。

不妊治療に関わるある医療関係者は、患者たちは妊娠が実現するまで何度も体外受精に挑戦するが、その過程で、出生に至らなかった受精卵に気持ちを向けることはない、それを見ていると、受精卵も同じ命なのにと複雑な気持ちになると語った。一方で、必要なくなった受精卵は廃棄されもするが、今はまだそこに確かな「人の命」を感じる感覚はみられない。

胎児に「人の命」を認識しなかった時代から、胎児に「人の命」を認識する時代へと変化し、さらに受精卵のレベルへと、「命」を認識する境界はよりミクロな方へと移行しつつある。これは「人の命」とみなす境界が変化し続けていることを示す。

このように胎児に確かな人の命を認識する時代になったとはいえ、芽生えた命は無条件に誕生するものではない。親たちによる「産む」決定がなされてはじめて子どもは誕生を果せる。そして、「産む」「産まない」の判断には、当事者の生活の状況やその時代の社会の在り方が影響を与えることも確かな事実である。いつの時代も、子どもは「選択される命」として存在しているのである。

このような状況において、今後、胎児を含めた子ども観について、「育てる」「育たない」「育てない」それぞれの視点で考察することが必要であろう。

（1）河野稠果・岡田実編　一九九二『出生力をめぐる諸問題　シリーズ人口学研究2』、大明堂、五九頁。
（2）厚生省　一九九八『厚生白書』、ぎょうせい、五―六九頁。
（3）二〇〇一（平成十三）年以降導入された新型出生前診断により、胎児の異常が判明した場合九割が中絶を選択している。毎日新聞二〇一九年二月十七日付（東京朝刊）など。
（4）二〇一七年にミキハウスが行ったインターネット調査「名づけ調査」によると、「胎児ネーム」の認知度は七〇・五%で、そのうち「胎児ネームを付けた」五六・二%、「生後の名前で呼んでいた」一八・八%であった。また、「妊娠が分かってすぐ」二七・七%、「性別が分かった頃」十五%、「母子手帳を貰った頃」が十三・四%だった。また、誕生後の名前は「妊娠中に性別が分かってから」が五三・九%、「妊娠する前から決めていた」四・三%、「妊娠中で性別が分かる前」七・〇%であった。
（5）流産死産新生児死で子をなくした親の会　二〇〇二『誕生死』、三省堂。
（6）胞衣処理の変化については、猿渡士貴　二〇〇一「近・現代における胞衣処理習俗の変化―胞衣取扱業者の動向をめぐって―」『日本民俗学』二二六、日本民俗学会、一―三四頁。
（7）日本産婦人科医会　二〇〇五『平成十六年度　事業報告』、一八頁、二四―二五頁。環境省報道発表資料　二〇〇五「妊娠4か月（12週）未満の中絶胎児の取扱いに関するアンケート調査結果及び今後の対応について」環境省ホームページ https://www.env.go.jp/press/press.php?serial=5295. 日本産婦人科医会常任理事朽木明人　二〇〇五（平成十七）年二月十四日「十二週未満の妊娠中絶胎児の取り扱いについて」https://www.jaog.or.jp/sep2012/JAPANESE/MEMBERS/TANPA/H17/050214.htm.
（8）日本産科婦人科学会のまとめによると、二〇一八年に体外受精によって誕生した子どもの数は五六、九七九人、この年に生まれた子どもの十五人に一人となり過去最多となった。成功しなかった治療件数も含めて約四十五万五千件で最多となった。一九八三年に東北大学で初の体外受精児が誕生してから累計約六十五万人となった。

産婆・助産婦聞き書き資料

本稿は、一九九五年以降二〇一九年までの宮城県を中心とした産婆・助産婦の方々一五人からの「聞き書き資料」である。彼女たちは、戦前は産婆として、戦後は助産婦として自宅分娩を取り扱った経験者である。

彼女たちが活躍した時代は、妊娠・出産をめぐる制度や旧来の妊娠・出産をめぐる習俗が大きく変化した時期である。自宅分娩から施設内分娩への変化、分娩介助者が医学的知識を学んでいないトリアゲババから、助産のための医学知識と技術を学び資格を有する産婆・助産婦へと完全に移行した時代である。また、多産から少産への変化の時期とも重なる。

こうした出産をめぐる急激な変化の中で、産婆・助産婦たちの多くは、地域の人びとと生活の場を等しくしながら、生まれ来る命と直接向き合い、命を取り上げる使命を担っていた。それは、赤ん坊の無事な誕生という喜ばしい場面だけではなく、時として「望まれない命」への対応を引き受けることをも意味していた。

地域に暮らし、人びとの現実の暮らしやその土地の価値観を熟知する彼女たちは、妊娠・出産をめぐるさまざまな問題と向き合いながらお産の介助を行った。さらに、出産を契機として地域の女性をはじめとする人びとの身体的・精神的な相談役として地域の人びとを支え続けてもいた。

彼女たち医学知識を学んだ産婆や助産婦は、地域社会で繰り広げられる人びとの営みを客観的な視点で捉えることのできる存在でもある。例えば、継承され続ける妊娠・出産をめぐる習俗については、医学的知識に照らし合わせながら受容と改善を試みた。また、妊娠・出産に関わる制度の変化の中においては、実際の生活と制度との間の齟齬を認識しつつ、出産介助の専門家としての最善を見出そうとした。

これら産婆や助産婦の実体験に基づく語りは、当時の状況を知るための貴重な資料である。ここでは、本書に関係する部分について、語って頂いた内容になるべく忠実に記述することをつとめた。従って、現在は使われていない表現を含む例もあるが、時代の性格を明らかにするための表現であることを記しておきたい。

事例A　一九一五年宮城県新月村生まれ、M・Oさん（一九九五年聞き取り調査）

昭和十一年（一九三六）、宮城県北部の岩手県との境に位置する新月村で産婆を開業した。戦前から戦後を通じて取り上げた子どもの数は、六〇〇〜七〇〇人だった。そのうち双子が一組、無頭児一人、手指が六本という障害を持った子が一人、梅毒による障害児の誕生も少なくなかった。

堕胎　新月村の産婆時代、大抵の女性たちは四十七、八歳まで子どもを産んだ。初潮から三十三年間はメンスがあると言われ、妊娠可能な期間の目安にもなった。

戦前のことだが、ある日、道端で腹痛のため動けなくなっている人がいるとの連絡で駆けつけると妊婦だった。内診すると、子宮内膜と卵膜の間に三寸三分の長さに切ったゴボウの細い根が、先端部分を奥にして挿し込まれていた。それが流産させることを目的とした処置であることはすぐに分かった。その妊婦はちょうど妊娠六、七カ月だったが、産婦人科でも早産させる場合には、ゾンデという十センチほどの細い器具を子宮に挿し込み陣痛を起させる。ゴボウの細い根もゾンデと同じように使われていた。医学的に言っても六、七カ月の時期が最も安全で容易な時期である。このような方法を誰に教わったかはいくら尋ねても絶対に言えないと言っていた。トリアゲバアサンに教わったか、トリアゲバアサンに依頼して処置してもらったのだろうと確信した。昔からの経験的な技術なのだろうが、医学的にも理にかなった確かなものだということを知って非常に驚いた。

また、ホオズキの根をきれいに洗い子宮に入れておくと流産するとか、水にアク（木灰）を入れたアク水を飲むと流産するとの噂は聞いたことがある。子宮にホオズキやゴボウを入れるというのは、ばい菌が入って産褥熱の原因になることがあり非常に危険である。

嫁と姑が同時に妊娠し、姑が流産しようと桑の木に登って、桑取りの篭に葉を二貫目程摘み、「この子ども、堕りればいい、堕りればいい」と言いながら木から飛び降りた。結局、流産できずに丈夫な子が誕生し、良い家に嫁いで母親に小遣いをくれるようになったという話も聞いた。また、産婦人科病院に勤務していた時に先生から聞いた話であるが、妊娠三カ月の妊婦にどうしてもと頼まれ、法律違反と知りながら堕胎手術したことが警察に聞こえて罪に問われ、執行猶予期間は赤い着物を着ていなければならなかったということを聞いた。[1]

また、昭和初期、気仙沼町には遊郭があり、娼妓の子どもが生まれると直ぐに欲しい人に貰われて、その家の実子として育てられることがよくあった。一般の人でも子どもが欲しくないのに妊娠してしまうと、誕生直後に母子手帳の名前を書き換えて子の無い夫婦に実子として引き取られることなども珍しくなかった。

受胎調節実地指導　戦前は、多子表彰の制度があり八人以上の子を持つ人を候補者として申請したこともある。[2]産婦人科病院に勤務していた当時、産後に避妊の為にラッパ管を縛る手術を受ける人もいたことを記憶している。[3]

戦後は、子どもを少なく産むことが奨励されるようになり、産児制限指導が行われ、その後、受胎調節指導が始まった。[4]指導内容をより良く理解してもらうために、産児制限の紙芝居を自分で作り、一部落一日かけて一カ月に一度ずつ廻った。初め荻野式避妊法を教えたが、農家の忙しいお嫁さん達にとっては実行することは困難であった。このように荻野式の避妊は、方法が面倒なために指導しなくなった。基礎体温を測り排卵日を知って避妊することも教えたが、これも実行は無理だった。コンドームの使用も薦めたが、夫達に抵抗感があるとなかなか理解を得ることは出来なかった。夫の中には、コンドーム使用が心理的負担となりノイローゼになった例もあった。しかし、国産のコンドームを配布したり、指導を受けた人から依頼されて薬局から買ってあげることも多かった。

受胎調節実地指導が行われた時代には、赤ちゃんコンクールも始まり[5]、育児では母乳とミルク半々で育てることが奨励された。しかし一方では、母乳は赤ん坊の免疫のためには必要とされ推奨されてもいた時代だった。

昭和三十七年（一九五八）に夫の転勤で仙台市に転居した。夫は日本通運勤務だったが、当時、会社からは避妊具が無料配布され、奥さんたちに対しては、家族計画・避妊講習が行われ、助産婦たちがそれを担当した。[6] 当時、市内在住の助産婦が指導に来てくれたことを覚えている。その後、自身も依頼されて指導するようになった。

胞衣　ゴザン（胞衣）は藁ツトに入れて、墓や座敷の縁の下に埋めた。臍の緒は保存しておき、その子が重い病気の時に舐めさせると効く、結核の人に舐めさせると効くと言われた。気仙沼にゴザンを焼く施設ができた頃から焼却処分するようになった。[7] 流産の場合は、ゴザンが下りないのですぐに病院に運んで治療した。

産着　赤ん坊が生まれた後に着せる一ツ身の着物は、誕生前に縫うと誕生した子が弱くなると言い、陣痛が始まってから縫い始めた。晒や麻の葉の模様の布で縫った。また、おむつは単衣の着物をたおして（ほどいて）、とりあえず一組だけ縫い、生まれてから数を増やす。おむつは布を三枚重ね厚く刺し子のように縫った。赤ん坊に着せた寝巻きが破れるからという理由で胴と足の付け根、足首部分を紐で結わえて、手足が自由に動かせないようにした。

お七夜　お産が無事終了すると、通常、産婆は帰宅する前にうどん一杯とお酒をご馳走になるものだった。また、産婆は誕生後七日目のお七夜に招かれた。[8] 家では、チャノマやナカマにお膳を並べ招待客をもてなした。酒は自家製のどぶろくを障子紙で濾したもの二杯、魚の煮付け、ほうれん草など青菜のお浸し、天婦羅、煮しめ、魚のお吸い、餅の膳で、餅は胡桃餅、あんこ餅などだった。他に大根おろしやお新香などがついた。

招待客は、産婆の他、親戚の親しい人、嫁の実家の親兄弟など二十人程である。長男、長女の誕生は豪華にするが、下の子たちに対しては簡単に行い、餅なども小ぶりなものにした。また、これほど盛大に祝わない家も珍しくなかった。

この日は産婆に産料を支払う日でもある。産婆へのお引き物は、紅白の重ね餅と米を合計一升分、桃色か牡丹色のネルの腰巻一枚、礼金二～三円あるいは下駄または米だった。これらを下から紅餅・白餅・腰巻と順番に重ね、お金か下駄または米を一番上に載せて産婆に渡した。産婆は赤ん坊の名づけを依頼されることもあった。赤ん坊への名づけは、生後三、五あるいは七日目で、半紙に名を書いて貼った。

（1）柳田國男は、明治十五、六年頃、屋外労働をする囚人達が赤い木綿の獄衣を着ていたことを記している（「故郷七十年」『定本柳田國男集』別巻三、一九七一、九十～九一頁）。赤い着物を着せられることは罪人であることを意味していると思われる。

（2）昭和十四年（一九三九）一一月三日に厚生省が多子家庭表彰を決定した。宮城県においては同年一一月四日に子宝夫婦表彰が行われ、子ども九人以上の夫婦三三組が表彰された。

（3）昭和十年代、堕胎や避妊は遺伝的疾患と判断された者以外は認可されてはおらず、この場合どのような事情によるのかは不明である。

（4）宮城県においては、昭和二十三年（一九四八）に産児制限公認が決定され衛生ゴムの無料配給の条例が作られた。宮城県において助産婦による受胎調節指導が始まったのは、昭和二十六年（一九五一）である。全国レベルでは昭和二十七年（一九五二）から受胎調節実地指導員による受胎調節実地指導が開始された。

（5）昭和二十四年（一九四九）五月五日に第一回赤ちゃんコンクールが全国レベルで開催された。

（6）昭和二十七年（一九五二）以降、炭鉱従業員などに対して会社として産児調節指導が行われるが、昭和二十八年（一九五三）に日本家族計画連盟が結成された後は、モデルケースとして日本鋼管工場労働者に対する家族計画指導が会社単位で行われた。他に国鉄、日通などでも行われた。

（7）気仙沼町に火葬のための焼却施設ができたのは大正十四年（一九二五）であるが、昭和二十三年（一九四八）に胎盤の焼却処理を始めた。昭和二十六年（一九五一）年度には改築され年間胎盤火葬数三七一と記録されている。（参考『気仙沼町史』昭和二十八年、気仙沼町史編纂委員会、五八六―五八七頁）

（8）『新月村誌』昭和三十二年（一九五七）、新月村誌編集委員会、三一五頁。男の子は6日目、女の子は7日目にオビヤがあけて近親や産婆を呼んでオビヤブルマイをすると記されている。

事例B　一九〇六年宮城県志田郡生まれ、M・Uさん（一九九六年聞き取り調査）

昭和八年（一九三三）に、宮城県の産婆試験に合格し、「実地」を塩釜の産婆に住み込みで学んだ。同じ年に、岩手県と青森県の産婆実地試験に合格した。(1) 二十八歳の時に、産婆として独り立ちできる資格を得て宮城県根白石村で開業、昭和五十三年（一九七八）に、やめるまで四十五年間で、五二〇〇人余の赤ん坊を取り上げた。

開業当時、根白石村には、各地域にコナサセババと呼ばれる無資格の産婆がいたが、出産が多くて手が回らない状態だった。地元の人たちは、産婆であるM・Uさんが来ることを待っていたようで、その後、次々に依頼された。

堕胎　戦争中は、「産めよ、殖やせよ」の時代でお産が多く、一カ月に二〇人なさせた（産ませた）こともある。一方、堕胎罪での取り締まりが厳しい時代で、流産した人がいると、担当の医師と産婆が警察に呼び出され事情を聴かれる時代でもあった。根白石でも流産した人がいて、警察に呼ばれたことがある。

堕胎には、アクミズ（灰水）を飲むといいとか、鱈を食べると堕せる、ほおずきの根を使うなどと伝わっていた。「おなごばりなす（女の子ばかり産む）」からと、馬車の上から飛び降りて堕そうとする人などもいた。

死産　障害を持った赤ん坊が生れた場合には、すぐに布切れで包んで置いておく。産婦には「死産だった」と伝える。

中絶　昭和二十三年（一九四八）の優生保護法施行以降、昭和二十八～三十二年（一九五三～一九五七）頃までは、中絶する人が数多くいた。中絶が身体に良くないこと、計画的な出産を薦めるなど、助産婦や保健婦が指導した。

受胎調節指導　戦争直後、国の方針が「少なく産んで丈夫に育てる」という方向に変わり、栄養指導や受胎調節指導も行うようになった。

昭和二十八年（一九五三）には、東北大学医学部産婦人科で受胎調節実地指導員(2)の講習を受けて資格をとった。講習会では、実際のモデルを使いペッサリーの挿入などの実技指導も行われた。荻野式避妊法や避妊具の使用法などの指導をした。

貧困家庭や子どもの数の多い家には直接訪問したが、受胎調節ということに全く理解を示さない家もあり、迷惑がられたり怒鳴られたりすることもあった。

指導が始まった頃、受胎調節の指導は、女の人にだけ行われたが、全く効果が上がらなかった。それは、お婿さんなら別だが、嫁は夫に従わなければ追い出される時代だった。そのため、夫たちを集めて指導を行うと大変効果があった。夜間に訪問して指導することもあった。

避妊具のコンドームは原則一人一つの無料配布であったが、北仙台の宮黒保管所から避妊具、避妊薬などをどんどん貰ってきて、二種類ずつ配ったりもした。また、東京の家族計画協会(3)から無料配布が行われるようにもなった。それらを配布し、家庭での避妊具の置き場所や後始末に至るまで細かく指導した。個人指導や各家庭への訪問指導も行った。また、依頼されるとそれらを購入してあげることもあった。

避妊の知識がない時代には、一年間に二人の子どもを産んできょうだいが同学年になったり、年子も多かったので、そのようなことは負担になると教えた。また、農繁期にお産がかからないようにという指導もした。このような指導の効果は高く、それまでは五、六人だった子ども数も二、三人になるというように目に見えるほど減って行った。

（1） 産婆試験は各県単位で実施され、学説と実地に分かれて実施された。まず学説試験に合格後、実地試験（実際の分娩介助または、模型による出産介助の試験）を受験し合格した者が資格を取得できた。学説、実地の受験地は自由に選択でき、取得した資格は全国で通用した。
（2） 一九五二年（昭和二七）、厚生省から各都道府県に対し「受胎調節普及要領」が出され、受胎調節の指導者の育成が行われた。
（3） 日本の家族計画協会は、一九五五年（昭和三〇）、日本で開催された第五回国際家族計画会議に伴い設立された。アメリカの指導方針を参考に受胎調節の啓蒙活動を行った。

事例C　一九一七年山形県楯岡村生まれ、S・Iさん（一九九七年～二〇一四年聞き取り調査）

尋常小学校卒業後宮城県鹿島台村に移住[1]、小学校高等科を卒業した昭和七年（一九三二）、楯岡村の開業産婆のもとに奉公に出て、住み込みで家事手伝いをしながら産婆見習いを始めた。昭和九年（一九三四）四月に、山形県立病院済生館産婆養成所[2]に入学、産婆の専門的知識を学ぶ。養成所時代は、午前中は産婆のもとで修業し午後に養成所で学んだ。一年後の昭和一〇年（一九三五）三月には養成所を卒業、同年五月に山形県産婆試験に合格し、実地見習い生として出産介助を経験した後実地の資格を習得した。昭和十五年（一九四〇）四月に鹿島台村に戻り産婆を開業した。産婆開業当時の昭和一〇年代は、まだトリアゲババ・コナサセババなどと呼ばれる無資格のサンバたちによる介助もみられた[3]。

昭和十六年（一九四一）、鹿島台村産業組合（現ＪＡ）が設立し、国民健康保険部の保健婦として採用された。昭和二十二年（一九四七）四月には保健婦として再就職したが、翌年三月には保健婦を退職し助産婦専業となった。

昭和四十二年（一九六七）を最後に出産介助の仕事はなくなったが、それまでに取り上げた赤ん坊は三、〇〇二人に及んだ。

堕胎　昭和二十年前後だが、子堕し専門の産婆が回って歩き依頼があると堕胎をしていた。また、アクミズ（灰を水に溶いて上澄み）を飲むと堕胎ができるとされ、戦前のことだが、アクミズを飲んで死んだ妊婦がいた。

死産　生まれた子どもの身体に明らかな障害があると「死産にした」、産婦には「死産だった」と伝えるが、旦那さんには、必ず障害があったことを伝えたり見せたりする。戦中は、堕胎ではないかと疑われたこともあったが、障害があったと伝えると罪に問われることはなかった。

人工妊娠中絶　昭和二十三年（一九四八）には優生保護法が制定され、人工妊娠中絶が認可されたことで、全国的に中絶手術を行う人びとが多くなったが、鹿島台村でも中絶件数が増加した。S・Iさんも中絶の相談に来る人に対して手術の出来る病院を紹介した。助産婦・保健婦として、子どもを少なく産むことが、豊かな生活を実現することであると信じて疑わなかった。当時の中絶は高価で分娩費用と変わらなかったので、現金収入のない農家にとって容易に出せる金額ではなかったため、産みたくなくても産まざるを得ない状況もみられた。病院で中絶できない人が、S・Iさんに堕胎を依頼する事もあったが、助産婦ができるはずもなく病院を紹介することしかできなかった。一時期勤めていた国民健康保険病院でも中絶手術が多く、手術料を月賦で払うこともできた。S・Iさんはその集金に歩いたこともあった。

受胎調節実地指導　昭和二十七年（一九五二）以降は、受胎調節実地指導員として昼夜を問わず避妊指導に奔走した。スライドでの指導、ペッサリー挿入法、コンドームやゼリーの斡旋などを行う他、婦人会、若妻会などの協力を得て地区毎あるいは個別訪問をして避妊指導に当たったが、「サンバさん、この前まで（戦時中は）産め、産めと言っていたのに、何で今は産むなというのか」と不信感をもたれる事もあった。S・Iさん自身も国の方針が全く違ってしまったことに気持ちの整理がつかなかったが、「お国の言うことは間違いがない」と信じて役割を果たした。

中絶児の慰霊―水子地蔵尊建立との関わり―　中絶が盛んに行なわれた時期、S・Iさんは地元の寺院の住職から中絶児のための供養をしたいので協力して欲しいという依頼を受けた。その頃のS・Iさんは、供養の必要を感じることはなく、日々の生活で精一杯でもあった。その後も折に触れて住職の依頼があったが、それに応えることもなかった。しかし、昭和五十年代半ばになって、ふと過去を振り返る気持ちの余裕ができ、中絶の相談に来る人に手術する病院を紹介したことが「(堕胎や間引きにも関わっていた)かつてのコナサセババと同じ事をしていたのだ」と感じるようになった。

そのため、住職の提案に賛同し、檀家や地域の人々と共に、昭和五十五年(一九八〇)に水子地蔵尊建立のための発起会を賛同者たちで立ち上げ、趣意書を作成し地域の人びとの寄付を募る活動を始めた。その結果、昭和五十六年(一九八一)に、地元の寺院に水子地蔵尊を建立し水子地蔵開眼供養及び第一回水子地蔵尊供養祭が開催された。

腹帯　妊娠五カ月には腹帯を締めたが、鹿島台地域では半反のものを使った。家によっては妊娠五カ月前になると、姑あるいは実家の母が小牛田山神社(現宮城県遠田郡美里町)に晒を持参して参拝し安産を祈願した。腹帯をするようになると入浴中でも外さずにきつく締めたままにしたり、腹帯の代わりに紐を結んだりした。これは、子どもがお腹の中で大きく育つと難産になると考えたためだった。

胞衣　胎盤は赤ん坊の体の一部であると言った。埋めた胎盤が犬や猫に掘り返されるとその子が死ぬといい、厳重に紙に包んで自家の墓石の下、墓がない場合には夫方の墓石の下を掘って丁寧に埋めるものだった。

産着　赤ん坊の着物は、生まれる前に準備すると「子ども(の身体が)弱くなる」と生まれた後に用意した。生まれてすぐには着せるものがないため、産婆は自分の腰巻に赤ん坊を包んだ。このため産婆は腰巻が沢山必要で、介助のお礼に腰巻を貰うことも多かった。

お七夜　自宅分娩時代の鹿島台地域では、産婆は産後七日間は母子の世話をするために通い、最終日の出生後七日目のシチヤブルマイ（七夜振舞い）には、お膳で産婆をもてなし産料が支払われた。生後七日目のお祝いはどんな家でも必ず行い、その日は、産婆が母子から手を離す日でもあった。お七夜には、産婆や親戚のほか世話になった人びとが招待されご祝儀が催された。産料は現金の代わりに下駄、腰巻を謝礼とする場合も多く、そこに必ずお赤飯が添えられた。昭和十年代は、まだトリアゲババ・コナサセババなどと呼ばれる無資格のサンバたちによる介助もみられ、産婆に規定の介助料を現金で支払うという感覚自体がなかった。終戦直後まで、分娩料は五円、その後は一〇円と一応の規定はあったが、終戦直後は、皆が貧しく分娩料をまともに支払うことができない人びとが多かった。

ある家では、赤飯と川で釣ってきた尾頭付きのナマズ、ドジョウのお吸い（吸い物）、白菜のおひたしというささやかなお膳が用意された。産料の用意があるはずもなくあえて請求もしなかった。

（1）鹿島台町史編さん委員会　一九九四『鹿島台町史』八一一—八二四頁。明治四二年（一九〇九）、品井沼干拓のため山形県長瀞村からの集団移住以降年々増加、昭和一一年をピークに二八八戸が移住したが、その大多数は山形県からの移住だった。

（2）山形県済生館産婆養成所は明治一三年に開設、詳細は、高橋みや子　二〇〇一「山形県における近代産婆制度成立過程に関する研究—明治三二年までの産婆規則類の制定を中心に」『日本医史学雑誌』四七—四　六九七—七五五頁。

（3）明治七年（一八七四）の医制公布に伴う産婆の免許制度制定に始まる。トリアゲババたちのうち審査の上免許を授与された者は「旧産婆」と呼ばれ、医学教育を受け免状を持つ産婆を「新産婆」として区別した。以後、トリアゲババ、旧産婆、新産婆たちが出産介助を担った。明治三十二年には産婆規則が制定、国家試験による産婆資格を認定、産婆名簿登録により産婆営業が可能となった。制度の確立に伴い産婆の職務が規定されたが、実態は昭和期に至るまで資格のないトリアゲババによる出産介助もおこなわれていた。

事例D　一九一三年福島県梁川町生まれ、K・Mさん（一九九八年聞き取り調査）

昭和三年（一九二八）四月、仙台市の私立愛生園産婆学校に入学した。その年の一〇月の産婆試験の学説・実地両方の受験を希望し、試験までの六カ月間で学説を勉強、実地についても一年間の経験をしたとみなして受験し合格した。(1)昭和三年（一九二八）に木町通で開業していた産婆を師匠として弟子入りし三年間修業した。昭和七年（一九三二）、二〇歳で開業届を出して一人で仕事ができるようになったため、師匠の跡を継いだ。

昭和四十年（一九六五）から昭和六十（一九八五）の間に、お産は病院で行うものとなり、昭和四十年を境として助産所へのお産依頼が途絶えてしまった。

平成十年（一九九八）現在、また助産婦によるお産が見直されており依頼が増え、自宅でのお産介助に出かけている。これまでに六六〇〇人の赤ん坊を取り上げた。

受胎調節指導　終戦後は引き揚げ者が多く出産も増加した。昭和二十六年（一九五一）頃から受胎調節実地指導がはじまり、県庁から話が来て保健所で一週間程、人体、婦人科、生理、妊娠のメカニズムなどの講義、実際の患者でペッサリーの挿入法の指導を受けた。(2)

ペッサリーは、サイズを測る必要があるため、希望者には日にちを予約して保健所に来てもらい、内診してから挿入法などの指導をした。保健所では、指導の当番を決めて助産婦がそれに当たった。

当時は、戦前の「産めよ、殖やせよ」の感覚が続いていて、妊娠を避けるなどということを考えもしない人がほとんどだった。また、産児制限、産児調節、受胎調節と中絶が同じことだと理解している人が多く、お腹の中の胎児を出すことだと誤解している人が多かった。それで掻爬とは違うのだということ、掻爬の予防つまり子どもが出来てから中絶するのでなく妊娠の予防であるということから教えた。

しかし、実際には中絶すればそれで良いとする人が多く、そういう人たちには掻爬するとお腹の中に傷がつき身体に良くないということを教えた。中絶したために子宮内膜炎になる人も実際多かった。

また、当時は年子も多く、そのような家には、保健所から訪ねて行って避妊指導をした。毎年続けて妊娠し六人が年子という母親もいた。立て続けの妊娠で衰弱しきっているが、自分ではどうすることもできないという状態だった。避妊の話をしても、ぼんやりしていて理解していない様子で迷惑そうだったが、必ず使いなさいと言ってコンドームを置いてきた。そのようにしても全く理解を示さなかったが、一年間毎週通った。始めは「うるさい」というような顔をされたが、だんだんに分かってくれるようになり、三カ月過ぎる位からはだんだん明るい顔になって来た。通い続けた一年間は妊娠しなかったことで、すっかり健康そうな顔になって来た。

昭和三十一年（一九五六）、当時の仙台市助産婦会の地区部長に、仙台市衛生局から「受胎調節特別普及事業を行うにあたり、貴会員のうち適任者を推薦して頂き、地区ごとに特別実地指導員を配置したいので宜しく」という内容の依頼状が届いたため、三〇名の助産婦を推薦した。この後、一年間は、人を集めて指導する集団での受胎調節指導が行われた。昭和三十二年（一九五七）からは、個人指導、巡回指導（保健所からの低所得者名簿により訪問）が始まり、一週間に一度保健所に状況報告を行った。巡回指導は、保健婦と助産婦が個別に多子家庭を訪問して、受胎調節指導を行う制度で、各自一〇人程を受け持って個人指導を行った。昭和四十年（一九六五）から昭和五十年（一九七五）くらいまで一生懸命に指導した。

夜間に訪問し、旦那さんと話をすることもあった。奥さんを長生きさせるには、コンドームを使って避妊してもらわないと困るということを説明する。男の人は、きちんと説明すると分かってくれた。一方、集団指導では、妊娠を避けるということについて、教える方も教わる方も本当に真剣だった。聞いていて分からないことがあると、何でも質問してもらうようにと常に伝えた。コンドームの使用法や後始末の仕方まできめ細かく説明し、旦那さんたちに話して使ってもらうように説得するよう伝えた。

K・Mさんは、居住地周辺の指導をしたが、集会所を会場として昼夜を問わず集まってもらって受胎調節や家族計画の話をした。家族計画については昭和三十五年（一九六〇）くらいから行われたと記憶している。昭和三十五年（一九六〇）頃からは、コンドームの無料配布も行われ、カルテを作って誰に幾つ配布したかを記録し保健所に提出した。保健所からはスライドを借りて見せることもあった。このような指導の効果は、一年の間に目に見えて出て来た。

昭和四十年（一九六五）頃から六十五歳になるまでは、新生児訪問指導員をしたが、その中で、基礎体温を付けて排卵日を知ることなどの受胎調節の指導もした。

（1）明治期の産婆規則公布に伴い産婆試験規則が制定された。産婆試験は筆記試験の学説に合格後、実地試験が行われ、実際の分娩介助あるいは模型を使用した分娩介助を行う実地試験が行われた。分娩介助では平産と異常産の両方を介助した。学説と実地の両方に合格すると産婆資格が与えられた。試験は各県ごとに行われ、どの県でもそれぞれが受験でき、試験合格後は、産婆資格は全国で通用した。県により試験の実施日が異なっていたため、受験生の多くは、出身県や隣県の試験を二県ほど受けたという。この例は、実地を経験したとみなして受験し合格後、産婆に弟子入りして実地を経験している。

（2）受胎調節実地指導は、全国的には昭和二十七年（一九五二）以降実施されたが、宮城県では、昭和二十六年（一九五一）から開始された。

事例E　一九一八年宮城県生まれ、M・Nさん（一九九八年聞き取り調査）

昭和十九年（一九四四）一〇月二五日に宮城県塩釜市で産婆を開業した。

昭和二十年（一九四五）八月頃から出産が多くなった。一日に四人の赤ん坊が生まれたことや、一日で八人の赤ん坊の沐浴に行かなければならないなど、大変忙しくて夜寝る時もモンペをはいたまま、帯も解かないで寝た時期もあった。

各県で産婆資格を認定していたが、戦後は、厚生省の管轄となり「助産婦」となった。助産婦として国家登録をするためには、東北大医学部での講習を受けて単位を取らなければならなかった。しかし、地域の産婆がみな講習を受けに行くと出産があった時に困ると言うことで、代表者が受講して地域の産婆たちに伝達講習で伝える形を取った。

堕胎から中絶へ　望まない妊娠をした人に、産婆さんの手で堕して欲しいと言われたこともあるが、堕胎罪があった時代なので、堕すことが罪になるのだということを言って聞かせたことがある。

ホオズキの根を叩いて先を箒のようにして子宮に入れて子どもを堕すということを聞いたことがある。根から出る汁が堕すのには効果があるということだったが、うまく行く人と効果がない人とがいるようだった。また、堕そうとしてトラックの荷台などの高い所から飛び降りて流産させせようとしたという例もあった。いずれにしても、そのような無理をすると、子宮内損傷を起こし婦人病の原因になる。

当時は、口の悪い姑も多く「家の嫁はなんにもできないが、子どもボロボロ産む事だけはできる」などと言ったものである。

戦後は、ベビーブームとなったが、それに対してGHQを中心に日本政府が将来の人口問題を考えて、産児制限を薦めるようになった。昭和二十三年（一九四八）に優生保護法ができると、中絶がものすごく多くなった。子どもは三人以上いらないと言って八回も中絶手術を受けた人、子堕し（中絶）に行って手術が失敗し、死んで帰って来たなどということもあった。

中絶は子どもを殺すことだという認識は、女の人たちにも薄く、まして旦那さん達は、子を堕して帰って来ると「もうカラッパラ（空腹）だからなんでもない」などと言って、普段通りの生活をさせていた。

しかし、なかには中絶した子と同じ年頃の子をみると、罪の意識に苛まれ神経衰弱になった人もいた。

「流産三月」と言い、流産すると妊娠しやすくなり三カ月経つともう妊娠三カ月になるという例え通り、中絶後は妊娠しやすいものだった。そのため、一人で何度も中絶を繰り返すことになった。

当時は、子どもの命を考えたり、命を断つと言う意味を考えず、家の経済を考えて中絶を選ぶことがほとんどだった。そのような状況を目の当たりにして、思い余って「中絶は子どもを殺すことなんだよ」「人殺しと同じで、そんなことをするといつか自分に帰って来るものだよ」などと言ったこともある。言ってはいけない言葉だと思っていても言わずにいられない程、中絶が多い現実があった。

一方、中絶するための費用がない人たちは、毎年、毎年、出産を繰り返し、上の子がハイハイしないうちに次の子が生まれると言う状況で、そのようなお母さんの顔色は、青を通り越して黄色くなり、疲れ切った状態だった。毎日の労働と子育てで、どうしようもない状態だった。そのような家に行くと、年子が七人も八人も出て来て、「こんにちは」などと挨拶するのを見ると、本当にかわいいと思ったし、頭をなでてやると「なでてもらった」などと喜んでいる様子はとてもかわいかったのだが。

中絶があまりに多くなり、中絶手術の事故も多いというので、政府は人口制限と母体保護を目的に、受胎調節指導を行う方針を取った。昭和二十七年（一九五二）に、助産婦は、二～三週間の講習を受けて「受胎調節実地指導員」の資格を取った。

初めの頃は、任意に相談を受けて個人的に受胎調節指導をしていたが、それは生活困窮者などへの指導が主だった。しかし、訪問してもなかなか受け入れてもらえずに苦労した。「うちは子どもが何人いてもいいんだ」とか「人権侵害だ」などと怒鳴られた事もあった。

塩釜保健所管内には、当時六十人程の助産婦がいた。彼女たちは、使命感に燃え奉仕の精神で各戸を訪問して受胎調節指導を行った。助産婦たちが集まると「助産婦の役目は子どもを産ませることだろうか、それとも子どもを産ませないようにすることなんだろうか」と話し合ったものだった。私自身もそのことを常に自問自答した時期があったが、それが国の方針なんだからと自分自身を納得させた。日常のお産の扱いに加えて、受胎調節指導も行い本当に忙しい時期だった。

指導には、個人、集団、職場で行うものがあった。個人の相談は、助産婦の所に相談しに来る人に指導したり、助産婦が家に行って指導するものだった。訪問しての指導は、どんな話でもできるようにと、夜に子どもたちが寝静まってから夫婦に対して行った。はじめは、避妊に対して疑いを持ったり、助産婦への信頼感がなかったりで、何回尋ねてもだめなこともあった。けれど、実際に辛い思いをしているのは、女の人たちだったので、奥さんの大変さを理解してやっている事だと分かってもらえるとうまく行った。特に、避妊をするためには旦那さんたちの協力が必要だったので、理解を得るために苦労した。茶菓子を買って持って行ったり、何度も通って心を許してもらえるようにしたりと大変な思いをした。

集団での指導は、始めは十二人単位で講習会を開いたが、これはアメリカ的な指導だと思う。このような集団では、皆に連帯感が生まれ、「子どもはもうたくさんだ」と思っていても口に出して言うことも出来ず、また、夫に逆らうこともできない奥さんたちにとっては、疑問や自分の経験を話し易いようだった。「夫にほっぺたをひっぱたかれるより子どもを産む事のほうが痛みが大きい」「子を堕したけれど罪の意識で夜も眠れない」などという経験談を話してくれる人も出て来て、助産婦としては助かった。

避妊には、男の人たちの協力や理解が必要なので、地区ごとに指導もした。区長さんや町内会長さんを訪ねて講習会を夜に開いてもらった。夫婦単位で出席してもらうと、非常に効果も上がった。夏に大きな座敷の有る家を会場にしたが、多いと七、八〇人集まった。婦人会活動の一つとして講習会を開くこともあったが、これは女の人たちだけなので思ったほど効果的ではなかった。職場で従業員を対象に行ったのは、国鉄、日通、逓信局、デパートなどだった。

このような講習会には、家族計画協会から配布されたスライドを使った。命の芽生えから分娩までのもので、排卵期や避妊のことなどの説明も含んでいるものだった。講習では、コンドームの無料配布も行った。コンドームは保健所から支給され、配布する際には印鑑を押してもらった。ペッサリーやゼリーもあったが、八割は手軽なためコンドームだった。オカモト製のものが大半だった。コンドームの扱い方、処理の仕方など細かく教えた。コンドームを洗って何度も使いたいなどと言う人もいるなど指導は大変だった。市からの無料配布だけでなく、普及用というものが安価だったのでまとめて購入し、希望者に譲った。ペッサリーは、助産所に来てもらいサイズを測り、使い方を十分に指導してから使ってもらうようにした。ペッサリーの寿命は、一年以上だったが有料で二、三千円と高額だった。このような器具を使った避妊法の他に、体外射精での避妊も薦めた。

昭和三十年代後半から五十年代半ばまでは、新婚を対象に受胎調節指導が行われた。また、思春期相談員の制度も出来たので、昭和六十二年（一九八七）に二週間の講習を受けて指導員の資格を取った。

昭和四十年代には、自費でプロジェクターを購入し、スクリーン代わりの白い敷布を持って指導に歩いた。これは、昭和五十年代半ばまで行った。これら産児制限を指導する際には、「自分の子どもが大きくなり結婚した時にも教えられるようにしっかり覚えてください」と言って指導した。

夫婦で相談して家の状況に合わせて行うようにということ、産後一年間は子宮が回復しないので妊娠はその後にするようにと言うことを話した。このような指導で、女の人たちからは「助かる」という言葉が聞かれ、女性にとって望まない妊娠がどんなに精神的負担になっていたかが思われた。また、夫の理解が無い奥さんには、ペッサリーを無料であげたこともあった。その時は、とても感謝されて大きなカボチャをお礼に持て来てくれた。子沢山で生活も大変な家だったので、どんなに嬉しかったのかと思った。

自分の身体の状態をよく知って、受胎調節をするようにというきめ細かな指導も個人を対象として行った。妊娠、出産、受胎調節指導を通して、長期間にわたる付き合いになるのでさまざまな個人的相談にものった。閉経後に、これで妊娠の心配がなくなったと、喜んで報告に来る人などもいた。

事例F　一九二三年宮城県南郷町生まれ、T・Eさん（一九九九年聞き取り調査）

十六歳で、東北大学医学部付属大学病院の見習い看護婦となった。十八歳の時、「やまと産婆看護婦会」に入学、そこに籍をおきながら「五十嵐看護婦学校」の夜間に一年間通い試験を受けて看護婦資格を取得した。翌年、仙南看護婦産婆学校で一年間学び、宮城県の試験を受験して産婆と保健婦の資格を取得した。

南郷町に帰り、国保組合の第一号の保健婦として二年間働き、昭和二十一年（一九四六）に、嫁ぎ先の涌谷村で産婆を開業した。当時は、産婆資格を持たないトリアゲのオバンツァンだけだったので、開業するとすぐに介助を依頼された。当時、周辺地域三カ村に合わせて十人程の資格を持った産婆がいたため、最も遠い山間地域を担当した。遠方だったため、産後は三日間通うのが精一杯だった。平成十年（一九九八）以降、お産は扱っていない。

受胎調節指導　昭和二十七年（一九五二）から受胎調節実地指導が始まった。昭和二十、二十一年に復員兵が結婚し子どもの出生が増加した。子どもが増えると日本が人口爆発するとのことで始まったのだった。

指導には、受胎調節実地指導員の資格を取った。指導に行くと「今までと逆のこと教えて歩くのか」などと言われた。生活保護世帯、ボーダーライン層にコンドームを無料配布した。この時に配布された証明に印をもらった。当時は食糧難の時代で、特に貧しい人たちは口にするものが必要だった。それでコンドームを売って米を買うという状況だった。「誰それさんからナンボで譲られた」などという話を聞いたものだった。米や金があってコンドームが必要な人と米や金がなくてそれを売りたい人がいたので、お互いのためになっていたともいえる。

指導は、依頼されると昼夜を問わずにどこへでも行った。保健婦と助産婦がそれぞれ班を作り、担当を決めて各部落を廻った。勉強会は、男女交えて行ったが、その時は夜にすることが多かった。

コンドームの使用法、始末の仕方まで教えた。若い保健婦は経験がないので、答えられないことも多く、そのような保健婦たちへの指導もした。

荻野式、ペッサリー、少し遅れてゼリー、サンプン錠が出た。荻野式は、月経周期を二十八日として計算するので、二十六日から三十日の人ならば正確に計算できるが、それ以外の人や月経不順の人は出来ない。

避妊ということは知っていたが、どうしたらいいか分からない人がほとんどだった。女は絶対服従で、「出て行け」の言葉でそのまま出される時代で、夫には逆らえなかった。女は努めなければならないという時代で、夫に求められれば服従し、（子どもがお腹に）入ったら産まなければならない。産後は、二十一日経つと通常の生活に戻り労働しなければならず、女にとっては労働と出産、子育てが非常に負担になっていた。

南郷町では、昭和二十七年（一九五二）当時から、ある助産婦が「愛育会」を作り、コンドームを箱に入れて必要な人がお金を入れて購入し、会員間を廻すという仕組みにしていた。生み盛りの人ばかりでなく、四十歳すぎの人たちが入会して率先して買っていたという。絶え間ないお産は、女性の体が痛むし、子どもを育てるのも大変だったからである。

生活で一番難しいのは受胎調節だと教えられた。根気よく夫婦で努力しなければならないからで、そのような受胎調節の指導は、年配の助産婦だからできるのだと思う。

腹帯　妊娠五カ月の戌の日から、妊婦の八割はハラオビ（腹帯）をしていた。ハラオビを締めるにあたって、姑や嫁の実家の母がハラオビを持参して小牛田山の神（宮城県遠田郡美里町）に行き拝んでもらい身につけた。「ハラオビをぎっちり巻いていながら腹の中の赤ん坊が大きくなった」などと、姑たちが言っていたのを聞くことがあったが、当時、ハラオビはきつく巻いてお腹の子が大きくならないようにするものだった。ハラオビの効用は、子どもを大きくするとか小さくするということではないのだが、風呂に入る時もハラオビを外さずに、風呂上りに新しい物と取り換えるものだった。産婆の立場として、ハラオビの効果は保温と保護だと伝え、入浴時はとるように指導したが、嫁たちは姑の言う通り着けたまま入浴していた。

胞衣　ゴザン（胞衣）は袋か藁苞に入れて、自分の家の墓石の下を掘って埋めた。埋め方が悪いと犬や猫に食われたり、引きずられたりすると「赤ん坊が死ぬ」といった。ゴザンは身体の一部なので、死んだ時にお墓に行くのだからということで墓に埋めると言う。自分の墓がない時は、夫の実家の墓に了解を得た上で埋めた。

産着　産着は、「子ども弱くなる」と言って、生れる前には準備しない。そのため、産婆は生れた赤ん坊を自分の腰巻でくるんで産着の代わりにした。腰巻でくるんだ赤ん坊を母親のふところにつっこんで帰って来た。そのために、産婆は腰巻がずいぶんいるものだった（必要だった）。

お七夜　生れて七日目の七夜、または二十一日目は、産婆が手を離す時である。その時には、親戚や世話になったた人たちを招待してご祝儀をした。産婆は、産後七日目にお礼として腰巻や下駄を貰った。

異常産　昭和二十六年（一九五一）に、妊娠十一カ月でお産した人がいた。介助を依頼されて行ってみると寝ている妊婦のお腹は、妊婦の目の高さまで大きくなっていた。そのため病院の医者を呼びに走らせたが、お産を扱ったことのない医者で来てくれなかった。促進剤を二、三回打つと児頭が出始めたので、妊婦の夫にお腹を押すのを手伝ってもらいようやく生まれたのだが、産婦が大出血を起こした。茶碗から水がボコッ、ボコッとあふれ出るような音を立てて出血する。夫に「ガガ助けるか、アカンボ助けるか」というと、「ガガ助けてくれろ」というので、赤ん坊は放っておいて、ガガサマに掛かりきりになった。頭を下げて腰を上げてどうにか出血を止めて助かった。止血剤三本くらい打つなど様々な手を尽くした。この間十分くらいだったが、子どもはその間に死んでしまった。子どもは一貫三百程の体重だった。

事例G　一九一九年仙台市生まれ、S・Oさん（一九九九年聞き取り調査）

小学校を卒業後、富山県の実科女学校に入学、卒業後、十八歳で東北大学医学部附属病院看護婦養成所の試験を受けて合格し入学した。学校卒業後は、武漢の兵站病院の従軍看護婦として中国大陸に渡り三年半勤務した。戦後、帰宅して、戦地での体験から、戦争で犠牲になるのは兵隊たちだけではなく、多くの婦女が被害にあい犠牲になっているのを見て、女性や子どもを助けて行くような仕事をしたいと思い、東北大学の産婆養成所に入学し資格を取った。

昭和二十四年（一九四九）四月に、ＧＨＱの指導により全国に保健所が設置されることになると、母子衛生係として、助産婦一人を置かなければならないことになった。そこで、保健所勤務をすることとなり、母子衛生の行政に関わるようになった。

中絶　昭和二十年代から三十年代にかけては、中絶が非常に多く行われたが、中絶が人の命を奪うことであるとの意識が薄かった。生まれないように努力しなければいけないと教えても、面倒くさいとかやりたくないなどの理由で実行しないことも多く、「中絶して自分の子どもを殺して医者を儲けさせていいのか」などと言ったこともある。

当時は、出生が望まれない子どもも多く、認知の問題や中絶の問題など世の中の裏側を見なければならないことも多かった。中絶すると妊娠四カ月以上は埋葬しなければならないため遺胎を本人に返すが、そのような遺胎は埋葬されるはずもなく、市内のゴミ箱など人目につく場所にも捨てられていることもあった。

その頃は、妊娠することに無頓着で、出産経験者であっても妊娠の自覚のないままに突然赤ん坊が産まれたと言って、保健所に駆け込んで来る例などもあった。妊娠しても出産するまで夫婦共に全く気付かずにいるという例は多く、お腹が出てきたのを太ったと思っていたり、胎動を腸が動いていると勘違いしたりで、子どもが生れて驚くということがあった。今では信じられない事なのだが、本当にそういうことがあった。

また、いらない子どもを産んでしまい、「密かにどこかの実子として欲しい」という依頼もあった。高校生くらいで出産するという例も多かった。そのくらいの年齢の出産は楽に生まれるようで、一人で産んでしまうことが多い。食あたりの為の腹痛と判断して、浣腸をかけたら陣痛が激しくなり出産したということもあった。赤ん坊を立会人もなく産んで、出産した証明を得るために保健所に来ることもあり、そのような時は、医師や助産婦が診察してお産直後の身体であることを証明した。

受胎調節実地指導　受胎調節実地指導が開始されると、地域の助産婦を受胎調節実施指導員として認定し、認定証としてナンバーのついた金属製のプレートを配布した。

避妊器具として、コンドーム、ペッサリーを無料配布した。無料配布は数の基準が決まっていたが、制限なしに渡すことも多かった。助産婦たちには、交通費と低所得者層一戸につきいくらという料金を支払った。保健所は、厚生省と直結しており行政的な情報などが直接入って来たので、地域の助産婦たちと月一回連絡会を持って、状況報告、新情報による指導などを行った。行政上、保健所は地域の助産婦の上に位置する立場だった。助産婦会は、年に四、五回の研修会があってそこでも勉強していた。

地域の助産婦たちは、各々が独立した存在で地域住民と一対一で熱心に指導していたので、さまざまな苦労も多かったと思う。自身も、地域を訪問して集団指導したり、個人指導の希望者の相談にものったりしていた。

受胎調節の話で大切なことは、自信を持ってそのものずばりを話すことであり、遠回しに話しても納得してくれない。参加者の経験談を語ってもらいながら、コンドームやペッサリーの長所や欠点を説明し、場合に応じて、あるいは夫婦の人間関係などにより、どのような避妊法が良いかを具体的に話した。当初、指導は女性に対してのみ行ったが、夫も関わることなので、男性がその気があるかどうかが問題だった。基本的には、女性が自身を守るべきものとして、自身はペッサリーの使用が理想と考えていた。また、基礎体温や荻野式の避妊法も指導した。

指導する場合には、女性の性器の立体模型、平面模型、掛図、自身で作ったポスター、腰巻のフランネルの布に画用紙で作った子宮、卵巣、膣などを張り付けられるようにした教材などを用意した。これらは、中央の講習会で教わり作製した。

保健婦とタイアップして、個人の住宅を会場として集団指導をする場合もあった。これは週一回のペースで各地区を巡った。参加者があまりに多くて、会場となった家の床が突然落ちてしまったこともあった。また、キャバレーの経営者に頼まれてペッサリーの指導をしたこともあるが、それは働いている女性に中絶が多かったためだった。

家族計画の考え方が入ってくると、望まれる子どもを産もう、産みたい時に産めるように、四歳以上離れると一人っ子と同じなので二、三歳おきに産んできょうだいの中で育てよう、ということが目標となった。反対に、不妊相談を受けたこともある。排卵日を自分で知ることで妊娠する時期を知り妊娠できた例もあった。

夫が非協力的な場合はペッサリー、協力的な場合はコンドームだったが、ペッサリーを使用する人は受胎調節に対して積極的な人でもあった。コンドームにしてもペッサリーにしても具体的な使い方を教えた。

受胎調節指導が行われるまでは、具体的な相談をする場所がなかったため、望まない妊娠をする人が多かったし、様々な相談ができる所もなかった。

事例H　一九二六年宮城県槻木町生まれ、T・Mさん（一九九九年聞き取り調査）

昭和十八年（一九四三）に石巻赤十字看護専門学院に入学、二年間の課程を経て看護婦の資格を取った。本来は三年間の課程であるが、戦争のために二年で取得できた。女学校を卒業していたので、甲種の看護婦資格を取得できた（小学校卒の場合は乙種だった）。昭和二十年（一九四五）二月から八月まで、日赤横須賀海軍の海軍病院勤務となり、宮城県内出身の傷病患者の治療に当たった。終戦を迎えた秋に普通の病院となり、産婦人科勤務となった。母親は開業産婆だったため、その地盤を継ぐために助産婦になることにし、昭和二十一年（一九四六）から昭和二十三年（一九四八）三月まで、東北大学助産婦学校に入学した。昭和二十三年（一九四八）には、産婆免許が厚生省の免許に書き換えとなり助産婦となった。学校卒業後、母と共に仕事を開始した。

産婆が担当する範囲は六キロメートル四方である。お産は夜中の一一時から三時位までが多かった。「お産というものは口あいてみねと、なしてみねとわかんねものだ（お産は始まってみないと何が起こるかわからない）」というが、「神様に祈るしかね、頼むしかね」というところがある。お産は、何もなくて当たり前というところがあるが、何かあると大変。開業した時は、お産を扱うことが何ともなかったが、だんだん慣れてくるとお産というものが「おっかねもんだ（怖いものだ）」と思うようになるものだった。妊婦が出産時にあくびが出たり、眠くなったりすると危険な状態だったし、弛緩状態になると出血が多く危険である。

昭和四十五年（一九七〇）頃から、病院でのお産が一般的になり助産婦をやめたが、三、〇〇〇人取り上げた。お産があると、例え身体の具合が悪くてもなぜか治るものだった。

中絶　一般に避妊の知識はなく、一部婦人雑誌などで知識を得ていた人もいるが、婦人雑誌を読む人たちは限られていた。妊娠すると仙台の産婦人科に行き中絶する人が多かった。そういう人たちは、出産時に子宮内膜が痛んでしまい出血が多かったり、胎盤剥離を起こしたりして胎盤が内膜にくっついてなかなか出ない場合があった。無理に出すと危険なので無理ができなかった。中絶は、一人で二、三回行う人も珍しくなかったし、経験者自体は非常に多かった。メンスが止まったというと妊娠三、四カ月で掻爬した。そのために、肝臓を悪くする人が多く、身体のだるさなど長期に渡って体調不良が続いた。他には、痛経剤を飲む、ホオズキの根っこを子宮に入れる、柿の木から飛び降りると堕胎に効果があると言われた。

受胎調節　昭和三十年（一九五五）から七十歳になるまで指導した。東北大学で、昭和三十六年（一九六一年）、受胎調節実地指導員の資格を取るため一〇日間の講義を東北大学で受けた。講義内容は、排卵のメカニズム、荻野式、基礎体温、スキンやペッサリーなど避妊具のことだった。また、ペッサリーの実地指導を受けた。終了後、県からの認定証を貰い、赤ちゃん検診と実地指導を同時に行った。これは昭和四十年度（一九六五年度）まで行った。

昭和三十三年（一九五八）頃には、ボーダーライン層で年子や子どもの多い家庭に対して、役場から無料でコンドームを配布した。同三十五年頃は、保健補助員をしていたので、家族計画協会からのコンドームを三カ月に一度、一戸に一ダースずつ置いてきた。

受胎調節に関しては、始めのうちは「嫁さんたちなさんなくなる（子どもを産めなくなる）」と言われるなど、正しい理解を得るのは大変だった。講習会は、各部落で夜間に男女を対象に行った。助産婦が指導し、荻野式の説明をした。精子は一週間生きているので気をつけるように伝えた。荻野式と基礎体温、スキンの併用が良いとも教えた。ペッサリーの装着は、助産婦が指導したが三回位で覚えた。リングは、婦人科に行って挿入してもらうのだが、炎症を起こしたり確実な避妊が出来なかったりした。

また、家族計画協会のダイヤル式の暦を使って指導したこともある。半年間、メンスの周期を記録してもらい受胎期を算出した。自分の月経周期を記録する用紙もありそれを配布したこともある。その後、ダイヤル式の暦からプラスチックック製の物差し状のものに変わったが、昭和四十年（一九六五）頃になると、『主婦と生活』などの雑誌でも、受胎期を知るための暦の記事が出るようになった。また、サンプーンと言う殺精子剤も家族計画協会から保健所が取り寄せて希望者に提供した。女性がする避妊法は、夫がコンドームを使いたくないという人が用いた。当初、これらの避妊用具は、薬局で売っていなかったので助産婦が取り寄せた。

東京の家族計画協会でも講習会があり、昭和四十年頃に行って受けたことがある。その講習には、全国から集まって来ていた。

死産　肛門の無い子が生まれたことがあり、そういうのは死産にした。昭和三十八年（一九六三）にロウシン（唇の中央が顎まで裂けている）子どもが生れたが、これは手術すれば治るので死産にはしない。

腹帯　長さ七尺五寸三分の白の晒（一反から二本とれる）に「祝」と書いて妊婦の実家の母親が持って来るので、塩釜神社や竹駒神社に持参して拝んでもらった。それを妊娠五カ月の戌の日に巻く。犬は安産だからとの事だが、ハラオビには保温と保護の目的がある。この日には、産婆や仲人などが招待されてご祝儀が行われた。福しい家（豊かな家）では、その他の女の人たちも招待して行われた。このようなご祝儀は、初産の場合にすることが多かった。この日、妊婦と産婆が向かい合って座り、産婆が妊婦に腹帯を締めてやる。腹帯を半分の幅に折り、輪を下にして指一本入るだけの余裕を持たせて腹の正面で上に折り返すようにして巻いてゆき、布の端を背中側にして安全ピンで止めた。

産湯　内診して生まれるまで一時間半くらいかと思う頃、お湯を沸かすように指示した。赤ん坊にお湯を使わせたり、ホウ酸で目や口を洗ったりするために使った。産湯は、赤ん坊を洗濯石鹸で洗ってやる。

産湯の捨場所は、草むらとか風呂の湯を捨てる所、溜め、庭などで、別に決まった場所や捨ててはいけない場所はなかった。しかし、捨てる時には「みっつおどりになせ」と言いながら、盥の底を三つはたく（たたく）と三年間子どもが生れないと言った。

産婆は、産後一週間、赤ん坊にお湯を使わせに行くが、冬は五、六軒廻ると身体が冷えてしまうため、予め一時間くらい腹炙りしてから出かけたものだった。

産着　生れた時に、産着の用意がない場合には産婆（助産婦）の腰巻で包んだ。昭和二十四年（一九四九）頃まではそのようなことがあったが、昭和三十年（一九五五）頃になると物資も豊かになり、麻の葉模様の産着なども見られるようになった。

胞衣　胞衣（胎盤）は、油紙の袋に入れて、ランバと呼ぶ昔の墓に埋めた。ランバは寺にお墓を作るようになる以前の墓で、自分の家の墓で自宅近くにあった。自身が出産した時も、母が「体の一部だから」「人に踏まれるとうまくいかない（運が良くならない）」と言った。また、胞衣に灰をまぶして火消し壺に入れ、墓に埋めることもあった。火消し甕は必需品でどこでも売っていたから使ったのだろう。

事例Ⅰ　一九二三年宮城県南郷町生まれ、A・Tさん（一九九九年〜聞き取り調査）

大正十二年（一九二三）宮城県南郷町に生まれた。幼い頃から産婆が好きで将来は産婆になりたいと思っていた。尋常高等小学校卒業と同時に、数え十四歳でパラオに渡り産婆修業を始めた。当時、パラオを始めとする南洋諸島は日本の統治下にあったため、パラオ諸島ペリリュウ島の南洋興発株式会社が経営する病院に産婆見習いとして入った。医者に連れられ出産の場に立ち合い、実地で妊娠や分娩の知識を学んだ。初めての出産に立ち会ったのは、妊娠中毒症による弛緩出血という難しいお産であった。その時は母子共に助かったが、お産の怖さを思い知らされた。

パラオの病院で一年八カ月見習いをした後、テニアン島南洋興発株式会社のテニアン病院に異動になった。テニアンで見習いを続けるうち、戦争が始まって南洋諸島が戦場になるとの情報が入った。産婆の勉強を続けたいなら今のうちに内地に帰った方が良いといわれ、昭和十六年（一九四一）一月に日本に帰って来た。

昭和十六年（一九四一）から一年間、東京都神田三崎町の東京助産女学校（佐久間産婆学校）の六二期生として入学し一年間学び翌三月に卒業し、昭和十七年（一九四二）から一年間東京看護婦学校で学び昭和十八年（一九四三）三月に卒業した。この間、東京都渋谷区代々木の産院に入り病院で見習いをしながら、午後は学校で妊婦・分娩・産褥など学科の授業を受けた。卒業後、昭和十七年（一九四四）に宮城県と茨城県の産婆試験に合格、宮城県の看護婦試験にも合格した。昭和二十年（一九四五）に宮城県に戻り、多賀城海軍工廠共済病院に勤務し、同年七月の仙台空襲の際にはケガ人の救護にもあたった。宮城県に戻ってから六カ月で終戦となり職員は解散となったので、南郷町の実家に帰り、昭和二十一年（一九四六）に、嫁ぎ先の鹿島台町で産婆を開業した[1]。

戦後は、開業助産婦としての仕事をしながら鹿島台町の国保病院の助産婦として委託され働いた。また、昭和二十七年（一九五二）には受胎調節実地指導員となり地域の受胎調節指導、家族計画指導に当たった。

一九七〇年前後になると自宅分娩が徐々に少なくなったため、昭和四十三年（一九六八）に勤務助産婦・看護婦として、平成十一年（一九九九）まで勤務している。

人工妊娠中絶　妊娠十六週以上については、一人の人間として扱うため、これ以降の妊娠週数で中絶した胎児には埋葬許可証が必要となる[2]。中絶後は医師が出した死産届けを役場に提出すると埋葬許可証が二通出る。それを寺に持って行き土葬あるいは火葬して埋葬するのが原則である。妊娠十六週以上の遺胎を病院側が始末するということはなく、遺胎は小さい箱に入れて中絶した本人に渡した。多くは無縁仏として専門の寺に持って行くと思う。しかし、都会の産婦人科病院の中には、たとえ妊娠四カ月以上であっても、それ未満として闇で処置していることもあると聞いた。また、妊娠十六週以上は死産（人工死産）になるため分娩費として三〇万円が町から支払われる。妊娠六カ月までは何らかの事情があれば中絶は可能であるが、現在は四カ月以上の中絶は少なく、家庭の事情による例が少数あるのみである。妊娠三カ月以内の中絶の場合には胎児は病院が「廃棄」する。いずれにしても現在の中絶は、婚姻外の妊娠によるものが多い。

難産――弛緩出血　テニアンで見習いを続けていたある日、お産が始まったとの知らせにより、医師に連れられて日本人の若夫婦の家に向かった。妊婦は、早産でしかも大変な難産であった。弛緩性出血による大出血で、腰から下はまさに血の海だった。妊婦は「目が見えません、目が見えません」と医師に訴え続けたが、助けられるような状況にはなく結局亡くなってしまった。生まれた赤ん坊は助かったものの、とても悲惨な結果であった。

お産といっても、全く心配のない安産と命を落とす程の難産の両極端の状況が起こり得るのが出産であることを実際に体験し、生涯忘れられない日となった。

腹帯　産婆見習い時代の東京では、腹帯には鯨尺(3)で七尺五寸三分の長さの白の晒布を用いた。妊娠五カ月の戌の日は、オビジメイワイと呼ばれ、出産祝いよりも盛大に祝った。一方、その頃の宮城県大崎地方では、「腹帯祝い」という程の盛大な祝い事はみられず、晒を買って来て腹帯として巻くだけのことが多かった。家によっては、実母や姑などが小牛田山神社に腹帯を持参して拝んでもらい、戌の日に妊婦が巻くという例もあった。

しかし、妊娠五カ月に腹帯を巻くという習慣は、ここ二年程前から薄れてきており、現在、勤めている病院に、定期検診に来る妊婦の中には腹帯をしない例が目立つようになってきた。腹帯をせずに検診に来ると、病院でしておくようにと注意されるため、検診時だけはしてくるようだが、日常的にはしない傾向がみられる。お産の後は、「子宮がどこに落ち着いて良いかわからないので腹帯はしておくものだ」と伝承されて来たが、近頃は産後も着けていない妊婦が目立つ。こういう状況なので、現在、病院では腹帯をするようにという指導をしている。

（1）　産婆の名称は昭和二十二年（一九四七）に助産婦と改称、翌二十三年（一九七八）に看護婦助産婦保健婦法が制定された。
（2）　ここでは、「妊娠十六週以上」と妊娠週数で表現しているが、墓埋法では、「四カ月以上」と記されている。
（3）　鯨尺の一尺は約三七・八八cmなので、長さ約二・八五mの晒布になる。腹帯を着ける習俗は、自宅分娩時代は広範囲にみられた習俗で、病院出産に移行後も変わることなく継承され続けた習俗の一つでもある。腹帯の効用については、腹部の保護と保温という意味で有効だが医学的な意味はなく妊娠そのものには影響がないとされる。腹帯に関して、近世にもその功罪について記されている。例えば、『女重宝記大成』（十七世紀末）・『とりあげ婆心得草』（十九世紀）では腹帯の功罪が記され、『子玄子産論』（十八世紀末）では害が説かれた。

事例Ｊ　一九一八年宮城県東松島市生まれ、Ｔ・Ｓさん（二〇〇一年聞き取り調査）

大正十一年（一九一八）、現在の東松島市に生れた。数え二十歳で結婚したが八カ月後に夫が召集され、昭和十六年（一九四一）に戦死した。そのため産婆になることを決意、東北帝国大学医学部附属病院産婆養成所の試験を受けて合格、昭和十七年（一九四二）に入学、昭和十九年（一九四四）に卒業した。当時、病院で実務を経験するお礼奉公の制度があり、給料も支払われたため同看護婦養成所二年に編入、昭和二十年（一九四五）に卒業した。同年、宮城県の産婆名簿に登録し東松島市で開業した。昭和二十七年（一九五二）に、助産婦免許が県免許から厚生省に変り厚生省の免許に変更となった。この時、何回かの講習を受けることを義務づけられ登録が可能となったのだが、講習を受けに行けなかった人たちは産婆を辞めることになった。昭和五十年（一九七五）以降、施設分娩に移行するようになり助産婦を辞めた。

難産　四十歳過ぎた妊婦の出産の時、出産後に弛緩出血をおこしカン（膿盆のことか）に八分目も出血した。医者を呼びたくとも近隣には医者もいなかった。そこで、胎盤を取り除き、出血した血と羊水を肛門から三〇〇～四〇〇ｃｃくらい（五〇〇～六〇〇ｃｃかもしれないとも）注入し、しばらく肛門を押さえていると、外陰部から一滴も出血しなくなった。体の水分を失うと状態が悪くなるため、とっさにそのようにした。弛緩性出血を起こした場合は、貧血を起こさないうちに処置することが大切だが、大学病院で徹底した教育を受けたことが緊急時に応用できた。

また、胎盤剥離の時には、赤ん坊の頭をつぶして内容物を出し胎盤をはがして下から出すこともあった(1)。

忘れられないお産の例がある。ある婦人が食中毒と思って医者に行くとお産であると告げられて産婆を迎えに来た。八カ月はじめの早産だった。赤ん坊は卵膜がかかったまま娩出し呼吸はしていなかった。しかし、心音は聞こえたので「盥さお湯汲んで、バケツに水汲んで」と指示し、人工呼吸をした。赤ん坊は湯のみに顔が入るくらいの小ささだった。盥の湯は四〇度くらいで熱くないように、バケツに水を八分目入れ、卵膜を破りお湯に入れて胸をマッサージし、体が温かくなった頃に今度は水にジャポンと瞬間的に入れる、再度湯に入れて胸をマッサージ。それを四、五回繰り返していたら、ハッと息らしいものをするようになり産声を上げた。この様子を隣家のジイチャンが見ていて、「今度の産婆さんは、死んだ子もお湯に入れるんだ」(2)と言って見ていたと後に聞いた。

この時の人工呼吸の方法は、床に氷嚢に湯を入れて敷いて赤ん坊を寝かせ、両側にも同様に三、四か所置いて周りを囲み、着物を掛けてガーゼを赤ん坊の口に当てて左手で頭を持ち上げて気道を確保しながら人工呼吸をした。そして、胸がふくらんだら胸を押すということを繰り返して二時間程たった時に顔色が良くなりメェーとひと泣きした。次の日に言ったらフギャフギャフギャと泣いていた。

異常児の出産　異常児の出産は二度経験した。その場合、異常児であることが分かってもヒダチ（回復）が悪くなるためサント（産婦）には教えない。

ムジロクと称する両足の小指に爪と骨がない異常の例があった。手術しなければならないが、臍帯結紮した時の絹糸で、小指をぎっちり結んでおいたところ三日目でひからびてポロッとおちた。このような処置は黙ってする。他は、肛門のない赤ん坊だった。シュウトには決して教えず、夫と嫁の実家の母にだけ教え保健所にすぐ連絡して、外科に連れて行き手術した。一週間で抜糸し十二日目に退院した(3)。

（1）『日本九峰修行日記』の難産の記述とも共通する対処である。病院出産以前には、難産の際に、胎児を出すためにはこのような処置がとられたことを示す。

（2）　死産の場合は「産湯に入れない」ことが常識であったことがわかる。産湯に入れることが生きて産まれた証であることを示す例といえる。

（3）　このように身体的障害があっても、治療できる場合には「死産」の対象とはならなかった。

事例K　一九二九年宮城県南郷町生まれ、T・Oさん（二〇〇二年聞き取り調査）

昭和四年（一九二九）に南郷町で生まれた。昭和十九年（一九四四）に南郷町立病院で見習看護助手として働き、昭和二十年（一九四五）に看護婦検定試験に合格した。二年後に病院を退職し仙台市の仙南助産婦看護婦学校に入学、翌年の助産婦試験に合格して助産婦名簿登録の後、南郷町立病院に復帰した。

昭和二十六年（一九五一）に助産所を開業した。昭和三十五年（一九六〇）には、役場の母子係に勤務、昭和三十九年に南郷町立母子センターが設立したことで、管理助産婦として勤務した。同センターは助産婦四名と嘱託医師を置いた。その後、昭和五十九年（一九八四）から南郷町立病院に勤務し、平成元年（一九八九）に退職した。定年後、地域の人々が出産のみならず悩みごとなどを気軽に相談できる場所として、「大崎ナーシング」を設立した（1）。

中絶　中絶が多かった時代、皆が精一杯の生活で妊娠した胎児の命を考えることなどなかった。年を取って、例えば自分や家族の誰かが弱いとか不幸が続くとかすると、中絶したからでないかと思うようになる。当時は、妊娠四カ月過ぎて中絶すると埋葬許可書が必要になったが、供養されることはなかった。

中絶して十五、六年後になって、罪の意識にさいなまれる人もいるが、全く平気な人もいる。どうも二通りのタイプがあるようだ。中絶が認可された頃は、子ども二人というのが理想とされていたので、三人目を堕す人が多かった。二年間に一〇回中絶した人もいたが、最後は子宮が痛んで子宮全摘になった例などもあった。一家の経済と絡む問題でもあり、子どもにどのような教育を受けさせてゆくかという学校教育の問題でもあった。

受胎調節指導　避妊に対する知識がなく、説明してもそれを理解してもらうまでが大変だった。

昭和三十二、三年だったが、避妊指導として荻野式を集団指導したことがある。荻野式は一年通して生理周期がきっちりしている人以外は当てはまらないため、当てはまるのは一〇〇人中一〇人いるかいないかである。しかし、それを都合の良いように理解して「花咲いたら（月経があったら）おわりだから安全」と理解して、集団で同時期に妊娠し農繁期に出産が重なったことがあった。荻野式で妊娠したと聞いて、当時の病院の産婦人科の女医さんに呼ばれ、どのように指導したかと聞かれたことがある。「このように指導した」と言ったら、指導を受けた人たちの解釈の誤りだったことが判明した。このように避妊指導には大変苦労した。それ以降、集団指導のこわさを感じ、指導する時にはよくよく気をつけた。また、受胎調節指導には個別のカードを作成して、公会堂を会場として日時を決めて個別に指導を行った

昭和二十七年（一九五二）に、自主的な活動として部落ごとに若妻会を結成した。それは、中絶が非常に多く、中絶手術のために腹膜炎をおこして死亡した妊婦がいたことがきっかけで、「自分たちの体は自分たちで守る」ことが必要と感じたためだった。自宅の八畳間二つを開放し地区の四〇人ほどで、保健所に連絡して保健婦・助産婦（家族計画指導員）の講話を聞いた。内容は避妊の必要性と中絶の危険についてであった。この講話のことが他地区に聞こえて、その地区でもやって欲しいということになり全町に広まって行った。こうして全町の地区毎に若妻会という名で組織が誕生し、昭和二十七（一九五二）から昭和三十年（一九五五）まで育成者として活動した。

昭和三十年（一九五五）には、この活動を知った宮城県が母子衛生指導模範地区に指定したことにより、「南郷

町愛育会」と改称した。母子愛育会の規定に従い、六才未満の子を持つ母親全員が加入した。

活動の例として、昭和三十四年（一九五九）から「愛の小箱」としてコンドームとループ錠（錠剤）をお菓子箱に入れて風呂敷に包み、地区の会員に回覧してお金を入れて買うということを始めた。これは、中絶が多かったことから県の愛育会がコンドームを斡旋したことがきっかけであった。斡旋したマージンを活動資金とし、その中から、中絶費用のない人に貸し付けたこともあった。中絶の相談も切羽詰ってからのことが多く、妊娠四カ月以上になると中絶出来なくなるために急遽貸し出す例もあった。

南郷町の「愛の小箱」のシステムは国際的に評価され、昭和五十三年（一九七八）には東南アジア一七カ国から医師や厚生省の役人たちが公式訪問し見学した。少子化により平成十三年度（一九九九）に解散した。

難産　南郷病院時代、自宅分娩でなかなか産まれないとの連絡があり、医師とともに駆け付けた。この時は、胎児の頭を砕いて脳みそを出して、胎児をカンシで引っ張り出した。

死産　顔だけあって頭の部分がない無脳児の時は、産声を出すと生まれたことになるので産声をあげる前に布に包んで産婦から遠ざけた。無脳児は生きられないが、この時は包んで連れて行く時に「ヒッ、ヒッ」と今にも産声を上げそうな声を出した。このような場合は母親には見せないが、父親には必ず見せた。遺体を納めるきれいな箱を持ってきてもらい、死産届（死産証書）、埋葬許可証を出した。

臨月になっていて中絶できる時期を過ぎてしまっている場合、「ゆっくり出す」と死産になるので、先生にも伝える。しかし、そういう子どもに限って無事に生まれて来る場合も多くそのような時は、保健所に連絡して乳児院に連れて行った。その子に名前を付けることもあり、子どもを生めない夫婦と養子縁組する。また、生まれて来る前に赤ん坊の養父母を決めておいて出産すると言うケースもあった。

優生保護法の時代には、遺伝的に問題があると中絶が認められたので、医師は何かにかつけて堕していた。

（1）『宮城県助産師会支部だより』第三号（平成一四年）には、「大崎ナーシング」が紹介されている。

事例L　岩手県生まれ、Y・Tさん（二〇〇二年聞き取り調査）

助産婦になりたいという強い気持ちがあったわけではなく、たまたま助産婦になったという。岩手県で病院勤めの助産師を経験後、自宅分娩を扱ったこともある。

中絶　岩手県で助産婦をしていた時代は中絶が盛んだった。中絶した胎児は四カ月以上になると産声をあげるようになる。その時は、出生児の顔にガーゼをのせて放置した。医師も看護婦も中絶手術になれてしまい、日常会話をしながら中絶手術を行っていた。それを見ていると割り切れない気持ちになった。

妊娠四カ月以上の中絶胎児は、木箱に入れて本人に返した。墓埋法による規定で、四カ月以上の遺胎は埋葬しなければならないためである。

事例M　一九三八年福島県相馬市生まれ、F・Kさん（二〇〇七年聞き取り調査）

北海道の助産婦学校に通い助産婦資格を取得した。相馬で助産所を開業したいと言うと産婆・助産婦であった母（明治四十四年生まれ）に反対された。当時、出産をめぐって訴訟問題が多くなってきたことが理由であった。その上、開業した時に嘱託になってくれる医師を探すのが大変な時代でもあった。そのためお産は扱わない出前助産婦（出張助産婦）として助産所を新設した。母が産婆を開業した時代は、多産の時代で人間関係もしっかりしていたので、出産をめぐるトラブルもなかった。平成二年（一九九〇）から平成十六年（二〇〇四）までの一四年間は、原町の産婦人科に勤めた。

中絶　戦後、中絶が認可されると、母のもとには中絶の相談に来る人が多かった。母が言うには、多産系で度々妊娠し「もう産めない」と相談に来る人がいた。中には中絶するため病院に付き添って行って欲しいと頼まれたこともあったという。

母は、中絶に関する相談が多かった時代、中絶希望者に対して、中絶は一生の問題で年取った時に中絶したことを思い出すし更年期の症状もひどくなると助言した。

腹帯　現在は、妊娠中の犬の日に巻く。腹帯を買ってきてもらい助産婦が巻いてあげる。腹帯は、晒からガードル式、胴巻き式のものへと変化した。安産を願うという意識よりもお腹を冷やさないという役目が大切である。

胞衣　産婆であった母は、ゴザン（胞衣）は出生児の母親の実家にもどして木の下に埋めなさいと教えたと言っていた。産婆である母が胞衣の始末を頼まれると、木の下などに埋め自然に戻した。飯館などではゴザンは土に埋めた。このように土に返すのが基本だとされた。しかし、分娩介助した自宅分娩の例では、十年前に長女、八年前に長男が生まれた家は胎盤を川に捨てていた。[1]

病院で出産するようになると、胞衣を病院のボイラーで焼却した時期もあった。開院準備から関わった個人病院では、胞衣は汚物処理に出していた。また、郡山市では、郡山助産婦会が処理料を決めて収集し火葬届けを出して処理していたが、この処理料を助産婦会の活動資金としていた。[2]また、専門業者の場合は、収集した胎盤を冷凍保存してみかん箱一ついくらとして、産汚物として役所から火葬許可証をもらって処理する場合もあった。

一方、原町では病院出産の時代に入った頃、家に胞衣を持ち帰りその家のやり方で始末した人もいた。

死産　産婆だった母の話によると、アザのある赤ん坊を取り上げた時のこと、「産婆さんなんとかしてくれろ」と家族に言われたことがある。ミツクチの赤ん坊が生まれた時にも「育てられないから何とかしてくれろ」と言われた。千人に一人はミツクチが生まれるとされ、二例の経験がある。

通称ミツクチといわれた口蓋裂、口唇口蓋裂の場合にはあえて助けないが、母の時代はこのような時、濡れたタオルで赤ん坊の口を塞ぎ、第一声「産声」をあげさせなかった。そして、死産として扱った。母は、年取って分からなくなった時（臥せることが多くなった時）「子どもがそこにいるんだー」と言っていた。きっと助けなかった子に対する思いが最後まであったからなのだろうと思った。

（1）文化庁編　一九七七『日本民俗地図』Ⅴ、国土地理協会、恩賜財団母子愛育会編　一九七五『日本産育習俗資料集成』の事例には胎盤を川や海に流す例は多く、家族が胞衣の始末をした時代には特殊なことではなかった。
（2）胞衣（胎盤とその付属物）を、助産婦会が収集し火葬施設に渡す仕事を担い処置料金を助産婦会の活動資金とする地域は多い。

事例N　一九三三年生まれ、K・Aさん（二〇一〇年聞き取り調査）

昭和二十七年（一九五二）に埼玉県国立看護婦学校に入学し、卒業後に東京で看護婦資格を取得、その年の昭和三十年（一九五五）に東北大学附属助産婦学校を受験し入学、翌三十一年に卒業した。仙台市で昭和四十九年（一九七四）から平成十一年（一九九九）まで、保健所で新生児妊産婦訪問指導員として働いた。
中絶　中絶は、妊娠十一週くらいまでならバキュームで吸引して汚物として処理してしまう。五十年以上前、臨月近くになっての中絶に立ち会った。先生に指示されガーゼを何十にも厚くして濡らしたもので胎児の頭が出た時に顔に被せて鼻と口を押さえた。赤ん坊がグーッといったが、その時の手の感触が今でも忘れられない。
胞衣　胞衣は、母の時代には戸口の内側に埋めたと聞いた。その後は、まとめて焼却するようになっていた。

各病院を回って胞衣を集め火葬場に持って行く担当者がいたが、これは助産婦会仙台支部としての仕事で、処置料の半分が火葬場に持って行く人に、残りは助産婦会の収入になった。

事例O　一九二一年生東京生まれ、K・Kさん（二〇一〇年聞き取り調査）

昭和九年（一九三四）の凶作の年に、十二、三歳で五年間の奉公に出た。働いているうちに、何か手に職をつけて自立したいと思い、産婆ならば家にいて働けると考えて昭和十五年（一九四〇）に東北大学附属大学病院の産婆養成所を受験し入学した。

昭和十七年（一九四二）に看護婦資格取得、翌年に宮城県の産婆資格を取得した。東北大の場合は、資格の取得は各県の試験を受験する必要がなく課程を終えると取得できた。実地については、三例の出産介助の記録を提出して口頭試問を受けた。昭和十九年（一九四四）に養成所卒業後、仙台市立病院に一年勤務し、昭和二十年（一九四五）に実家に帰り、開業出張産婆として開業した。当時は、また周辺に明治生まれのトリアゲバアサンが数人いた。昭和二十一（一九四六）は分娩が少なかったが、翌年になると、戦地から兵隊たちが帰って来たために、そっちでもこっちでも赤ん坊が生まれて産婆は非常に忙しくなった。

出張助産婦として開業していたのは、昭和四十一年（一九六六）までだった。昭和四十二年（一九六七）から昭和五十六年（一九八一）までは、宮城第二病院に勤務した。その頃は、病院出産が多くなり開業していた助産婦たちは、病院勤務するようになっていた。病院勤務後は、難産や母子の死亡の経験はなかった。これまでに三千人余りの赤ん坊を取り上げた。

堕胎　昭和十九年（一九四四）のこと、妊娠五、六カ月の妊婦が堕胎して欲しいとやって来た。その月数だと堕胎しても生きている赤ん坊を取り出すことになる。当時、市立病院の先生は「こんなに大きくなってから来る」といってよく怒っていたが、妊娠月数が進んだ妊婦が来ることも多かったのだ。戦後は、満州から帰ってきた妊婦が妊娠五、六カ月で堕胎を希望し、産むようにと諭したが堕胎した。

中絶　戦後は「産ますな、増やすな」ということではあったが、一般に避妊の知識は全くなく、避妊できずに中絶した。戦後は、三人くらい子どもを産むと中絶した。昭和四十年（一九六五）以前は、妊娠すると「いらない」「（三人いるので）産みたくない」などといって病院で「とってもらう」ことが多かった。そのような人に産婦人科を紹介し、付き添って行って「とってもらった」ことが一回あった。掻把した後は、入院などせずに直ぐに家に帰すことが当たり前だった。

受胎調節指導　受胎調節指導を行うようになると、ペッサリー挿入を大学病院で実習した。コンドームも空気が入らないようにつけるとか、妊娠の可能性のある危険日につけることなどを学んだ。ボーダーラインの人にはペッサリーの配布などもあった。

避妊法を教えても生理不順の人や出産後に生理がこないうちに妊娠するということも少なくなかった。しかし、後には少しずつ避妊指導の効果が出てきた。

死産　開業当時、無脳児を産んだ人がいた。泣かない（産声をあげなかった）ので死産と同じである。その赤ん坊は、娩出した時には心音が聞こえていたが、間もなく亡くなった。「死産」ということにしたが、葬儀屋には連絡しなかった。

昭和四十二年（一九六七）頃までの自宅分娩時代は、死産すると届けなどせずに遺胎はお墓に持って行って埋めた。しかし、開業していた頃にも、妊娠四カ月の自然死産で葬儀屋を依頼した例、妊娠三カ月でも頼んだ例があった。病院出産になると、自然死産の場合は大きくても小さくても全て葬儀屋に頼んでいた。

胞衣　胞衣は、今は焼き場（火葬場）で焼くが、昭和四十一年（一九六六）頃まで、この辺りではお墓に持って行って埋けた。胞衣を新聞紙に包み、日中を避けて夕方などに地面に深く穴を掘って埋めた。また当時、助産婦会では、産科医院を回って胎盤を回収し、桐の箱に詰めて火葬場に持って行って焼いた。その際の資金が助産婦会の収入となった。

七夜　子どもが生れて七日目のオシチヤ・シチヤ（七夜）には、何軒かの家に招かれたことがある。宴席には大勢が並んで座っていたが「産婆さん一番上の方さ座わらい」といわれ、上座に座らされた。結婚式のようにお膳分（それぞれのお膳に）カマボコの引き出物がついた。このような招待膳も自宅分娩が行われていた昭和四十一年（一九六六）頃までで、その後は自宅出産の数が減少し病院でお産をするようになったことから招かれなくなった。

初出一覧

本書は、以下の論文を加筆修正したものである。

序章

日本民俗学会第六一回年会の口頭発表「幼児葬法再考―水子供養をてがかりとして」、二〇〇九。

第一章（第二節）

「選択される命――『育てようとする子ども』と『育てる意思のない子ども』」『日本民俗学』二二四、二〇〇〇、日本民俗学会、三四―六六頁。

「流産・死産をめぐる胎児観」『死生学のフィールド』二〇一八（二〇一九第二版・二〇二二第三版）、石丸昌彦・山崎浩司編、放送大学教育振興会、NHK出版会、八九―一一五頁。

第二章

「産児制限をめぐる制度と社会――明治以降の歴史を中心に」『東北学院大学東北文化研究所紀要』三四、二〇〇二、東北学院大学東北文化研究所、一三三―一六一頁。（『日本史学年次別論文集　近現代3』学術文献刊行会、一五三―一六七、二〇〇二年再録）

「間引きと近代―明治時代以降の資料をてがかりに―」『東北民俗学研究』八、二〇〇五、東北学院大学ＯＢ会、六九―八六頁。

「間引きと嬰児殺し―明治以降の事例をてがかりに―」『東北学院大学東北文化研究所紀要』三八、二〇〇六、東北学院大学東北文化研究所、六九―八七頁。

第三章

「選択される命——『育てようとする子ども』と『育てる意思のない子ども』」『日本民俗学』二二四、二〇〇〇、日本民俗学会、三四—六六頁。

「間引きと生命」『日本民俗学』二三二、二〇〇二、日本民俗学会、三一—一八頁。

「間引きと近代—明治時代以降の資料をてがかりに—」『東北民俗学研究』八、東北学院大学民俗学OB会、六九—八六頁。

「子どもの誕生にみる『選択される命』」『歴博フォーラム民俗展示の新構築 近代化のなかの誕生と死』二〇一三、国立歴史民俗博物館・山田慎也編、岩田書院、六九—九七頁。

「子どもの誕生・命の選択」『講座東北の歴史 第六巻 生と死』二〇一三、鈴木岩弓・田中則和編、清文堂、一七—四七頁。

第四章・第五章

「水子供養の成立過程—宮城県鹿島台町慈明寺の事例—」『東北民俗』三七、二〇〇三、東北民俗の会、三四—四一頁。

「水子供養の成立—宮城県志田郡鹿島台町の事例—」『東北民俗』三九、二〇〇五、東北民俗の会、三七—四三頁。

「人工妊娠中絶と水子供養—産科医療技術の進歩という視点から—」『東北民俗』四一、二〇〇七、東北民俗の会、一九—二七頁。

「水子供養にみる生命観の変遷」『女性と経験』三四、二〇〇九、女性民俗学研究会、四一—五二頁。

「清源寺『子育ていのちの地蔵尊』と水子供養」『東北学院大学東北文化研究所紀要』44（二〇一二年）、「水子供養にみる胎児観の変遷」『国立歴史民俗博物館研究報告』二〇五、二〇一七、国立歴史民俗博物館、一五七―二一〇頁。（［共同研究］民俗儀礼の変容に関する資料論的研究）
「堕胎・間引きと子どもの命」『〈いのち〉と家族　生殖技術と家族Ⅰ』（シリーズ比較家族第Ⅲ期第4巻）、比較家族史学会監修、太田素子・森謙二編、早稲田大学出版部、一四〇―一七二頁、二〇〇六年。

第六章

「水子供養―胎児生命への視座―」『出産の民俗学・文化人類学』二〇一四、安井眞奈美編、勉誠出版。一四一―一八六頁。

「命の選択と水子供養」『産み育てと助産の歴史』二〇一六、白井千晶編、医学書院、七四―八一頁。

「水子供養にみる胎児観の変遷」『国立歴史民俗博物館研究報告』二〇五、二〇一七、国立歴史民俗博物館、一五七―二一〇頁。

終章

「流産・死産・新生児死で我が子を亡くすということ―〝With ゆう〟の取り組みから―」『女性と経験』四一、二〇一六、女性民俗学研究会、一―一五頁。

「哀しみに寄り添う――民俗学の立場から」『グリーフケアを身近に――大切な子どもを失った哀しみを抱いて』二〇一八、安井眞奈美編、勉誠出版、一〇六―一一九頁。

産婆・助産婦聞き書き資料

「農村における開業産婆の活動――仙台市泉区根白石」『磐城民俗』三一、一九九八、磐城民俗研究会、二七―三二頁。

「産婦のアシアライ―産後三日目の習俗―」『東北民俗』三四、二〇〇〇、東北民俗の会、三〇―三七頁。

「産婆・聞き書き・宮城県新月村の産婆さん」『女性と経験』三二、二〇〇七、女性民俗研究会、二六―三五頁。

「自宅出産から病院出産へ―会陰保護と会陰切開―」『女性と経験』三六、二〇一一、女性民俗学研究会、三〇―四〇頁。

「大崎耕土の産婆たち――パラオでの産婆見習いを経て」『東北民俗』四六、二〇一二、東北民俗の会、一七―二四頁。

「産婆・伊藤スゲ―職業意識と生き方―」『女性と経験』三七、二〇一二、女性民俗学研究会、七三―八三頁。

「いのちを育み年を重ねる」『相馬市史』第9巻（特別編2民俗）、平成27年、相馬市史編さん委員会、三三八―四五五頁。

＊清源寺資料調査の一部、仏教系寺院大本山・総本山調査は、科学研究費「近現代日本における出産・育児文化の民俗学・人類学的研究および望ましい将来像の提言」基盤研究（B）平成二三〜二五年度（研究代表者・天理大学文学部教授　安井眞奈美）、国立歴史民俗学物館共同研究「民俗儀礼の変容に関する資料的研究」平成二三―二五年（研究代表者国立歴史民俗博物館　山田慎也）の研究成果によるものである。

あとがき

民俗学を専攻した一九七〇年代半ばの学生時代、フィールドワークをするなかで最も腑に落ちなかったのが、妊娠・出産の話であった。それから四半世紀余りを経た一九九七年、再び民俗学を学び始めた時に迷わず選んだ研究テーマは妊娠・出産に関わるものであった。学生時代に理解し難かったことが、出産・子育てを経た今なら理解できると考えたこと、そして、出産や子育てを通して得た視点が、学問の世界でどのように役立つのかを確かめたかったのである。

フィールドワークを再開し、実感を伴って聞き取り調査ができるようになった時、自宅出産世代の女性たちからは妊娠・出産にまつわる多様な話を聞くことができた。妊娠した時の喜びと同時に、度重なる妊娠への忌避感が語られることも多く、「妊娠」という引くに引けない現実のなかで、女性たちは長い間「産む」「産まない」の決断と向き合わざるを得なかったことを知った。

「産まない」決定をする時、お腹の子に愛着や憐憫の情があれば、その苦痛や罪悪感は計り知れない。そのような感情が希薄であったからこそ可能であったともいえる。

あるシンポジウムで胎児観の変化について発表したのだが、終了後、聴いて下さっていた女性が次のような話をして下さった。中絶が認可されて間もない時期に、母が自分のきょうだいを中絶しているのだが、そのことに何ら罪の意識を感じていない。そのような母に対して、長い間不信感を抱き続けていたのだが、胎児に命を認識しない時代があったことを知って、母に対する不信感が消えました、とのことであった。

民俗学の創始者柳田國男は、「郷土生活の研究法」において「私たちは学問が実用の僕となることを恥としてゐない」と記した。具体的・直接的に人びとの役に立つこともまた学問の役割であるとの意思を示したのだが、彼女の話を聞いた時に、民俗学がこれまで蓄積してきた資料や民俗社会の知が、研究を通して少しの役に立ったことを実感した瞬間であった。

近年、ごく初期の自然流産であっても、わが子が亡くなったと感じ深い悲嘆から抜け出せない人は少なくない。母体内の胎児が可視化されたことで、親たちの胎児に対する愛着は揺るぎないものとなり、流産や死産に直面した時の哀しみはより深くなった。不妊治療においては、受精卵などより小さな生命への眼差しが向けられるようになっているが、そこでは誕生に至らない命も少なくない。新型出生前診断においては、胎児に異常があると診断された場合、親たちは産むか否かの重い選択をしなければならない状況もみられる。

人間の胎児は、芥川龍之介が描いた河童の胎児のように生まれたいか否かを主張しはしない。胎児の命は、時代を超えて選択される側であり、そこでは今も胎児の命をどのように考えるかという議論が活発であるとは言い難い。

最後になりましたが、これまで貴重な経験談を語って下さった産婆・助産婦のみなさま、長期間の調査にいつも快く応じて下さいました禅月慈明寺のご住職浅野恵一和尚とご家族・檀家のみなさま、清源寺、紫雲山地蔵寺のご住職さまをはじめとする関係者のみなさまには、言い尽くせないほどお世話になりました。

さらに、関さんご夫妻、生長の家、紅卍会のみなさまには、貴重なお話を聞かせて頂きました。また、総本山・大本山寺院におきましては、写真掲載のご許可と共に好意的なご助言も頂きました。

ここに深く御礼と感謝を申し上げます。

国際日本文化研究センター教授安井眞奈美先生には、長きにわたり研究の機会を与えて頂き、本書をまとめるための道筋を示して頂きました。

恩師故岩崎敏夫先生には民俗学と民俗調査の基礎を、大学院時代の恩師岩崎真幸先生には、研究テーマを追うなかで疑問を疎かにせず、考え続けることの重要性と根気を支えて頂きました。民俗学を学び続けることができましたのも、その時々に「民俗」と関わる場を与えて頂いたからにほかなりません。改めまして心から深く感謝申し上げます。

また、本書の刊行にあたりまして臨川書店の西之原一貴さんに編集を担当して頂きました。長きにわたり粘り強くサポートして頂いたことに心からの感謝と御礼を申し上げます。

そして、なにより出産・子育てを経てからの大学院進学の背中を押して応援し、私の研究テーマに関心と興味を示しつつも、良い意味で放任してくれた夫には感謝の言葉も見つかりません。

二〇二一年一月十五日

鈴木由利子

著者紹介

鈴木由利子（すずき　ゆりこ）

1955年生れ
1978年　東北学院大学文学部史学科卒業
1999年　東北学院大学大学院文学研究科アジア文化史専攻卒業　修士文学
現在：宮城学院女子大学非常勤講師
専門：日本民俗学

主な著書・論文
・「選択される命—『育てようとする子ども』と『育てる意思のない子ども』—」『日本民俗学』224、日本民俗学会、2000年。
・「間引きと生命」『日本民俗学』232、日本民俗学会、2002年。
・「堕胎・間引きと子どもの命」『〈いのち〉と家族　生殖技術と家族Ⅰ』（シリーズ比較家族第Ⅲ期第4巻）、比較家族史学会監修、太田素子・森謙二編、共著、早稲田大学出版部、2006年。
・「子どもの誕生にみる『選択される命』」『近代化のなかの誕生と死』、国立歴史民俗博物館・山田慎也編、共著、岩田書院、2013年。
・「子どもの誕生・命の選択」『講座東北の歴史 第六巻 生と死』鈴木岩弓・田中則和編、共著、清文堂、2013年。
・「水子供養—胎児生命への視座—」『出産の民俗学・文化人類学』安井眞奈美編、共著、勉誠出版、2014年。
・「命の選択と水子供養」『産み育てと助産の歴史』白井千晶編、共著、医学書院、2016年。
・「選択される命」「流産・死産をめぐる胎児観」『死生学のフィールド』石丸昌彦・山崎司編、共著、放送大学教育振興会、NHK出版、2018年（2019第二版・2021年第三版）。
・「哀しみに寄り添う——民俗学の立場から」『グリーフケアを身近に——大切な子どもを失った哀しみを抱いて』安井眞奈美編、共著、勉誠出版、2018年。

選択される命
子どもの誕生をめぐる民俗

二〇二一年二月二十八日　初版発行

著者　鈴木由利子
発行者　片岡敦
印刷 製本　創栄図書印刷株式会社

606-8204　京都市左京区田中下柳町八番地
発行所　株式会社　臨川書店
電話（〇七五）七二一―七一一一
郵便振替　〇一〇七〇―二―八〇〇番

落丁本・乱丁本はお取替えいたします
定価はカバーに表示してあります

ISBN978-4-653-04399-7　C0039